Testimonios de enseñar y aprender

A<small>NA</small> D<small>IAMANT</small>

Testimonios de enseñar y aprender

Ser psicólogo en la UBA de los 60

t E S E O

Ana Diamant
  Testimonios de enseñar y aprender: ser psicólogo en la UBA de los 60 . - 1a ed. - Buenos Aires : Teseo, 2010.
  402 p. ; 20x13 cm. - (Psicología y Psicoanálisis)

  ISBN 978-987-1354-52-8

  1. Enseñanza Universitaria.Historia. I. Título
  CDD 378.098 211

ISBN 978-987-1354-52-8
Editorial Teseo

Hecho el depósito que previene la ley 11.723

Para sugerencias o comentarios acerca del contenido de esta obra, escríbanos a: info@editorialteseo.com

www.editorialteseo.com

Índice

Capítulo II
Cómo se hizo de la Psicología
una Carrera en la UBA

Capítulo III
Cómo se hizo de la Psicología
una profesión

Capítulo IV
Cómo se hizo de la Psicología
una práctica

Capítulo V
Cómo la Carrera y la profesión buscaron su continuidad

Capítulo VI
Cómo se hizo para recuperar esta historia

AGRADECIMIENTOS

Llegar hasta aquí es un punto de inflexión en el trayecto profesional, pero también en el itinerario íntimo.

Una buena oportunidad para la evaluación y para plantear nuevos rumbos.

Una ocasión para volver a elegir. En mi caso, para ratificar y seguir planificando en la misma dirección, con el mismo convencimiento, con las mismas personas.

Toda producción es compartida y si vale la redundancia, esta lo es mucho más. Por el tema tratado, por la forma de abordarlo, por los respaldos recibidos.

El tema es el de una construcción cultural y social. Entonces, para construir hubo que socializar.

La forma de abordarlo fue a partir de la narrativa testimonial, desde muchos registros y muchas memorias. Entonces, para construir hubo quienes se dispusieron a contar y contar es una forma de socializar.

Los respaldos fueron muchos. Simbólicos y materiales.

Hubo generosidad desde los narradores que propusieron sus recuerdos y sus tiempos para poder construir la historia que quise recorrer.

Hubo apoyo desde colegas y colaboradores.

Hubo contención de mi directora que debió batallar no sólo con la producción escrita, también con afectos y dolores.

Hubo comprensión de mi familia que aceptó abandonos y se sumó a las exigencias de la tarea.

Hubo amparos institucionales.

Hubo una historia, hubo tiempo y trabajo.

Y no hay un orden posible para enumerarlos a todos. Cualquier decisión de prioridad sería arbitraria y por lo tanto injusta.

Todos debieran estar en el primer lugar, pero eso es imposible.

Con todos contraje deudas intelectuales y afectivas.

Y es posible que, involuntariamente, esté olvidando a alguien.

Entonces habrá una disculpa y una secuencia.

A mi directora, la Dra. Elizabeth Jelín –Shevy– que quiso y pudo reconocer dificultades y necesidades y desde ellas guiarme en un camino difícil, por momentos tortuoso, que supo poner límites y sobre todo ayudar sin restricciones.

A Dora Schwarzstein, mi primera directora, querida maestra y amiga, impulso para los inicios de este trabajo.

A Sara Slapak, que me introdujo en el mundo académico de la psicología y en el convencimiento del valor de rescatar esta historia reciente pensando en el futuro, como dice siempre.

A Marta De Marchi, que desde los primeros pasos de mi formación profesional estuvo y está, con su ejemplo, con su modestia, con su sabiduría.

A Lucía Rossi y Sergio Visacovsky, integrantes del jurado de Tesis de Calificación, por sus aportes para concretar la etapa final del trabajo.

A Sandra Carli, Diego Pereyra y Sergio Visacovsky, integrantes del jurado ante quienes defendí la tesis que me permitió acceder al rango académico de doctora.

A todos los que se predispusieron a recordar y compartir, a ser entrevistados, interpelados en sus recuerdos y en sus archivos.

A mis compañeros y colaboradores del equipo de investigación y de la cátedra, por su paciencia y experiencia.

A los colegas de la Facultad.

A los responsables de los archivos que pude consultar.

A mi familia originaria, sobre todo a mis padres que sostuvieron desde siempre el deseo de aprender, compartido con mis hermanos.

A mi familia construida, a Osvaldo, Mariela, Diego, Claudio y especialmente a Martina, pura ternura y comprensión. Ella logró que los *tirrres nerrros* que corrían por el pasillo entendieran que cuando la abuela escribía, debían estar encerrados en el baño y aceptar que la inmensa oferta de oportunidades que es mi estudio, quedara reducida por un tiempo a un modesto *kosquio* de caramelos, en un estante de la biblioteca.

A la Secretaría de Ciencia y Técnica de la UBA, desde donde recibí sucesivos subsidios para proyectos de investigación UBACyT que permitieron internarme cada vez más en los debates y las experiencias que se sintetizan en este trabajo.

Al ProFor, Programa de Formación y Capacitación para el Sector Educativo del Ministerio de Educación, Ciencia y Tecnología, del que recibí una beca que permitió sustentar mis cursos de Doctorado.

Al Programa de Doctorado de la FLACSO que me acogió y sostuvo parte de este recorrido.

A Sandra Carli, una vez más, por su conceptuoso prólogo que realza esta publicación con su firma.

Con todo esto ratifico que esta producción es definitivamente compartida.

Resumen

Testimonios de enseñar y aprender. Ser psicólogo en la UBA de los 60 cuenta una historia que es muchas versiones de varias historias. Todas confluyen en la creación de la Carrera de Psicología en la UBA, sus primeros desarrollos, la conformación de un perfil profesional y la delimitación de espacios para las prácticas.

Para recorrer los 50 años que median entre la fundación y el relato, recurrí a informaciones y explicaciones de contexto, sobre los condicionantes y los partícipes de los hechos.

Sostuve la idea de que un campo profesional se consolida en el tiempo y por la aceptación de contemporáneos a partir de un proceso de delimitación institucional, cultural, político y social. Que puede reconstruirse reconociendo continuidades y disrupciones, cambios de escenarios y de orientaciones. Que juega un papel trascendente la recolección y el análisis de la información dentro de un marco interpretativo. Que echa luz sobre los acontecimientos y ayuda a entender secuencias y protagonismos.

Me situé en la Facultad de Filosofía y Letras de la UBA, en la segunda mitad de los años '50 y reconocí enseñantes, aprendientes e ideas plasmadas en discursos programáticos. Consideré los antecedentes y los impactos que produjeron acontecimientos y personajes en docencia, asistencia y extensión dentro y fuera de la Facultad en lo que refiere a la Salud Mental como contenido de la transmisión y de la práctica y su relación con otras transformaciones simultáneas operadas en la UBA y en el campo de las ciencias sociales.

Avancé hasta comienzos de la década del '70 para observar cómo maduraron ideas, personas e instituciones en espacios universitarios, disciplinarios, académicos, laborales y profesionales atravesados por circunstancias políticas, sociales y culturales.

Indagué a través de fuentes testimoniales y documentales sobre la conformación de la identidad profesional de los primeros psicólogos egresados de la UBA, sobre los maestros que dejaron huella, sobre el hecho de haber sido enseñantes profesionales de otras disciplinas, sobre las corrientes teóricas a que reportaban. Me pregunté por los cambios que marcó la incorporación a la docencia de los primeros auxiliares estudiantes o graduados en psicología.

Revisé representaciones generalmente compartidas sobre la conformación identitaria de los psicólogos, las negociaciones con otros colegas, el establecimiento de normas, las relaciones de autoridad. Destaqué el valor de las narrativas como producto cultural y social, el lugar de la memoria, las condiciones de recolección testimonial a través de entrevistas.

Summary

Teaching and learning testimonies. Being a psychologist at UBA in the 60s. (*Testimonios de enseñar y aprender. Ser psicólogo en la UBA de los 60*) tells a story which is actually made up of several versions of several stories. All of them lead to the creation of the Course of Studies of Psychology at UBA, the first developments, the creation of a professional profile and the establishment of training spaces.

I looked into context explanations and data of conditions and participants of the events in order to go through the fifty-year time period between the foundation and the story.

I supported the idea that a professional field is consolidated as the time goes by and by the acceptance of contemporary; all this through a process of social, cultural, political and institutional establishment. It may be rebuilt taking into account some continuity and interruptions, changes of scenario and orientations. The collection and analysis of all data within an interpretative frame plays an essential role. It clarifies the events and helps us to understand sequences of events and roles.

I focused on the School of Philosophy and Letters of UBA after the mid-fifties. I recognized professors, students and ideas represented in programmatic speeches.

I took into account the records and the impacts that certain events and people had on teaching, assistance and in and out of curricula. All these are related to Mental Health as a content of the transmission and practice and the relationship with other simultaneous changes that occurred at UBA and in the social sciences field.

I continued until the beginning of the seventies in order to look into the way ideas, people and institutions had grown up within professional, labor, academic, interdisciplinary and university atmospheres. All these had experienced cultural, social and political circumstances.

Using documentary and testimonial resources, I looked into the creation of a professional identity of the first psychologists graduated from UBA, the professors who left a trace, the fact of having been professors of other disciplines and the theory trends they followed. I wondered about the changes that occurred when the first student-assistants or psychology graduates were included in teaching.

I checked the usually shared ideas of the identity that psychologists had, the negotiations with colleagues, the introduction of rules and authority relationships.

I highlighted the value that narrations had as a cultural and social product, the place memory had and the conditions of testimony collection through interviews.

Prólogo

Construir la historia, o las historias, de la universidad en la Argentina constituye un desafío en curso para muchos investigadores que reconocen el valor historiográfico de la conjunción potente de trayectorias institucionales, tradiciones intelectuales y procesos de transmisión de la cultura. Un sistema universitario de desarrollo "temprano", a diferencia del carácter "tardío" del de Brasil, pero que sufre avances y retrocesos a lo largo de todo el siglo XX en una trama histórica que combina golpes militares, crisis económicas y cambios epocales rotundos. Pero también, y a contrapelo de las frustraciones de la historia, un sistema universitario que insiste a lo largo del tiempo en el desarrollo y la creación de conocimiento, en la consolidación de profesiones y en la enseñanza a las nuevas generaciones.

El libro de Ana Diamant se suma a ese desafío intelectual de contar la historia de la universidad argentina, pero desde un ángulo particular: abordar la historia de la psicología como profesión, tal como se materializó en un ámbito institucional particular, la Facultad de Filosofía y Letras de la Universidad de Buenos Aires, y en un tiempo de la historia universitaria, el iniciado en 1955 que se extiende hasta los primeros sesenta del ya pasado siglo XX, mentado como de modernización universitaria. En este sentido constituye un aporte sumamente valioso al campo abonado de estudios sobre la historia y las tendencias de la psicología y del psicoanálisis en la Argentina, pero que da prioridad a la reconstrucción del desarrollo de la Psicología como carrera, como profesión y como práctica social. Es decir, aborda esa combinación compleja de fenómenos institucionales, científicos, formativos, sociales y políticos, que acontecen en un tiempo histórico y en un espacio institucional, y lo hace de manera lograda porque inscribe en el relato las grandes y pequeñas historias, sucesos y prácticas que anidan en testimonios y documentos, en memorias erráticas y persistentes, en archivos dispersos, en documentos institucionales.

La opción por la historia oral le permite a la autora reconstruir la memoria institucional a partir de las voces de profesores, estudiantes, profesionales, favoreciendo una nueva reflexividad de los protagonistas, pero también llenando los vacíos que la documentación institucional deja abiertos. La historia oral habilita esa orquestación de voces que recuerdan y reelaboran una historia a la vez lejana y cercana en el tiempo, pero Diamant da un paso más porque construye una narración que interpreta el devenir de un campo profesional y que elabora un sentido sobre su despliegue histórico y su actualidad, permitiendo al lector comprender la riqueza y la complejidad de un proceso institucional e invitando, a su vez, al debate y a la continuidad de la investigación.

Si la cultura argentina se reconoce influida y modelada por la difusión de la psicología y el psicoanálisis, es decir, por la circulación de saberes y la presencia de profesionales en el espacio social formados en su gran mayoría en la universidad –aunque no exclusivamente–, se carecía de un estudio que profundizara en la enseñanza universitaria de la psicología, es decir, en la conformación de la psicología como carrera universitaria que da lugar, a su vez, a una nueva profesión. La mirada de Diamant sobre las condiciones de emergencia de la carrera de Piscología en la UBA, sobre las tensiones ligadas con la profesionalización de un campo disciplinario preexistente y con la búsqueda de autonomía respecto de otras disciplinas de las ciencias sociales y sobre la formalización de la carrera con todas sus definiciones curriculares e institucionales, coloca en escala real a la Facultad de Filosofía y Letras de entonces, se desplaza al registro de la vida cotidiana en tanto sitúa actores y acontecimientos y da visibilidad a la escena universitaria como espacio que combina expectativas, demandas y acciones de diverso tipo. Pero sobre todo, escena universitaria que Diamant mira también desde una perspectiva pedagógica, en el más amplio sentido de reconocer que el desarrollo de una disciplina y de una profesión está atravesado por enseñanzas y aprendizajes, y por el papel que la investigación, y también la experiencia profesional, desempeñan en esa transmisión, reelaboración y apropiación crítica del conocimiento.

El libro propone una historia de la psicología en la UBA, pero esa historia se relata de manera plural en tanto ocupan un lugar central las trayectorias de ciertas figuras y su desempeño académico y profesional. Como sostiene Diamant no se aspira a un relato histórico único sino a hacer una historia institucional desde relatos, vivencias y prácticas individuales y compartidas. Así desfilan nombres de referentes destacados de la psicología en la Argentina, cuyas biografías están enlazadas críticamente con el desarrollo histórico de la universidad y de la profesión en un ciclo histórico marcado por la emergencia de corrientes y escuelas al interior de la disciplina en diálogo con tendencias internacionales, pero también por la discontinuidad institucional y los conflictos políticos y sociales de la Argentina contemporánea. De allí que la Facultad de Filosofía y Letras sea abordada como un lugar de puertas abiertas y cerradas según los tiempos históricos, permeado por su exterior convulsivo y en diálogo con otras organizaciones y espacios institucionales que se van creando. El cuidado de Diamant en la reconstrucción de un relato en el que está en juego la producción de subjetividades, identificaciones y valores, se traduce en la calidad de la escritura.

A través de la lectura del libro es posible comprender los tan mentados acercamientos y contrastes entre la psicología y el psicoanálisis, identificar las destacadas y muchas veces truncadas experiencias institucionales dentro y fuera de la universidad, reconocer la particular conformación de asociaciones corporativas y de otro tipo que caracteriza a la psicología como profesión, valorar la apertura a los debates internacionales pero también el carácter original y creativo del desarrollo de la psicología en la Argentina, localizar los puentes construidos con otras disciplinas y entre universidad, estado y sociedad civil en la práctica de la psicología, ubicar las diferencias entre los procesos institucionales de la UBA y de otras universidades.

La invención de la psicología como práctica resulta relativamente reciente, sin embargo el libro de Ana Diamant aspira a contar su larga historia y lo hace de manera rigurosa y sensible, con particular atención a detalles y matices, pero desde una perspectiva general que ofrece elementos críticos para pensar el pasado y el presente. La lectura del libro permite acceder a la historia de una carrera, de una profesión y de una práctica narrada a partir del despliegue de experiencias institucionales, individuales y sociales que nos retrotraen a la Universidad y a la Ciudad de Buenos Aires entre los años '50 y '70 del siglo XX. Los signos de ese pasado reciente están en el presente, de maneras abiertas o veladas, su actualización seguramente propicie un debate necesario sobre el futuro de la profesión ante las demandas y problemáticas del siglo XXI, pero también sobre los horizontes y alcances de la formación universitaria en la Argentina.

Sandra Carli
Buenos Aires
Enero/2010

Introducción

Quiero dar cuenta de lo hecho y de lo pendiente, del gusto por haber pretendido un aporte a la reconstrucción de una historia respecto de la que media poca distancia en el tiempo, escasos 50 años, la de la creación de una carrera, de una profesión y de una práctica en relación al campo disciplinario de la psicología.

También quiero aclarar que no todo lo previsto pudo ser abarcado y que seguramente aun lo que se alcanzó deberá ser revisado a pesar de la preocupación por garantizar condiciones de rigurosidad en la tarea.

Pero en algún momento hay que poner un punto...y seguido, no un final, dejar reposar, tomar distancia y prepararse para darle una nueva mirada, menos apasionada, más reflexiva...más adelante.

Con estas salvedades presento el itinerario recorrido.

Quise consolidar un cuerpo de informaciones y explicaciones que ubicaran la génesis, el contexto, los condicionantes y a los partícipes de las acciones que permitieron, a partir de los contenidos de un campo disciplinario –la psicología– la delimitación de otros tres campos referidos al mismo: el académico, el profesional y el de las acciones.

Me situé en la Facultad de Filosofía y Letras de la UBA, a partir de la segunda mitad de los años '50, donde se albergaron enseñantes y aprendientes, también ideas hechas discursos en programas de materias, en clases dictadas, en contenidos aprendidos, en producciones y debates.

Consideré los impactos que produjeron acontecimientos y personajes en las áreas de docencia, asistencia
y extensión dentro y fuera de la Facultad de Filosofía y
Letras de la UBA en lo que refiere a la Salud Mental.

Intenté revisar hechos constitutivos de cada uno de
los campos mencionados y de sus condiciones de afian-
zamiento, a partir de aportes personales, profesionales,
institucionales, académicos y políticos.

Busqué establecer relaciones entre acciones e ideas
que operaron en su consolidación y expansión, y la consideración que sobre las mismas aportaron quienes fueron
partícipes o testigos calificados.

Recorrí –en primera instancia– eventos que se sucedieron entre los antecedentes a la creación de la Carrera
de Psicología en la UBA, en el ámbito de la Facultad de
Filosofía y Letras, desde los primeros años de la década
del '50, hasta el quiebre democrático con la ascensión de
Onganía y su correlato universitario en la Noche de los
Bastones Largos.

Decidí luego que debía avanzar unos años más, hasta
los primeros de la década del '70 para observar cómo fueron madurando ideas y personas y cómo se fueron afirmando en espacios académicos y profesionales.

Establecí periodizaciones para hacer un recorrido
temporal, teniendo en cuenta variables políticas y culturales en general e institucionales de la UBA en particular.

Indagué acerca de la incidencia en el campo *psi* de
instituciones ya existentes, formales e informales, de
agrupamientos de referencia, de personalidades que dejaron su impronta y de los modelos de identificación que
constituyeron.

Revisé debates que se fueron presentando, espacios de
poder que se gestaron, expectativas de participación y desempeño durante la formación y en las primeras etapas de
ejercicio profesional, así como la concreción de las mismas.

Utilicé datos existentes y generé nuevas fuentes, destacando el valor de lo testimonial.

Consideré la relación que tuvo la creación de la Carrera de Psicología en la UBA con las contemporáneas Sociología y Ciencias de la Educación en cuanto a contenidos curriculares, planteles docentes, trasvasamiento de matrícula, disputa por espacios académicos y laborales e impacto social así como el interjuego con la producción intelectual y cultural del momento estudiado.

Quise mostrar cómo la UBA materializó desde la psicología un proyecto que dio lugar a la acreditación de profesionales no contemplados hasta entonces, condensando corrientes diversas, como la de una modernización universitaria y la originaria de un conjunto de agrupaciones científicas y corporativas preexistentes que se desarrollaron por fuera del sistema académico, con predominio de la medicina y la psiquiatría.

Con el marco de la enseñanza de la psicología como disciplina autónoma y que a poco andar tomará un rumbo profesionalizante, analicé tensiones planteadas en el escenario universitario a partir de la caída del peronismo (1955), de la aparición de nuevas formas de organización y militancia, del clima cultural de promoción de nuevas producciones y de apropiación por parte de intelectuales y sectores medios avanzados de productos de vanguardia.

Con relación al espacio específico de la Salud Mental, y particularmente a la psicología como profesión, revisé debates entre instituciones y personalidades con trayectorias, intereses, incumbencias y posiciones encontradas.

Hice foco en las prácticas de transmisión y en el impacto académico que provocó la profesionalización de campos disciplinarios –en las ciencias sociales– con capital específico, lógica propia, criterios de producción y requerimientos de acreditación específicos.

Dediqué atención al espacio que ocuparon los primeros enseñantes que con diferentes posturas teóricas y formaciones académicas participaron en la constitución de modelos paradigmáticos de profesionales en psicología.

Indagué sobre los cambios que impusieron los primeros graduados insertos en el campo ocupacional tanto en el área asistencial como docente.

Con la afirmación de los nuevos profesionales observé las mutaciones en los referentes teóricos y metodológicos, la aparición de nuevas propuestas laborales y de formación, la intención de ocupación de lugares de prestigio reconocido y la conformación de alineamientos teórico políticos nuevos.

Me guiaron las ideas de que la historia de un campo profesional constituido a partir de un proceso de delimitación institucional, cultural, político y social, se consolida en el tiempo y por la aceptación de los contemporáneos. Que puede reconstruirse reconociendo continuidades y disrupciones en su trama evolutiva, cambios de escenarios y de orientaciones. Que juega un papel preponderante la recolección de información y de explicaciones. Que revisadas dentro de un marco interpretativo pueden echar luz sobre los fenómenos ocurridos y que ayudan a entender secuencias y protagonismos.

Un conjunto de interrogantes me acompañaron en el proceso de elaboración de esta tesis.

Por momentos algunos adquirían especial protagonismo, o se diluían temporariamente, reaparecían y desaparecían.

Cuando suponía haberlos agotado, ante la aparición de un nuevo dato, un nuevo protagonista, un nuevo testimonio, adquirían nueva importancia, se subsumían en otros o se transformaban en nuevas formas de pensar los problemas.

Recorrí desde cuáles fueron posibles móviles que confluyeron en la enseñanza universitaria de la psicología, hasta qué posturas e intereses en juego se manifestaban a favor y/o en contra de habilitar no médicos para el ejercicio de la psicología.

Me pregunté por los precursores y protagonistas de la creación de la nueva carrera, por las dificultades que debieron sortear los aspirantes a desempeñarse profesionalmente en el campo de la psicología, por las maniobras para la legitimación de sus habilitaciones.

No agoté aquí los cuestionamientos.

Se sumaron otros.

Indagué sobre la conformación de la identidad profesional de los primeros psicólogos egresados de la UBA, sobre los maestros que dejaron huella en las primeras promociones, sobre las corrientes teóricas a que reportaban.

Me pregunté por las implicancias que tuvo el hecho de que los primeros psicólogos hubieran sido formados por profesionales de otras disciplinas y qué cambio marcó la incorporación de los primeros auxiliares docentes estudiantes o graduados en psicología.

Para avanzar en las respuestas presté especial atención a las fuentes documentales y a las testimoniales recogidas a través de entrevistas.

Me apoyé en los aportes metodológicos de la historia oral, a partir del encuentro entre el recuerdo en memoria de un hecho, su proposición expositiva y el impacto que produce la autopercepción y la recepción de una producción elaborada.

Destaqué el valor de lo testimonial porque desde las expresiones de múltiples memorias me fue posible recuperar o recortar significativamente información sobre la que no hay documentación suficiente o la misma es inexistente.

La información documental permitió abordar una amplia gama de objetos escritos y simbólicos. Desde aquellos elaborados con la intención formal del registro o de la comunicación –informes, actas, resoluciones, memorias, discursos, afiches, diarios, revistas– hasta los concebidos con otros sentidos –papeles privados–, todos materiales para ser "leídos" e interpretados.

A todos estos textos, independientemente de su formato, los pude interpelar y con ello reconstruir el sentido que tuvieron en su época, considerar quiénes o para quiénes se produjeron, las condiciones de su producción, con los recaudos que presupone cualquier proceso de interpretación.

Tejiendo testimonios y documentos pude dimensionar acontecimientos, establecer hitos de debate, encontrar tradiciones y mitos que dieron sostén a la transmisión y a su transformación en "marcas" materiales y huellas mnémicas.

Me propuse –dado el carácter social e histórico de la tarea– seguir tres líneas simultaneas, armando una urdimbre contenedora de los hallazgos y de las explicaciones.

Por una parte, atendí lo referente a lo institucional, a las decisiones que afectaron su funcionamiento, validaciones sociales, acuerdos, rupturas y prácticas.

Por otra, las maniobras y compromisos conceptuales, hegemonías ideológicas plasmadas en planes de estudio y programas de materias.

Y finalmente las relaciones interpersonales, las experiencias políticas y culturales, los sistemas de alianzas y exclusiones, los posicionamientos identitarios, las publicaciones.

Con estos ejes se ordenaron una serie de capítulos y apartados.

En el Capítulo I **"Las condiciones que hicieron posible la creación de la Carrera de Psicología en la UBA"** pretendí una pintura de la época y del ambiente en el que comienzan a desarrollarse los acontecimientos que confluirán en la creación de la Carrera de Psicología en la Facultad de Filosofía y Letras de la UBA en 1957. Referí a la idea vigente en la época respecto de la modernización universitaria, de las ciencias sociales y dentro de ellas la psicología, a consideraciones sobre su profesionalización y a espacios que ocuparon los estudiantes.

En el Capítulo II **"Cómo se hizo de la psicología una carrera"** avancé sobre aspectos curriculares y estructuras pedagógicas y de gestión en relación a qué, quién y como debía enseñarse. Revisé las influencias que tuvieron acontecimientos, instituciones y personalidades en la conformación del campo académico y universitario de la psicología en la UBA y sus implicancias en la creación de la nueva carrera.

En el Capítulo III **"Cómo se hizo de la psicología una profesión"** abrí a consideraciones sobre qué es un profesional, qué particularidades tuvo el que se formó para operar desde la Psicología en el campo de la salud mental y cómo sería su ejercicio. Dediqué lugar a la relación con el psicoanálisis y los psicoanalistas por el prestigio que ocupaban y por la compleja vinculación con los psicólogos. Consideré la necesidad, por parte de los graduados, de crear agrupamientos de protección tanto en relación a sus desarrollos docentes como profesionales. Analicé, además de la cuestión del contenido de la formación y de las aspiraciones ocupacionales, variables cronológicas y experienciales que caracterizaron a las primeras cohortes de graduados y las transformaciones que se fueron operando desde la incorporación de los estudiantes y graduados a la docencia. Elegí dos personalidades que dejaron marca desde diferentes posturas teóricas y que son reivindicaos como modelos por quienes fueron sus alumnos; José Bleger y José A. Itzigsohn.

En el Capítulo IV **"Cómo se hizo de la psicología una práctica"** me ocupé de algunos espacios y experiencias que permitieron el despliegue de acciones y capacidades profesionales de los primeros psicólogos graduados y de estudiantes. Planteé la particularidad que presentó el hecho de no haber contado con antecesores colegas. Elegí, para ilustrar las formas de insertarse y operar, cinco casos. Tres corresponden a proyectos de Extensión Universitaria que en ese momento llevaba adelante la UBA con dependencia del Rectorado; el Departamento de Orientación Vocacional, el Departamento de Psicología y Psicopatología de la Edad Evolutiva y el Centro de Desarrollo Integral de la Isla Maciel. Los dos restantes refieren a servicios hospitalarios; el de Psicopatología dirigido por el Dr. Mauricio Goldenberg en Lanús y el de la Sala XVII a cargo del Dr. Florencio Escardó en el Hospital de Niños.

En el Capítulo V **"Cómo la Carrera y la profesión buscaron su continuidad"** consideré las condiciones políticas que se establecieron a partir del '66 y las particularidades que asumieron para los docentes de la Carrera de Psicología y para psicólogos y estudiantes de Psicología de la UBA. Referí a las renuncias de profesores que se registraron en la UBA y particularmente en la Facultad de Filosofía y Letras y a la sustanciación de los concursos para la cobertura de cargos docentes llamados desde la Asociación de Psicólogos de Buenos Aires con la anuencia de la intervención en el '67. Dediqué un espacio a analizar la experiencia del Laboratorio de Relaciones Humanas, ideado por psicólogos para atender a sus propias dificultades y a las de los futuros profesionales. Consideré la incidencia de espacios de formación no universitaria como la Asociación de amigos de APA, la Escuela de Psicología Clínica de Niños y el impacto que tuvieron sobre los psicólogos instancias como Plataforma Argentina, Documento y el Centro de Docencia e Investigación, derivados de los problemas internos de la Asociación Psicoanalítica Argentina.

En el Capítulo VI **"Cómo se hizo para recuperar esta historia"** incluí reflexiones respecto de la penetración en el escenario en el que se produjeron los hechos que analicé, de los vínculos entre los actores institucionales, de las representaciones y los constructos generalmente compartidos. Indagué sobre la particularidad de los materiales para penetrar las maniobras de conformación identitaria de los psicólogos, las negociaciones con otros colegas, el establecimiento de normas, las relaciones de autoridad. Destaqué el valor de las narrativas como producto cultural y social, el lugar de la memoria, las condiciones de recolección testimonial a través de entrevistas. Incorporé información sobre las formas de garantizar la "domiciliación" de los datos en archivos.

En las **Conclusiones**, que resultaron aperturas a nuevas preguntas, recuperé en el camino recorrido entre 1957 y los primeros años posteriores al '66 dos aspectos centrales.

Por una parte, la cuestión curricular atendiendo a cómo se tramitó la distancia entre la propuesta académica y la expectativa profesional de los estudiantes.

Por otra, la construcción de la identidad profesional y la ocupación del campo a partir del vínculo fundante con no psicólogos y de las transformaciones que se operan con la graduación de los primeros profesionales de la especialidad.

Con estos ejes seguí las maniobras que condujeron a la búsqueda de un perfil profesional diferencial, ya no sólo respecto de médicos y psicoanalistas, sino también en relación con otras profesiones, especialmente de las ciencias sociales.

También analicé los mecanismos de inserción en experiencias laborales concretas y las formas que encontraron los psicólogos para desplegar sus saberes y sus incumbencias. En relación a ellas, me detuve en las particularidades de la conducción de cada una y en las formas que adoptaron según hubieran sido dirigidas o no por médicos.

Recorrí los lugares –espacios físicos y simbólicos– que transitaron y ocuparon los estudiantes, graduados y docentes en situaciones de interacción, formación y asistencia.

Presté especial atención a las formas de consignar los eventos, a los matices, a las diferencias en los relatos y a la importancia de preservar el lenguaje de época.

Destaqué el valor de utilizar, como referentes, producciones contemporáneas al período estudiado, en tanto son reflejo de primeras elaboraciones realizadas por estudiantes o graduados sobre la inserción profesional, las especializaciones y sus conflictos.

Extendí el período que me había propuesto recorrer al comienzo del trabajo. Había planificado llegar hasta 1966 con la intervención a la UBA. Decidí continuar unos años más por entender que los pasos dados en ese último período son el corolario de lo que antes había sucedido y no podía dejar de mencionarse.

Este fue el camino recorrido, con sus completamientos y sus vacíos.

Al tiempo de haberlo transitado, fue posible sumar saber y encontrar espacios sobre los que habrá que volver.

Queda el desafío planteado y el compromiso asumido.

Capítulo I
Algunas condiciones institucionales que hicieron posible la creación de la Carrera de Psicología en la UBA

El escenario post '55

Durante el primer gobierno de Perón, la UBA estuvo en manos de sectores católicos conservadores que llevaron adelante una política represiva contra docentes y estudiantes opositores al régimen. La manifestación más clara de ello fue, frente a la forma de gobierno que reivindicaba el movimiento reformista desde 1918, la intervención decretada en mayo de 1946[1], la exoneración de un considerable número de profesores, la persecución a militantes estudiantiles y la imposición de hacer jurar el respeto a la constitución que significaba "algo más que una mera promesa de acatamiento al orden jurídico construido sobre esa ley fundamental: implicaba un compromiso de adhesión a la tradición ideológico –política que encontraba su expresión más acabada en la Constitución de 1853" (Halperín Donghi; 2002:140).

Esto no impidió la realización de asambleas numerosas, sobre todo por parte de los estudiantes –pero también de docentes– con enfrentamientos entre los participantes, que no lograron controlar el desgaste y la dispersión de fuerzas, la desarticulación de las comisiones directivas de

---

[1] "El gobierno universitario era regido por un rector, designado por el Poder Ejecutivo y por los decanos, simples funcionarios del engranaje corporativo en el aparato Burocrático estatal." (Kleiner; 1964:92)

los centros de estudiantes y de las organizaciones de delegados de cursos. Los estudiantes organizados intentaron contrarrestar estas situaciones. La toma de facultades de varias universidades –no sólo de la UBA, también de La Plata, Córdoba y Litoral– impulsadas desde mediados de 1947 tanto por las federaciones universitarias regionales como por las comisiones de delegados, tuvo la intención de dejar marcada una posición al respecto. Confiaban en sus propias fuerzas e intentarían que nada se decidiera sin tener en cuenta su opinión, y planteaban como plataforma "la abolición de la Ley Universitaria 13.031[2], el restablecimiento de la autonomía universitaria, la abolición del certificado de buena conducta (...) la reincorporación de estudiantes y profesores exonerados por discriminación política o ideológica" (Kleiner; 1964:107).

Con la caída de Perón (1955), se observa un cambio en el escenario universitario y en la participación, tanto de estudiantes como de profesores, que habían estado limitados en su actuación por la ley 13.031 que privó a la Universidad de la condición de funcionar, tal como lo proponía la Reforma del '18, como caja de resonancia de la vida política y social, con la libre elección de sus órganos de dirección, la selección del profesorado y la libertad de cátedra[3]. Entre finales de 1955 y comienzos de 1956 comenzó un proceso de incorporación o retorno de docen-

---

[2]   Sancionada el 26 de setiembre de 1947 y promulgada el 9 de octubre del mismo año. Además de establecer la designación del rector por parte del Poder Ejecutivo, proponía la sanción a la participación política de docentes y estudiantes.

[3]   Ley 13.031; Art 4: "Los profesores y los alumnos no deben actuar directa ni indirectamente en política invocando su carácter de miembro de la corporación universitaria, ni formular declaraciones conjuntas que supongan militancia política o intervención en cuestiones ajenas a su función específica, siendo pasible quien incurra en trasgresión de ello, de su suspensión, cesantía, exoneración o expulsión según el caso".

tes que permanecieron casi una década fuera de la UBA. Fue una de las respuestas al clima de anti intelectualismo que había marcado los últimos diez años con ideas y proyectos que pudieron verificarse en la reforma de los planes de enseñanza, en la recuperación de los institutos de investigación que habían permanecido prácticamente inactivos, el establecimiento de becas internas y externas para graduados y estudiantes y de proyectos de extensión universitaria (Halperín Donghi; 2002).

Con la creación de las carreras de Psicología y Sociología, propuesta en 1956 por la Facultad de Filosofía y Letras y concretada en 1957, las "nuevas" ciencias sociales se instalan en los espacios académicos que las preceden y tanto por sus objetivos como por las aspiraciones de sus claustros le imprimen una nueva modalidad de funcionamiento tanto a la institución como a sus habitantes. El ingreso de estudiantes con propósitos diferentes a los preexistentes, "irrumpieron en un ámbito tradicional y escolástico, lo cual imprimió otra modalidad a la Facultad, por su contenido, por las características de los alumnos y docentes y por las posiciones políticas e ideológicas. Comenzaron los planteos acerca de que las Carreras tenían que tener una salida laboral, lo cual ni se pensaba antes. Esto ocurrió en especial en Psicología y Sociología[4]".

Muchos protagonistas de entonces, testimoniantes actuales, registran estos eventos en el marco de "una era dorada (...) un período histórico de la Universidad, que se recorta con realidades muy netas y muy propias, no sólo con sus logros sino por contraste y comparación con la Universidad que la precedió y con la Universidad que la sucedió[5]" fundamentalmente por la vigencia del gobierno tripartito con participación de los claustros de docentes,

---

[4]   Schneider, S.; testimonio oral; junio 2002.
[5]   Duarte, A.; testimonio oral; Archivo Oral de la UBA; diciembre 1987.

estudiantes y graduados, y por la renovación periódica y concursada de las cátedras.

Durante el rectorado de Risieri Frondizi[6] –quien asume en 1958, inmediatamente después de la creación de las nuevas carreras– se producen otras transformaciones de alto impacto en la UBA, como la autorización del ingreso de las mujeres a los colegios universitarios Carlos Pellegrini y Nacional de Buenos Aires[7], los intentos de reformar los métodos de enseñanza reemplazando la tradición de la oratoria por una mayor cantidad de trabajos prácticos (Romero; 1956) a pesar del incremento de matrícula estudiantil, el mejoramiento de la tarea docente, el aumento de dedicaciones, la flexibilización en los planes de estudio, la mayor atención a las tareas de investiga-

---

[6]   Risieri Frondizi es elegido rector en noviembre de 1957. En 1958, luego de aprobado el nuevo estatuto universitario es reelegido, siendo vicerrector Florencio Escardó. Culminó su mandato en 1962. Egresado del Instituto Nacional del Profesorado de Buenos Aires con el título de Profesor de Filosofía en 1935. Posteriormente realizó estudios en Harvard. En 1937 fundó el Departamento de Filosofía y Letras en la Universidad Nacional de Tucumán. Aprobó su maestría en la Universidad de Michigan en 1943 y el Doctorado en la Universidad Autónoma de México en 1950. En 1955 es designado Profesor de Ética y Filosofía Moderna en la Universidad de La Plata. Al año siguiente obtiene por concurso las cátedras de Ética y Filosofía contemporánea en la UBA.

[7]   Aprobada en la sesión del Consejo Superior del 1º de marzo de 1958 a partir de un proyecto de autoría del Dr. Florencio Escardó, Vicerrector. Entre los fundamentos, el autor expresó que "en cuanto a lo afirmado por el señor Consejero Otaegui en el sentido de que la enseñanza debe realizarse de modo distinto en los varones y las mujeres, no creo que ello pueda ser mantenido con otro criterio que el del prejuicio –y le pido perdón por esta afirmación–. Yo no ignoro que en la enseñanza de anatomía de los colegios secundarios se suelen omitir las bolillas de órganos sexuales; es decir que el colegio se niega a enseñar lo que el estudiante encuentra en la absoluta evidencia de la vida desde que nace (...) Juntamos a los niños hasta los diez años, luego los separamos, es decir, los in-preparamos y luego los volcamos en la universidad para que estudien juntos anatomía, fisiología, etc. Justamente lo monstruoso no está en la convivencia, sino en la separación".

ción, el fomento de becas y el impulso a las obras de la Ciudad Universitaria.

Paralelamente, en ámbito del rectorado, se creó la Comisión de Pedagogía, con el objetivo de profundizar los fundamentos y la metodología de las diferentes disciplinas y carreras, analizando los planes de estudio e introduciendo los cambios necesarios para modernizarlos. Entre los primeros integrantes de esa comisión figuraron Florentino Sanguinetti, un destacado hombre de las Letras y Eduardo Braun Menéndez, profesor de la Facultad de Medicina, quienes se manifestaron a favor de lo que consideraban las nuevas concepciones pedagógicas y científicas.

En el transcurso de ese mandato se sustanciaron concursos docentes y se realizaron elecciones para la conformación de los Consejos Directivos de las Facultades y del Consejo Superior Universitario, ampliando los niveles de participación de la comunidad académica, asegurando los mecanismos para el funcionamiento democrático dentro de la UBA.

Todo esto acontecía en el marco de la ideología reformista, que sostenía que la Universidad y sus acciones resultarían estériles si no lograban acompasar los aportes de la ciencia y la técnica a las necesidades del país (Frondizi; 2002). Puertas adentro de de la UBA, se trató de pensar en los requerimientos del entorno.

Con la creación del Departamento de Extensión Universitaria se propone el estudio y la atención a problemas sociales, educativos y de salud de la población necesitada, (RUBA; 1956) dando continuidad a acciones iniciadas con anterioridad por organizaciones estudiantiles, destacándose, entre otras, las experiencias desarrolladas en Isla Maciel, en Orientación Vocacional, en el Hospital del Clínicas y otras promovidas desde las facultades en villas miseria y sindicatos.

En el mismo período se fundó EUDEBA –sociedad de economía mixta controlada por la Universidad– con el propósito de difundir obras científicas y técnicas, y también de series de divulgación popular (Halperín Donghi; 2002). Al tiempo que éstas y otras innovaciones atravesaron la vida de los claustros, se operaron transformaciones en el llamado campo de la Salud Mental, a partir de un hecho trascendente, la creación en 1956 del Instituto Nacional de Salud Mental. Éste no sólo propició una política activa por parte del Estado frente a los problemas de la Salud Mental, sino que además modificó la nominación de patologías y la incorporación de prácticas y profesionales que hasta ese momento eran dominio de la Psiquiatría. Intentó la apertura a los aportes de conceptualizaciones sociológicas, antropológicas y psicológicas.

Otra circunstancia que marcó un punto de inflexión en el mismo período fue la creación en 1956 del primer Servicio de Psicopatología en un hospital general –el Aráoz Alfaro de Lanús, bajo la dirección del Dr. Mauricio Goldenberg– quien favoreció la incorporación de estudiantes y más tarde de graduados a las tareas de atención y al régimen de Residencia Hospitalaria (Diamant & col.; 1996). Estas oportunidades de inserción profesional también pudieron verificarse en otros hospitales como el de Niños, en la Sala XII a cargo del Dr. Florencio Escardó (Diamant; 1993) y el Piñeyro.

Pero no todos acordaban con estas decisiones. Había quienes objetaban que la UBA se diera su propio gobierno, cuestionaban los nuevos programas de las carreras y la forma acceso a las cátedras por parte de los profesores.

Los cambios producidos en la Facultad de Filosofía y Letras presentaron problemas que podrían ubicarse en dos niveles. Por una parte, desde el punto de vista político, "el obstáculo fundamental fue la resistencia de los viejos profesores, además de los celos de otras Facultades. La derecha católica tenía mucha fuerza. Si no hubiera sido por el apoyo que tenía [Gino] Germani[8] en la Universidad a través de Risieri y de nosotros en el Consejo Superior, dentro de la Facultad lo hubieran devorado[9]". Por otro lado, también pesaba la oposición de algunos grupos de la izquierda, sobre todo cuando se discutían posturas ligadas a financiamientos externos y obtención de fondos por subsidios (Germani; 2004).

Desde la perspectiva académica, la cuestión de la profesionalización de un campo disciplinario preexistente pero no autónomo generaba fisuras en el funcionamiento e introducía elementos curriculares no contemplados hasta entonces. El caso de la formación universitaria de psicólogos –y también de sociólogos– inexistente hasta 1957 en la UBA dentro de la Facultad de Filosofía y Letras fue vivido por protagonistas de entonces como un camino que recorrió por lo menos dos direcciones. Una, hacia la acreditación de un nuevo perfil disciplinario, académico y luego profesional. Otra, hacia la autonomía, por liberarse de tutelajes de otros campos disciplinarios, fundamentalmente el médico, aunque no exclusivamente y también –y en menor medida– el filosófico y el jurídico.

---

8   Nació en Roma en 1911. Fue detenido a los 19 años mientras cursaba estudios secundarios. Llegado a Buenos Aires trabajó como administrativo en el Ministerio de Agricultura mientras seguía colaborando con movimientos antifascistas. Fue periodista de la revista Idilio, en la que desde el lugar de responder a correspondencia principalmente femenina, se animó a la introducción de conceptos psicoanalíticos. En 1955 regresó a la Universidad de Buenos Aires de la que había estado excluido, en un clima de gran optimismo inspirado por la sensación de libertad y por el respeto que había ganado en los medios intelectuales, y tuvo un rol protagónico en la creación de la Carrera de Sociología y del Instituto de Investigaciones. Entre 1960 y 1966 viajó invitado a Harvard, y poco antes del golpe de estado de Onganía aceptó un cargo permanente allá. En 1976 se trasladó nuevamente a Roma, donde murió en 1979.

9   García, R.; testimonio oral; en Germani; 2004.

Las "nuevas" Ciencias Sociales

El período que se inicia en 1955, atravesado por nuevas ideas, fue crucial para el desarrollo, la institucionalización y la renovación teórica de las Ciencias Sociales en la UBA y en el país. En Argentina, como en otros países latinoamericanos, el despliegue y la profundización de las ciencias sociales se realizó a ritmo acelerado, siguiendo los avatares del desarrollo y de las transformaciones de la estructura económica y social que proporcionó un amplio repertorio de problemas para ser estudiados con intenciones de cambiarlos.

Para que el estudio y el abordaje de estos problemas fuera posible, Gino Germani planteaba la necesidad –nunca concretada– de una Facultad dedicada a las Ciencias del Hombre, que convocara a las ciencias políticas, la sociología, la psicología, la economía, la antropología, la psicología social, la geografía humana entre otros recortes del saber.

También reconocía las dificultades para lograrlo (Gemani; 2004). El sentimiento del atraso y de orientaciones demasiado tradicionales en estos campos del saber era compartido por quienes se alineaban tras las banderas de la modernización universitaria, así como "la idea de que había una nueva forma de pensar al hombre que no estaba incorporada en la Facultad[10]".

Cuando se inicia esta nueva etapa, a partir de 1955, se tiene –en algunos sectores– "la impresión de que la Sociología [así como otras disciplinas humanísticas] existe y que nunca te pusieron en contacto con ella (...) De allí, seguramente, el peso que tenía para [Gino] Germani la intención de crear un cierto clima intelectual centrado

---

[10]   Murmis, M.; testimonio oral; abril 2005.

en las Ciencias del Hombre y el peso que tenía la imagen de creación de un profesional especializado[11]".

La formación de nuevos profesionales en nuevas disciplinas era una necesidad y tenía que ver con el despliegue de campos de conocimiento y el crecimiento de un mercado de trabajo que incidía con demandas sobre lo que se enseñaba. Al mismo tiempo, la demanda social le imprimía orientaciones a los contenidos de la enseñanza que la institución responsable de la transmisión intentaba escuchar e incorporar como contenido curricular.

Las presiones de los estudiantes

El colectivo estudiantil que había recuperado su voz luego de 1955 demandaba cambios en el funcionamiento y reformas curriculares. En octubre de ese año, un grupo de alumnos solicitó a las autoridades de la Facultad de Filosofía y Letras de la UBA la creación de una Carrera de Psicología. Reclamaban un título que los habilitase para el desempeño de la profesión de psicólogo con la jerarquía y seriedad que sólo podía garantizar la Universidad y un plan que contemplase la formación de docentes (Buchbinder; 1997).

Al poco tiempo de la puesta en funcionamiento de la carrera, se evidenciaron diferencias entre las expectativas de los alumnos y la orientación de la Carrera o, según algunas opiniones, por la ausencia de ésta última. Los intereses –curriculares y políticos– de los estudiantes se verán parcialmente satisfechos un tiempo más adelante cuando, con la colaboración de algunos miembros del cuerpo docente, se desplace al primero de los directores del Departamento de Psicología y responsable de

---

[11]   Murmis, M.; testimonio oral; abril 2005.

el Plan de Estudios original, Marcos Victoria[12], (Vezzetti; 1996) y sea reemplazado por Enrique Butelman, profesor de Psicología Social y socio de Jaime Bernstein en la recientemente creada Editorial Paidós. Entonces se iniciará la contratación de profesores, algunos con conocida orientación psicoanalítica (Plotkin; 2003), entre ellos José Bleger, con importancia trascendente para los tiempos que siguieron, a quienes los estudiantes ya conocían por las referencias de sus colegas inscriptos en Rosario (Balán; 1991).

Desde el principio, para los futuros graduados de la Carrera de Psicología, el tema de la identidad profesional se instaló como problemática y como eje de debate hacia adentro y hacia afuera de la Carrera y de la Facultad y fue tomado como plataforma por los estudiantes. La futura inserción social y profesional[13] resultaba casi tan problemática como la definición del dominio de la ciencia para la que estaban estudiando.

Tanto las Carreras de Psicología ofrecidas en Rosario como en Buenos Aires combinaban viejas tradiciones de enseñanza con inciertas perspectivas profesionales, ya que ambas habían sido diseñadas para brindar formación

---

[12] "En los comienzos de la carrera de Psicología en la UBA, la figura de su primer Director, el Dr. Marcos Victoria, es la ilustración misma de la ausencia de un perfil disciplinar claro. Formado en la psiquiatría y la psicopatología tradicional, sus incursiones en algunos temas de la psicología que le era contemporánea venían acopladas a una relación divulgadora que carecía de cualquier propósito de investigación y de consolidación conceptual o profesional de la psicología. En todo caso, fueron los primeros alumnos de la carrera quienes cumplieron un papel decidido en el cambio de perfil y en la profundización de una orientación hacia el psicoanálisis" Vezzetti,H; "Los estudios históricos de la psicología en la Argentina"; en *Cuadernos Argentinos de Historia de la Psicología*; Vol. 2; N° 1; San Luis; 1996.

[13] La UBA concedía el título académico de licenciado. Algunas otras carreras, un poco más tardías, otorgaron el grado profesional de psicólogo.

académica y no anticipaban posibilidades de inserción laboral a los futuros graduados. Esto no contaba con la aceptación de un grupo importante de estudiantes que aspiraban a realizar aquello para lo que no estarían habilitados y era la práctica psicoterapéutica (Plotkin; 2003).

No había al momento psicólogos preparados para formar psicólogos, con la sola excepción de Nuria Cortada[14], quien participará del primer cuerpo docente de la Carrera. Por lo tanto, hasta que comenzaron a enseñar los primeros ayudantes alumnos y luego graduados, los docentes serían pedagogos, filósofos, abogados y fundamentalmente médicos preocupados por defender el monopolio de su profesión de origen en relación con el arte de curar y no por servir como modelos de identidad profesional (Plotkin; 2003).

El marco institucional
para la creación de la Carrera

La sesión del Consejo Superior de la Universidad del 12 de marzo de 1957, con la aprobación de la creación de la Carrera de Psicología, sintetizó propuestas surgidas en la Facultad de Filosofía y Letras, que fueron también eco de lo que acontecía en otras unidades académicas y espacios de la ciencia y la cultura. La preocupación por la modernización de la Universidad, el advenimiento de la "nuevas" ciencias sociales, fueron distintos modos de titular en ese momento los temas en discusión en la

---

[14]   Comenzó su formación en la Carrera de Filosofía en Mendoza al tiempo que se fue formando junto al Dr. Horacio Rimoldi en su Instituto de Psicología Experimental. Obtuvo el Master of Arts en Psicología Clínica en los Estados Unidos. Luego, en Francia, se formó en Psicometría en el Hospital Sainte Anne.

Universidad y en algunas comunidades profesionales, políticas e intelectuales.

El contexto en el que estos debates se dieron, para el caso particular de la UBA, significó un intento de reponerle la centralidad perdida en los últimos años. Para lograrla fue de crucial importancia la recuperación de la autonomía y la reinserción de numerosos intelectuales excluidos entre otras condiciones, que dieron lugar a uno de los períodos más ricos en experiencias que se produjeron en el ámbito universitario (Suasnabar; 2004).

El ambiente institucional, dentro y fuera de la universidad, propició encuentros y también confrontaciones entre corrientes teóricas y escuelas psicológicas –psicolgía médica, conductismo, psicoanálisis– con peso diferente en la definición ideológica, científica y práctica de la manera de actuar legítimamente, de manera acreditada y con autoridad. Cada posición académica aportó algo de lo suyo a la construcción de un modelo educativo funcional para la transmisión de un recorte de la cultura considerada valiosa para un determinado recorte espacio-temporal, que en el caso de las Ciencias Sociales, modificaron con su renovación el *status quo* de las clásicas Humanidades, incorporando a su discurso –forma y contenido de la transmisión-miradas, actores y significados múltiples.

Las manifestaciones de esta reorganización de los saberes no sólo se percibieron en la apertura de nuevas Carreras –Psicología, Sociología, Antropología en Filosofía y Letras– y la transformación de otras preexistentes (caso de Pedagogía a Ciencias de la Educación), que le dieron a la Facultad de Filosofía y Letras un perfil diferente. También se visualizaron en la creación de otras escuelas y facultades, en la sistematicidad en la aparición de la Revista de la UBA (RUBA), en el proyecto de construcción de la Ciudad Universitaria, en la producción de una masa creciente de estudiantes y de graduados, en las oportunidades para investigadores que ofrecía el reciente Consejo Nacional de Investigaciones Científicas y Técnicas (CONICET) y en la demanda de otros perfiles profesionales desde empresas e instituciones estatales como el INDEC[15] y el CONADE[16] (Sigal; 2002).

Pero aun cuando la creación de las Carreras de Psicología, Sociología y la transformación de Pedagogía en Ciencias de la Educación fue simultánea y compartirían contenidos, campos de acción y hasta algunos de los fundadores, tanto la matrícula como las líneas teóricas y los perfiles profesionales a los que aspiraban tomaron rumbos diferentes. Sociología se perfiló con una orientación académica –más en consonancia con otras carreras que ya se dictaban en la Facultad de Filosofía y Letras– hacia la investigación, con un modelo profesional espejado en la figura de Gino Germani, analista de los problemas sociales desde una mirada más moderna discutiendo a la antecedente "sociología de frac" (Delich; 1977). Psicología, en cambio, con un inesperado poder de convocatoria, no sólo estuvo apoyada en el eje de la modernización sino en algo más extremo: la lucha por la independencia de la disciplina, de las prácticas y del tutelaje de otras profesiones, fundamentalmente la médica, en pos de la delimitación de un campo de producción teórico y de práctica profesional autónomos (Rossi; 1994).

---

[15]   Instituto Nacional de Estadística y Censos.
[16]   Consejo Nacional de Desarrollo.

¿Cuáles fueron algunas de las condiciones que hicieron posible la creación de la Carrera de Psicología en la UBA?

La creación de la Carrera de Psicología en la Facultad de Psicología de la UBA debe entenderse más allá de un acto administrativo y pedagógico. Para darle su real dimensión es necesario reconocer el escenario académico, político y cultural que deja delineado la caída del peronismo en 1955.

Dentro de ese marco, para la Universidad, se destaca el espacio que ocuparon los docentes, muchos de los cuales retornaban luego de haber estado exonerados así como el ingreso de nuevos profesores. También deben ser tenidas en cuenta las expectativas estudiantiles que se iniciaron en una dirección académica y que cambiaron prontamente hacia expectativas profesionales. Esto fundamentalmente a partir de la incorporación a los planteles de enseñantes de psicoanalistas.

Entre los hechos que resultaron facilitadores, además de la delimitación del campo *psi*, se crearon, dentro del mismo, organismos que resultaron inclusores de los psicólogos tanto dentro como fuera de la Universidad. Entre los primeros, los servicios dependientes del Departamento de Extensión Universitaria. Entre los últimos, el Instituto Nacional de Salud Mental.

Todo esto acontecía mientras se asentaba una propuesta curricular que pretendía operar como norma reguladora de acciones de formación y acreditación, al calor de intensos debates teóricos, políticos y curriculares y de acuerdos que oficiaron como garantes de continuidad.

CAPÍTULO II
CÓMO SE HIZO DE LA PSICOLOGÍA UNA CARRERA EN LA UBA

Psicología como carrera nueva en la UBA

"En ese momento ser psicóloga era una cosa vaga (...) No sabía si podría ser un trabajo profesional. No teníamos claro qué era ser psicólogo (...) No sólo no sabíamos de qué íbamos a trabajar sino si la carrera llegaría a concluir[17]."

Los primeros estudiantes de Psicología, y los graduados después, debieron competir en el campo de la Salud Mental con profesiones ya consolidadas, como las de los psiquiatras y médicos psicoanalistas, habilitados legalmente y legitimados socialmente. Lo hicieron mientras se iba consolidando la carrera en el ámbito de la Facultad de Filosofía y Letras de la UBA.

Se trató de un conjunto de procesos no lineales, al que concurrieron acontecimientos previos como congresos, jornadas, la consolidación de la disciplina, la expansión de lugares de atención asistencial, la transformación de prácticas, el peso de ciertas figuras referentes y el auge de corrientes teóricas al tiempo que otras retrocedían. El encuentro de todos ellos se objetivó en un espacio universitario, un plan de estudios y un perfil profesional, que tomó datos de prácticas y

---

[17]   Schneider, S.; testimonio oral; en Carpintero & Vainer; 2003.

acontecimientos anteriores, algunos propios de la academia y la disciplina y otros externos a ellas.

Este tránsito de la ausencia a la materialización se logró a partir de la organización curricular de saberes, de la construcción de rituales en el marco de una institución educativa que intentó la exclusividad cognitiva (González Leandri; 1999) y la acreditación profesional.

Los especialistas, y luego los docentes, funcionaron como los voceros de una porción de conocimientos, de un *corpus* de saberes respetados, de normas para la acción y de modos de establecer fronteras conceptuales y prácticas (Goodson; 1991), al mismo tiempo en que se producían cambios en el saber y en el hacer de la práctica médico-psiquiátrica. Ellos se expresaron, por ejemplo, en la voluntad de algunos profesionales médicos de sacar del hospicio la atención a los pacientes con problemas mentales, empezando a incorporar más activamente el concepto de salud mental, de prevención y de medicina social en reemplazo de la consideración de la higiene mental como categoría teórica. Influyeron en ello el uso de nuevos psicofármacos, el avance de tratamientos con concepciones desconocidas hasta el momento, la ocupación de espacios curriculares y académicos por parte del psicoanálisis y de otras corrientes, no sólo dentro de la Facultad de Filosofía sino también en la de Medicina.

En términos culturales, los cambios se sustentaron en diferentes modos de pensar al sujeto y en la necesidad de un nuevo profesional/especialista que atienda a la comprensión de la realidad individual y social y que intente intervenir sobre ellas. En ese marco cobraron sentido los ideales manifiestos de estudiantes primero y profesionales luego, respecto de una psicología orientada hacia el cambio de las personas, los grupos y hasta la sociedad y la modificación de pautas en la vida cotidiana.

El plan de estudios actuó como ordenador de un programa de formación en el marco institucional de la UBA, como producción material y simbólica que dio cuenta de intenciones con relación a la formación profesional, constituyó un conjunto de reglas que organizaron la enseñanza, confirmaron qué saber debía ser enseñado y estructuró formas de evaluación y calificación laboral. Fue una construcción con estabilidad en el tiempo y en el espacio, resistente a los cambios, ordenador de artefactos y procesos que hasta pudieron parecer marginales y que, sin embargo, resultaron fundantes de la cultura institucional y profesional. (Dussel; 2003). Quien lo transitó y llegó a buen término, supone, desde el conocimiento de una disciplina, haber llegado a un grado de autonomía en el manejo de un contenido específico, propio de un determinado recorte del saber en relación con un ejercicio profesional.

La posesión de un título, de una acreditación –objetivo del camino hacia una nueva profesión– fue la condición necesaria, pero no suficiente, para el acceso a los lugares de desempeño, en las condiciones que la tenencia de un título determinan formalmente. También lo fue la ocupación de espacios delimitados para el despliegue y desarrollo de lo disciplinar en lo profesional. La realidad marcó que ninguna de estas metas se alcanzó con un recorrido sin dificultades. Aún en aquellos lugares que se presentaron"amigables", los psicólogos se fueron incorporando en condición de "aprendices", en la mayoría de los casos en calidad de *ad honorem*, privilegiando la oportunidad y la posibilidad de capacitación sobre el ejercicio profesional.

Con el tiempo ocuparon espacios diferenciados, pasando de testistas a intervenciones propiamente *psi*, de la atención a dificultades de aprendizaje y conducta a cuestiones vinculares, familiares, sociales y psicosomáticas[18]. En ellos comenzó a registrarse la presencia de licenciados y estudiantes de Psicología que realizaban, entre otras tareas, estudios psicológicos individuales, entrevistas operativas, tests, estudios de personalidad, grupos de orientación para madres, niños y familias (Bermann; 1971).

A pesar de los avances en las tareas, los vínculos con las conducciones de los servicios y con los profesionales médicos no siempre resultaron fáciles ni los lugares asignados fueron los esperados. Estas realidades –y también las necesidades– se fueron reflejando en los sucesivos cambios de planes de estudio, programas de materias y titularidades de las cátedras.

El contexto de la creación

"Nuestra entrada en Filosofía y Letras tuvo que ver con toda una apertura en la Universidad y en el país hacia las ciencias sociales. Entonces la creación de la Carrera de Psicología, de Sociología (...) y la orientación que se les dio, cambió la fisonomía de Filosofía y Letras (...) que era una Facultad numéricamente pequeña, que tenía una población de clase media alta (...) Cuando entré a la facultad [1957] había muchos religiosos estudiando. Sobre todo estudiaban filosofía, estudiaban letras, había curas y había monjas. Pero en primer año eso desapareció rápidamente. No sé si no estudiarían más. Supongo que estudiarían, pero el número avanzó de tal manera

---

[18] Entre los lugares más receptivos pueden citarse la Sala XII del Hospital de Niños a cargo del Doctor Florencio Escardó; el Departamento de Psicología y Psicopatología de la Edad Evolutiva en el Hospital de Clínicas a cargo de la Dra. Telma Reca, profesora en la Carrera desde los primeros años; el Hospital Aráoz Alfaro de Lanús, en el Servicio de Psicopatología a cargo del Dr. Mauricio Goldenberg, quien fue docente; el Departamento de Orientación Vocacional y el Centro de Isla Maciel.

para las otras carreras...cambió de un ambiente bastante elitista a una carrera donde iban jóvenes de otra extracción, de otra orientación ideológica[19]."

El 4 de octubre de 1955, durante la gestión como Rector Interventor de José Luis Romero[20] fue designado Decano Interventor de la Facultad de Filosofía y Letras Alberto Salas, quien a su vez nombró una Comisión Asesora integrada por Luis Aznar, Gino Germani, Roberto Giusti, Juan Mantovani y Francisco Romero, quienes al igual que él habían permanecido fuera de la Universidad durante el peronismo y tuvieron participación en los cambios académicos y curriculares que se produjeron en su interior.

A partir de la implementación de nuevas carreras –entre 1955 y 1956– del ingreso de los primeros matriculados –1957– y de un nuevo equipo docente –con el reingreso también de algunos que habían permanecido marginados en los últimos años– la Facultad adquirió un perfil y una dinámica de funcionamiento distinta.

Fueron fundamentalmente Psicología y Sociología las que produjeron los cambios más llamativos, a partir de los cuales la Facultad logró centralidad en un ambiente que asignaba a la actividad científica de la UBA un lugar de privilegio. Las novedades que éstas introdujeron tanto en cuestiones académicas, de prácticas

---

[19]   Langleib, M.; testimonio oral; Archivo oral de la UBA; noviembre 1987.

[20]   Nació Buenos Aires en 1909. Murió en Tokio en 1977. Estudió en la Universidad Nacional de La Plata entre 1929 y 1934. Allí se doctoró en Historia, a la que entendía como una historia de la cultura. Fue docente de las Universidades de Buenos Aires, La Plata, Litoral, Tucumán y de la República en Montevideo. Obtuvo la beca de la Fundación Guggenheim de Nueva York, regresando en 1951. Durante su breve rectorado en la UBA dio impulso a cambios que marcaron los diez años siguientes, entre ellos la creación de nuevas carreras, del Departamento de Extensión Universitaria y de EUDEBA, concretada en 1958.

y en los criterios para la incorporación de docentes, incidieron sobre el resto de las secciones de la Facultad.

De la puesta en marcha de la Carrera de Psicología (1957) participa un conjunto de profesionales con desempeño en instituciones –de formación y asistenciales– mayormente extrauniversitarias a los que se suman docentes que provienen de otras unidades académicas, con diferentes experiencias y adscripciones teóricas. Serán –más adelante– los primeros concursos y las nuevas designaciones interinas las que irán avalando profesores y discursos que tendrán influencia en los posteriores cambios de planes de estudios y en la consideración de la formación profesional.

Antecedentes para la creación de una Carrera nueva

> *"Hoy resulta mucho más fácil ser psicólogo. Basta con inscribirse en la Facultad, realizar el esfuerzo de estudiar y aprobar los sucesivos exámenes para conseguir el ansiado título. Pero en mi tiempo y mucho antes de que concretáramos la creación de las mencionadas carreras, carecía nuestro país de cursos u otras formas de capacitación orgánica. Cada uno debía trazar su propio camino (...) quien quisiera dedicarse a la Psicología, debía trazar su propio plan[21]."*

Existieron circunstancias que podrían explicar un recorrido académico materializado en una carrera, la de Psicología, dentro de una estructura educativa preexistente: la Facultad de Filosofía y Letras de la UBA. Se trata de un camino que se inició a fines del siglo XIX, cuando ya se encuentra documentada la enseñanza de

---

[21]   Moreno, R.; testimonio oral; en Rossi; 2005.

la Psicología en programas de cursos para la formación de profesionales en el ámbito universitario.

Encontrar un comienzo institucional es retrotraerse a 1901 con la creación del Laboratorio de Psicología Experimental por parte del Dr. Horacio Piñeyro[22] en la ya existente Facultad de Filosofía y Letras. A partir de entonces se registran los primeros cursos de Psicología Experimental y Fisiológica dictados por él mismo – desde 1902– seguidos por los de Félix Krueger[23] y José Ingenieros[24] hasta llegar a la Reforma Universitaria de 1918, así como también la creación por parte de or-

---

[22] En 1902 presenta una propuesta académica basada en Laboratorio de Psicología Experimental, aplicada a la población estudiantil del Colegio Nacional de Buenos Aires. El programa para la materia Psicología Fisiológica y Experimental se apoya en los resultados "positivos" obtenidos a partir de los aparatos de medición psicofisiológica del Laboratorio de Wundt y los enfoques de la clínica francesa. Houssay, quien lo sucedió en la cátedra de Fisiología de la Facultad de Medicina de la UBA y que lo reconoce como su maestro, dijo en 1920, al inaugurar los cursos: "En Piñeyro deben destacarse varias cualidades sobresalientes: el amor a la enseñanza, el cariño por sus discípulos, el entusiasmo comunicativo. Desde el punto de vista de sus orientaciones merece destacarse la maestría con que siempre inculcó a sus alumnos el concepto de la unidad funcional, de las correlaciones de los órganos ("uno para todos y todos para uno") y la primacía del criterio fisiológico sobre el criterio anatómico (...) Propendió a estimular los trabajos de verificación experimental, pues creía que no estábamos aún en condiciones de dedicarnos a la investigación original".

[23] Discípulo de Wundt, en 1906 se hace cargo de la Segunda Cátedra de Psicología orientada a los procesos mentales superiores y a relacionar la Psicología con la Filosofía y las Ciencias Sociales. Su propuesta se expande más allá de la Universidad, con impacto en los institutos de formación docente.

[24] Médico especializado en Psiquiatría y Criminología. En 1902 fundó los Archivos de Psiquiatría y Criminología. En 1904 se hizo cargo de la Cátedra de Psicología Experimental en la Facultad de Filosofía y Letras. En 1908 fundó la Sociedad de Psicología. En 1913 publica *El hombre mediocre*, su obra más importante de Psicología Social y, en 1918, en su libro *Proposiciones relativas al porvenir de la Filosofía*, expone una versión novedosa del positivismo.

ganismos del Estado de laboratorios e institutos con dependencias, atribuciones ideológicas y finalidades diversas[25].

Ya para entonces existía la Sociedad de Psicología, creada en 1908, y se había realizado el primer congreso de la especialidad en Sudamérica, en el marco del Congreso Científico Internacional Americano, organizado por la Sociedad Científica Argentina en 1910, que sesionó en la Facultad de Filosofía y Letras (Rossi; 1997).

Nombres de profesores como Alejandro Korn[26] y Coriolano Alberini[27] son contemporáneos a la llegada de las obras parciales de Freud en edición de López Ballesteros en 1922 y con la creación del Instituto de Psicotecnia y Orientación Profesional en el colegio Otto Krausse en 1925.

En la UBA se vive el crecimiento y la expansión del campo académico con la creación del Instituto de Psicología en la Facultad de Filosofía y Letras en 1931

---

[25]   Pueden citarse, entre otras, el Laboratorio de Psicología Experimental de la Facultad de Filosofía y Letras de la UBA (1901), los Gabinetes Psicofisiológicos dependientes de la Escuela Nacional de Profesores Mariano Acosta (1904) y de los Institutos de Profesorado de Buenos Aires y Paraná (1905 – 1906); el Laboratorio de Psicopedagogía de la Universidad de La Plata (1905), el Instituto Psicotécnico y de Orientación Profesional (1917)y el Instituto de Psicología del Consejo Nacional de Educación(1930), el Instituto de Psicología de la Facultad de Filosofía y Letras de la UBA (1931); el Consultorio de Higiene Mental del Hospital de Clínicas (1934); la Dirección de Psicología y Asistencia Escolar y Social de la Pcia. de Buenos Aires (1948).

[26]   Médico doctorado en 1882 con una tesis sobre *Locura y crimen*. Dirigió el hospicio Melchor Romero y tuvo a su cargo cátedras en el Colegio Nacional de La Plata y desde 1906 en la UBA. En 1916 es elegido Decano de la Facultad de Filosofía y Letras. A partir de entonces abandona la Medicina y se dedica de lleno a los estudios filosóficos, orientados hacia la gnoseología y la metafísica. De tradición socialista, dedicó gran parte de su labor al estudio de la libertad humana, que consideraba como la unión indisoluble de las libertades ética y económica.

[27]   Filósofo, nacido en Italia, fue director de la Revista de la UBA.

y la publicación periódica de sus anales a partir de 1934. El debate en los años '40 se ve enriquecido por la llamativa circulación de bibliografía temática procedente fundamentalmente de Europa –tanto en lenguas originarias como en versiones traducidas– y por la realización del Congreso Internacional de Filosofía en la Universidad Nacional de Cuyo (1949) en el que una considerable cantidad de trabajos presentados refieren tanto a Psicología, Filosofía como a sus intersecciones (Rossi; 1994).

Fuera del ámbito universitario, y en el terreno específicamente psicológico, se puede percibir el impacto producido por la creación de la Asociación Psicoanalítica Argentina (APA) en 1942 y por la difusión de sus publicaciones periódicas iniciado poco tiempo después. Con esta institución, tanto la Carrera de Psicología una vez creada como sus egresados mantuvieron una compleja relación, por las limitaciones al acceso que planteó por períodos a los profesionales no-médicos, como contrapartida del deseo de estos últimos de acceder a la formación que allí se daba y a que sus miembros se incorporaran a los planteles docentes de la Facultad[28].

A comienzos de la década del `50, en el ambiente universitario y profesional comenzó a crecer la idea de que estaban dadas las condiciones para la creación de un programa universitario de enseñanza de la psicología (Plotkin; 2003). Entre 1952 y 1954 se habían presentado en la Facultad diferentes proyectos para la creación de una Carrera de Psicología. El último, que

---

[28] Algunos de los que se incorporan al dictado de materias fueron muy bien recibidos, como el caso de José Bleger y David Liberman. Otros aspiraron a hacerlo y encontraron resistencias por parte de los estudiantes, como Ángel Garma.

llevaba las firmas de Luis Felipe García de Onrubia, Antonio Graciano y Luis Guerrero, contemplaba el ejercicio liberal de la profesión y la existencia de cuatro especialidades: Psicología Social, Clínica, del Trabajo y Pedagógica (Buchbinder; 1997).

En 1954, la Universidad de Tucumán fue sede de la convocatoria al 1er Congreso Argentino de Psicología, en el que se debatieron enfoques que luego se transformaron en recomendaciones para la creación, en los años siguientes, de Carreras de Psicología en seis Universidades nacionales: Rosario, Buenos Aires, La Plata, Córdoba, San Luis y Tucumán. Constituyó un espacio de producción rico y variado a partir del que se fueron delineando los primeros perfiles profesionales (Rossi; 1997).

Al amparo de la Ley Carrillo[29], también en 1954, se especifican las incumbencias para la psicoterapia y la prohibición de su ejercicio por parte de profesionales no médicos, con lo que quedan instalados en un lugar predominante los psicoanalistas médicos y se anticipa un problema central al crearse luego las Carreras de Psicología[30] respecto del rol de los psicólogos[31].

Para entonces, la Facultad de Filosofía y Letras ya era un espacio reconocido para la enseñanza de la Psicología sin fines profesionales y una vía de entrada del Psicoanálisis y la Psicología Social a los planes de

---

[29]   Conocida como Ley Carrillo, se trata de de la Resolución N° 2282 firmada el 12 de mayo de 1954, con modificaciones efectuadas en 1956.

[30]   En 1956 se define el plan de estudios para la Carrera de Psicología en Rosario, a partir de la preexistencia de la Carrera de Auxiliar de Psicotecnia y en 1957 comienza a funcionar la Carrera de Psicología en la UBA.

[31]   Tema planteado por José Bleger en la clase inaugural de un curso en Rosario que constituye además un posicionamiento frente al tema de las limitaciones de la práctica psicoanalítica por parte de los psicólogos; 1962.

estudio de las Carreras de Filosofía y Pedagogía[32], a los que se sumaron los cursos dictados en la Facultad de Medicina y de Derecho, así como la aparición de nuevas publicaciones y la reaparición de algunas discontinuadas en relación al contenido específico[33].

La influencia de Rosario

"Yo fui muy marcada para mi entrada en la Carrera de Psicología por la inauguración de la Carrera anteriormente en Rosario, por haber conocido gente que cursaba en Rosario y que era para mí muy valiosa, llena de entusiasmo, llena de pasión (...) Y fui contagiada, contaminada por ellos. Y el hecho de que eso me ocurriera tuvo muchas implicancias (...) La idea de apertura tenía que ver con que se suponía que uno tenía que poder hacer algo, contribuir en algo, hacer algún aporte (...) y se suponía que a partir de la experiencia del trabajo en alguna línea que fuera de interés propio, uno iba a hacer una contribución (...) Tenía mucho respeto por la gente que estudiaba en Rosario, por las conversaciones con ellos, las conversaciones entre ellos, las que yo escuchaba. Mi hermana mayor, Hebe, había empezado a estudiar en Rosario y en mi casa convergían (...) Pichona Ocampo, que vive en España, Horacio Amigorena, que vive en Pa-

---

[32] En 1956, en la Facultad de Filosofía y Letras de la UBA ya se dictaban, entre otras materias Psicología I a cargo de Luis Ravagnan; Psicología II a cargo de Marcos Victoria y Psicología de la niñez y la adolescencia a cargo de Pedro D´Alfonso; Didáctica Asistencial y Escuelas Diferenciales a cargo de Arminda Aberasturi de Pichon Rivière y Sociología a cargo de Gino Germani.

[33] Entre ellas, *Revista de Psicoanálisis* (desde 1943); *Revista Latinoamericana de Psiquiatría* (desde 1952); *Boletín de Racionalización del Trabajo* (desde 1954); *Anales del Instituto de Psicología de la UBA* (desde 1934); *Anales de la Asociación Argentina de Biotipología, Eugenesia y Medicina Social* (desde 1934); *Acta Neuropsiquiátrica Argentina* (desde 1954) y *Cuadernos de Psicoterapia Cultural* (desde 1956).

rís, Nenuca Rosenberg, que también vive en París (...) un
privilegio que yo fui cultivando[34]*."*

En Rosario, desde principios de los años '50, comienza a desarrollarse simultáneamente y en varios
espacios un movimiento importante en la Psiquiatría
para correrla del ámbito exclusivamente médico.

Las cátedras de los médicos Gonzalo Bosch[35]y
Lanfranco Ciampi[36] empezaron a difundir un conjunto
de conceptos médicos, sociológicos y psicológicos que
tomaron como eje la prevención en Salud Mental a partir de la reformulación del concepto de Higiene Mental,
que permitieron, por su alcance, la inclusión para las
tareas concretas de especialistas no médicos[37], entre
otros, maestros especializados, psicopedagogos y vistadoras sociales (Carpintero & Vainer; 2004).

En 1953, la Universidad del Litoral, con sede en
Rosario, crea la carrera de Auxiliar en Psicotecnia, con
el objetivo de formar en cursos de dos años de duración auxiliares para el campo educacional y clínico.
Al año siguiente se establece el Instituto de Psicología
que propone la organización de una carrera más larga,

---

[34]   Friedenthal, I.; testimonio oral; junio 2002.

[35]   Médico psiquiatra y alienista. Se doctoró en 1913 con una tesis titulada
       Examen morfológico del alienado. Ese mismo año, junto a otros colegas,
       Bosch abrió en Buenos Aires un sanatorio para enfermos mentales. En
       1922, se hace cargo de la Cátedra de Psiquiatría de la Facultad de Medicina de Rosario, donde permanece hasta 1930. Su estadía en Rosario fue
       sumamente fructífera. Realizó la tercera clasificación de enfermedades
       mentales efectuada por un autor argentino, y la publicación de numerosos trabajos en el *Boletín del Instituto de Psiquiatría de Rosario*. Fue
       promotor y fundador de la Liga Argentina de Higiene Mental.

[36]   Discípulo directo de De Sanctis y de María Montesori, tuvo a su cargo
       la primera cátedra de Psiquiatría Infantil creada en 1923 por la Universidad de Rosario.

[37]   Por ejemplo en los servicios a cargo de las Doctoras Telma Reca y Carolina Tobar García.

considerando además las opiniones expresas en el congreso realizado en 1954 en Tucumán. Allí se plantearon recomendaciones para la creación de Carreras y las orientaciones de las seis primeras en las universidades nacionales de Rosario, Buenos Aires, La Plata, Córdoba, San Luis y Tucumán. Esta iniciativa se consolida en 1955, con una propuesta de formación profesional más larga, atendiendo a las recomendaciones de Tucumán, pero los acontecimientos políticos impidieron que se pusiera en marcha ese año, comenzando su funcionamiento recién en 1956. El plan de estudios aprobado consideraba la expedición de un título intermedio como Auxiliar de Psicología, un título mayor como Psicólogo y también preveía el post grado para el doctorado.

A las figuras de Jaime Bernstein[38] y Luis Guerrero[39], que participaron de la comisión responsable de elaborar el plan de estudios y del dictado de las primeras materias, se

---

[38] Participó de la organización y dirección de la primera Carrera de Psicología del país en la Facultad de Filosofía y Letras y Ciencias de la Educación de la Universidad Nacional del Litoral, del primer Departamento Universitario de Orientación Vocacional en la Universidad de Buenos Aires. Fue profesor de Psicología y Psicología Educacional en las Universidades del Litoral y de Buenos Aires. En la Dirección General de Escuelas de la provincia de Buenos Aires organizó y dirigió la primera Dirección de Psicología Educacional y Orientación Profesional. Co-fundador junto a Enrique Butelman de la Editorial Paidós, dirigió las series "Bibliotecas", "Psicoterapia y Educación", "Psicometría", y "Educador contemporáneo". Fue miembro de la Academia Nacional de Educación.

[39] Egresado del Colegio Nacional de La Plata, entre 1915 y 1918 estudia matemáticas y ciencias naturales en las universidades de Pennsylvania y Michigan. A su regreso, participó activamente de la Reforma Universitaria en La Plata, trabando relación, entre otros, con Coriolano Alberini y Alejandro Korn. Se destacó al frente del Instituto de Filosofía de la Universidad de Buenos Aires y como docente de las cátedras de Ética, Estética, Psicología.

van sumando luego personalidades profesionales como José Bleger[40] y Enrique Butelman[41].

Para Bleger, esta incorporación significa, además del retorno a la Universidad en la que se había formado, la responsabilidad de la instalación de la primera cátedra universitaria de Psicoanálisis. Planteó en su clase inaugural tópicos discutidos y discutibles, en relación con la enseñanza de la Psicología y del Psicoanálisis y con el lugar de los psicólogos en la práctica psicoterapéutica, que fueron fundantes para la profesión y que no sólo no se agotarán allí, sino que atravesarán sus sucesivos cursos y escritos.

A partir de la creación de la carrera en Buenos Aires, un año más tarde, ya sea por coincidencia de intereses o por relaciones de amistad, disminuirá el tráfico de docentes y estudiantes porteños que habían optado por enseñar o aprender en Rosario. Son famosas las anécdotas del tren

---

[40]   Psiquiatra; miembro titular y didacta de la Asociación Psicoanalítica Argentina. Discípulo de Enrique Pichon Rivière, es considerado uno de los creadores de vanguardia de la escuela psicoanalítica del país. Autor de obras de referencia de gran valor didáctico, y de amplia difusión en los años '60. Docente de las Carreras de Psicología dictadas en Rosario primero y en Buenos Aires luego. Cobra notoriedad en 1958 a partir de la publicación de *Psicoanálisis y dialéctica materialista*, en la que se propone examinar los fundamentos ideológicos y epistemológicos del Psicoanálisis a partir de las herramientas que le provee el materialismo. Esta obra le valdrá la expulsión del Partido Comunista. En 1963 publica *Psicología de la conducta* y en 1966 *Psicohigiene y Psicología Institucional*. Su actividad académica es reconocida ocupando un lugar privilegiado en la formación de los primeros psicólogos.

[41]   Entre 1956 y 1965 se desempeña como profesor universitario en Rosario y Buenos Aires. En 1958 se hace cargo interinamente del Departamento de Psicología en la Carrera de Psicología, sucediendo a Marcos Victoria. Se desempeñaba anteriormente como profesor del Departamento de Sociología. Había estudiado filosofía, sociología y pedagogía en la Facultad de Filosofía y Letras (UBA). Cofundador junto con Jaime Bernstein de la Editorial Paidós. El primer libro que publican es *El alma infantil*, de Carl Jung con prólogo de Marcos Victoria.

de los viernes que salía por la tarde desde Buenos Aires con destino Rosario en el que viajaban los profesores que iban a dar clase (Bleger, Ulloa entre otros) y muchos estudiantes que al año siguiente, con la creación en Buenos Aires, cambiarían de Universidad y finalmente se recibirían en la UBA.

Sin embargo, la referencia a la influencia de Rosario no sería exhaustiva si no se incluyera también la llamada "Experiencia Rosario", actividad extrauniversitaria, encabezada por Enrique Pichon Rivière[42], por entonces Director del IADES (Instituto Argentino de Estudios Sociales) de la que participaron profesionales[43] que tuvieron o tendrían más adelante presencia en ambas Carreras de Psicología. Se trató de un trabajo comunitario, interdisciplinario y acumulativo "que para muchos ha sido la marca de fuego o el acta fundacional de los grupos operativos (...) que tuvo como propósito la aplicación de una didáctica interdisciplinaria (...) utilizando las técnicas de Kurt Lewin de laboratorio social" (Falcone; 2001: 417).

El hecho que materializa la creación

> *"Una pluralidad de hechos constituyeron las condiciones de posibilidad para el surgimiento de la Carrera. Psicología ya era un departamento dentro de [la Facultad de] Filosofía. Permitía así un fluido intercambio con otras disciplinas accediendo a una formación más universal[44]."*

---

[42]   Uno de los introductores del Psicoanálisis en la Argentina y fundador de la APA, de la que luego tomó distancia para dedicarse a la construcción de una teoría social que interpreta al individuo como la resultante de su relación con objetos externos e internos. En este marco fundó la Escuela de Psicología Social.

[43]   Entre ellos, José Bleger, Fernando Ulloa y David Liberman.

[44]   Cheja, R.; testimonio oral; junio 2002.

De la versión taquigráfica del Acta del Consejo Superior de la Universidad de Buenos Aires correspondiente a la sesión del 12 de marzo de 1957, día en que se discutió y aprobó la creación de las nuevas carreras, no se sigue que hayan habido debates fuertes.

Se percibe una concurrencia de acuerdos previamente establecidos, reflejo para algunos de ideas de modernización en la UBA y que se materializaron en la "remisión de los planes de nuevas carreras y modificación de algunas existentes en la Facultad de Filosofía y Letras. Es la primera de las modificaciones de reestructuración que la Universidad va a realizar[45]" (Babini; 1957:107).

El Consejero Babini[46] expresó que la Comisión de Enseñanza, de reciente creación y de la que era miembro, informaría por su intermedio acerca de un expediente "de una importancia notable (...) Con respecto a la Carrera de Psicología, no es la Universidad de Buenos Aires la primera que la crea. La del Litoral se nos ha adelantado, pero de todas maneras es muy importante que en una Facultad de

---

[45]   Intervención del Ing. José Babini; Consejero Superior de la Universidad de Buenos Aires; Acta del Consejo Superior de la Universidad de Buenos Aires correspondiente a la sesión del 12 de marzo de 1957; transcripción de versión taquigráfica; fojas 107 a 112.

[46]   Nació en 1897 y murió en 1984. Defensor de los postulados de la Reforma Universitaria, fue uno de los voceros representantes de la renovación científica y académica en la UBA. De profesión ingeniero –y antes profesor de nivel medio en física– además de la docencia, la investigación y las acciones de gobierno universitario como consejero superior por el claustro de profesores, se ocupó de las relaciones entre las ciencias y la filosofía y fue uno de los fundadores del Instituto de Historia y Filosofía de la Ciencia de la Universidad del Litoral. A partir de 1955 se desempeñó como Organizador de la Facultad de Ciencias de la UBA y Decano Interventor de la misma. Formó parte del Directorio del CONICET y fue el primer Presidente del Directorio de la Editorial Universitaria de Buenos Aires (EUDEBA). Fue autor de los primeros textos que realizan una historia de la ciencia de nuestro país. Obtuvo el Gran Premio de Honor de la Sociedad Argentina de Escritores de 1980, el primero otorgado a un escritor científico.

Humanidades[47] se cree una carrera de una especialidad que casi siempre ha estado vinculada con estudios médicos y por ende unilaterales (...) Debemos pensar que la Psicología es algo más amplio que puramente una consecuencia del funcionamiento del sistema nervioso; es el estudio del hombre en todas sus manifestaciones, de manera que nos parece bien su inclusión en una Facultad de esta naturaleza, sin que eso signifique olvidarnos de las conexiones de la Psicología con la Biología. Precisamente aparece la materia `Biología' en el plan de estudios, de manera que en este caso la Comisión de Enseñanza aconseja la aprobación de la resolución[48]" (Babini; 1957:107).

El Consejero Alberto Salas[49], por su parte, planteó que "luego de lo que ha informado el Ingeniero Babini, poco es lo que queda por decir, realmente la Facultad de Filosofía y Letras presentaba un panorama –y lo presenta aún– bastante arcaico, así como en general lo presenta la Universidad de Buenos Aires. Parece increíble que no hubiera carreras de la importancia y la magnitud contemporánea como lo son la Psicología y la Sociología. Es algo más que sustancial el iniciar estos estudios, y la Junta Consultiva de la Facultad, trabajando con absoluta armonía, ha obedecido a un clamor del ambiente, a una exigencia cordial del am-

---

[47] En la UBA no existió una Facultad de Humanidades, se refiere a la de Filosofía y Letras.

[48] Acta del Consejo Superior de la Universidad de Buenos Aires correspondiente a la sesión del 12 de marzo de 1957; transcripción de versión taquigráfica; fojas 107 a 112.

[49] Fue Decano de la Facultad de Filosofía y Letras de la UBA. Amigo personal de Gino Germani, compartía con este último la idea de la necesidad de crear, en el ámbito de la Universidad, una Facultad de las Ciencias del Hombre.

biente, al encarar y enfocar esta solución que proponemos al Consejo Universitario[50]" (Salas; 1957:110).

El Consejero Churchic[51] expresó que la representación estudiantil acordaba con esa presentación, considerando que de esta manera "se podrán satisfacer las inquietudes de muchos estudiantes que desean orientarse en los estudios sociológicos y psicológicos, esperando que el resto de las facultades irán presentando sus nuevos planes, ya que el objetivo principal era la reestructuración de la Universidad[52]" (Churchic; 1957:112).

Puestos los despachos a votación, resultaron aprobados por unanimidad, sin discusiones ni oposición. Se trataba entonces de poner en marcha las carreras, matricular y empezar a enseñar.

Se iniciaba un proceso que se esperaba sometiera a un estudio crítico las disciplinas científicas tanto puras como aplicadas, demanda que parecía instalada en la comunidad universitaria en relación con otro debate que se instalaba y era el de la relación entre lo académico y lo profesional.

Los inicios en la voz de sus protagonistas

"Filosofía y Letras (...) era un centro muy importante en términos de cultura. Había muchas carreras, y hasta la apari-

---

[50]   Acta del Consejo Superior de la Universidad de Buenos Aires correspondiente a la sesión del 12 de marzo de 1957; transcripción de versión taquigráfica; fojas 107 a 112.

[51]   Tuvo activa y controvertida participación en relación con otros proyectos de creación de carreras, en los debates referidos al vínculo entre lo científico, lo profesional y lo académico. No se ha podido encontrar su nombre de pila.

[52]   Acta del Consejo Superior de la Universidad de Buenos Aires correspondiente a la sesión del 12 de marzo de 1957; transcripción de versión taquigráfica; fojas 107 a 112.

ción de Psicología, Sociología y Ciencias de la Educación, los que iban ahí a estudiar no estaban planteándose una profesionalización sino que querían estar aprendiendo. Estas nuevas carreras introducen modificaciones incluso en el clima de la facultad. (...) compartíamos no sólo los conocimientos sino los debates y las polémicas que empezaban a surgir fuertemente en esa época[53]."

El derrocamiento de Perón, el asesinato de Aramburu, las elecciones nacionales con proscripción del peronismo, el gobierno de Frondizi, jaqueado por los permanentes condicionamientos militares y depuesto por un golpe militar en 1962, hacían poco creíble la posibilidad del desarrollo en democracia y la confianza en las instituciones, que no siempre parecían servir a los intereses populares.

La preocupación que rondaba muchas cabezas estaba en cómo articular esas cuestiones con la disciplina académica, con el conjunto de las ciencias sociales y cómo articular los aportes teóricos de cada una de ellas con las prácticas concretas, sobre todo con las visualizadas como demandas de los sectores carenciados. Muchos estudiantes consideraban que sus "proyectos individuales estaban muy comprometidos con los acontecimientos sociales. Era muy alto el grado de participación. La Universidad (...) estaba más integrada. Circulábamos más por otras facultades (...) La facultad funcionaba como una institución total. Ahí transcurría la vida, todo. El estudio, la vida, la política. Era una época de pasiones, no de intereses. Había fuertes proyectos colectivos. Y además éramos muy jóvenes[54]".

Desde el comienzo de la Carrera, la preocupación por la legalidad de la profesión y la aceptación social se expresó en la voz de los estudiantes, "que tenía que ver

---

[53]   Schneider, S.; testimonio oral; junio 2002.
[54]   Schneider, S.; testimonio oral; junio 2002.

además con una enorme responsabilidad [que] pasaba por estudiar muchísimo, ser muy exigentes y cuidadosos en la formación [y] como mayoritariamente aceptábamos al Psicoanálisis, teníamos que psicoanalizarnos, teníamos que tener nuestros grupos de estudio, nuestra formación, supervisión, etc., etc.[55]".

La actividad académica –que incluía además de estudiantes de Psicología y Sociología a graduados de otras carreras que se acercaban a las nuevas– se tejía con la cultura de época, generando espacios de retroalimentación que se ubicaban en torno a Viamonte entre San Martín y Reconquista[56], y que luego se trasladaron a la calle Florida[57], rodeada de bares, de galerías de arte, del Instituto Di Tella, de cines, del Centro de Artes y Ciencias, "geografía que se extiende próxima a las coordenadas que hacen esquina en Florida y Viamonte. Barrio de la Universidad de Buenos Aires, de Filosofía y Letras, por entonces. También de las primeras sedes de la Carrera de Psicología cuando aún no era Facultad (...) donde estaba la antigua librería Galatea, hispano-francesa (...) Galatea era el lugar más previsible para nuestras vecindades. Allí los libros eran nuestro pretexto, como alguna vez lo fue algún café[58]".

La sensación de protagonismo en la génesis de la Carrera por parte de los estudiantes también se reflejó en "mucha lucha para traer profesores, nosotros mismos los íbamos a buscar. La elección principal eran psicoanalistas pero de orientación 'pichoniana'. Pichon Rivière

---

[55]   Schneider, S.; testimonio oral; junio 2002.

[56]   Sede del edificio donde se inició el dictado de la Carrera y en proximidad con el edificio al que a continuación se trasladó.

[57]   En ese mismo edificio funcionaban EUDEBA y el Centro Editor de América Latina.

[58]   Ulloa, F.; testimonio oral; mayo 2001.

ya tenía la Escuela de Psicología Social y muchos de nuestros profesores eran profesores también ahí (...) como Butelman, Bernstein, que habían fundado la Editorial Paidós. También fueron profesores nuestros y trajeron a algunos de los profesores de Rosario entre los que estaba Bleger [que] tuvo una incidencia enorme en este período. Con él debatíamos la relación entre Psicoanálisis y marxismo[59]".

La intención, más allá de la propuesta curricular, de conocer otras teorías, de incorporar diferentes aportes – siempre haciendo eje en el Psicoanálisis–, de establecer relaciones, también tenía su faceta política. Quienes debatían contenidos curriculares también lo hacían respecto de la política externa e institucional. "Presenciamos las increíbles discusiones [sobre] el Psicoanálisis [desde] el Partido Comunista (...) porque estaba [también] el grupo de los reflexólogos [en relación a José A. Itzigsohn][60] en la Facultad. El Partido Comunista no aceptaba al Psicoanálisis por considerarlo idealista y burgués y porque ponía el énfasis en la base material de la conducta en el cerebro. (...) Pero de alguna manera las mirábamos desde afuera, porque ni estábamos en la APA[61], porque no nos dejaban ya que no éramos médicos (...) tampoco

---

[59]   Schneider, S.; testimonio oral; junio 2002

[60]   Se recibió de Médico en la Facultad de Medicina de la Universidad Nacional de La Plata y de Médico Psiquiatra en la Universidad de Buenos Aires. Su Director de tesis fue el Dr. Jorge Thenon, a quien reconoce como su maestro. Fue profesor y Director del Departamento de Psicología y del Instituto de Investigaciones. Es considerado uno de los fundadores de la Carrera donde fue profesor de las cátedras Psicología General I, Psicología General III y de Introducción a la Psicología en las que introdujo los aportes de la reflexología y fundamentalmente, como gran novedad, las ideas de Vigotsky que recogió personalmente en sus viajes a la Unión Soviética a pesar de estar censurado, por la habilidad para manejar el ruso como lengua materna y no necesitar intérpretes.

[61]   Asociación Psicoanalítica Argentina.

estábamos en el PC (...) pero sí nos preocupaba mucho hacer nuestras propias articulaciones con el marxismo, con el materialismo dialéctico[62]".

La participación no estaba sólo en las tareas vinculadas al funcionamiento de la Carrera, sino también en las acciones del movimiento estudiantil que se veía con "un protagonismo enorme. En ese período tenía mucho poder, y nosotros nos apoyábamos en eso. Por eso podíamos conseguir cambios de profesores, de planes de estudios, etc. (...) y en la idea de que la formación profesional y el trabajo en los espacios públicos, hospitalarios, etc., eran una manera de devolver a la sociedad lo que nos había dado, costeando nuestra formación. Esa pertenencia universitaria se daba también por un fuerte conocimiento entre todas las facultades (...) Nos conocíamos, circulábamos. El Centro de estudiantes de Medicina había llevado a Garma[63] y a Rascovsky[64], que eran los que metieron el

---

[62]   Schneider, S.; testimonio oral; noviembre 2004.

[63]   Oriundo de Bilbao, estudió Medicina en Madrid, donde se graduó en 1927. Se orientó hacia la Neurología y la Psiquiatría y obtuvo el diploma de Psiquiatra en la Universidad de Tubingen, en 1929. Se relacionó con importantes figuras como Spitz, Jung, Adler y Stekel. Regresó a Madrid en 1931, y se sumó al ambiente cultural y científico de los años previos a la Guerra Civil, vinculado a Dalí y a García Lorca. En 1936, se trasladó a París y, dos años después, a Buenos Aires, donde junto a Arnaldo Rascovsky puso en marcha el movimiento psicoanalítico, participando de la creación de la APA en 1942, siendo el primer Presidente. Revalidó su título en la Universidad de La Plata y se doctoró con una tesis denominada *Psicoanálisis de los sueños*. Más tarde fundó el Instituto Psicoanalítico de Buenos Aires. Por oposición manifiesta de los estudiantes de Psicología, no llegó a enseñar en la Carrera. Sí lo hizo en la Facultad de Medicina.

[64]   Estudió en la Facultad de Medicina de la UBA y se orientó hacia la Pediatría. En 1926, Rascovsky ingresó al Hospital de Niños en el mismo concurso en el que también accedió el Dr. Florencio Escardó y desde 1932 fue practicante en el Servicio de Neuropsiquiatría y Endocrinología en la misma institución, siendo el primer médico de origen judío que ocupó ese lugar. Años más tarde, fundó la Asociación Endocrino-

Psicoanálisis en la Universidad por el '58, daban sus clases en un anfiteatro de la Facultad de Medicina, habían creado grupos terapéuticos, etc.[65]".

Puertas adentro de la Carrera, la imagen "era verlos trenzar en el despacho. ¡Cómo trenzaban! Era impresionante verlos (...) Me acuerdo del lugar. Me acuerdo de que pasaba Anibal Duarte [que] estaba siempre ahí metido (...) Conocía a todos los docentes, a todos los profesores. Eran un grupo: Anibal, Tessy Calvo, Sally Schnaider. Era gente que estaba en la conducción, desde los alumnos, después egresados, eran los primeros egresados. No tengo presente cómo eran las trenzas, pero sí me acuerdo de verlos moverse y hablar y cuchichear y ese tipo de cosas[66]".

Formalizar la carrera

"Uno de los pilares para la reforma propuesta por el movimiento reformista para la Universidad post peronista era la creación de carreras humanísticas y teníamos una enorme confianza depositada en las Carreras de Psicología y Sociología como carreras que podían instrumentar realmente un cambio profundo tanto académico como institucional en el ámbito universitario para la nueva Universidad[67]."

---

lógica Argentina. Se inclinó profesionalmente hacia el Psicoanálisis. A partir de 1939, conoció a Angel Garma y junto a él pasó a liderar el movimiento psicoanalítico argentino, del que fue uno de los máximos impulsores. Integraba los grupos de lectura de Freud junto a el propio Garma, Enrique Pichon Rivière, Mimi Langer y Ernesto Cárcamo, quienes además se constituyeron en los fundadores de la Asociación Psicoanalítica Argentina.

[65] Schneider, S.; testimonio oral; noviembre 2004.

[66] Cheja, R.; testimonio oral; agosto 1999.

[67] Duarte, A.; testimonio oral; Archivo Oral de la UBA; diciembre 1987.

Cuando se toma la decisión de poner en marcha una carrera, comienza el juego entre –por lo menos– tres engranajes: la propuesta curricular, la preparación de los espacios institucionales y la identificación de los sujetos que se verán comprometidos: docentes y alumnos.

El alumno que se inscribe lo hace para conseguir una titulación que lo habilite, para hacer algo que le representa una atracción. De allí uno de los móviles de la elección que muchas veces se acompaña con la suposición de que será parecido a lo que seguramente hacen sus formadores. La figura del docente universitario es fundamental para que los estudiantes atraviesen con éxito los procesos de apropiación de la información y de construcción de una imagen respecto de cómo podría ser su futuro profesional. En algunos casos predominan los saberes teóricos, como cuando se trata de carreras predominantemente académicas[68]. En otros importa, el entrenamiento de habilidades para un uso instrumental. En ambas situaciones importa arribar a condiciones de desarrollo real del conocimiento que se acompañen por definiciones éticas socialmente responsables y aceptadas.

En términos de gestión pedagógica y curricular, el plan de estudios es el dispositivo que además de dejar sentadas las bases del funcionamiento institucional, habilita las condiciones de enseñanza, los alcances del contenido, las correlaciones entre asignaturas. Pone en marcha estrategias didácticas a la vez que pone al descubierto concepciones ya instaladas desde los debates previos a su consolidación. Indica las enseñanzas organizadas que conducirán a la obtención de un título, las materias que se impartirán, la carga horaria de las mismas,

---

[68]   Este podría ser el caso de las Carreras dictadas en la Facultad de Filosofía y Letras de la UBA que no habilitaban la orientación del profesorado hasta la creación de Psicología, entre otras.

las condiciones generales de cursada y de evaluación. Responde a normativas que generalmente exceden las de la institución en términos de acreditaciones y regulaciones del ejercicio profesional y a expectativas con relación al tipo de problema que los graduados abordarán a partir de sus acciones.

Opera como garante de un contrato fundacional que incluye las expectativas explícitas de quienes lo elaboraron y las implícitas de quienes lo transitan y sostienen el perfil de egresado.

La definición curricular es, entonces, una decisión vincular entre el sistema o la institución educativa y la sociedad, que trasciende los temas pedagógicos y que tiene consecuencias más allá de sus objetivos de formación de profesionales. Es la resultante de una trama de acuerdos básicos sobre la propuesta de enseñanza, que atiende a la especificidad del contenido, a las características de los sujetos en interacción, a los propósitos y al contexto en el que se desarrolla. Involucra a todos los actores aunque con distintos grados de implicación (Poggi; 1999).

En un plan de estudios, el contenido de la enseñanza es la cuestión central y las maniobras de mediación que se realicen entre el conocimiento erudito, el contenido a enseñar y finalmente aprendido imprimen particularidad a la propuesta. El contenido curricular, además de tener efectos sobre la formación, los tiene sobre la subjetividad y la identidad, sobre los mecanismos para penetrar la realidad y para abordar conflictos. El plan de estudios es un articulador, una norma organizadora de la práctica, que deja espacios abiertos para las decisiones a que obliga la inmediatez de la enseñanza, dentro de los límites institucionales establecidos por y para los actores. Explicita la propuesta real de enseñanza por intersección de un conjunto de legalidades y procesos que hacen que el saber que se enseña instituya a quien lo transmite, impacte sobre quien lo recibe, actuando simultáneamente como estructurador de sentidos, ordenador de la distribución del conocimiento y nudo que enlaza saber con permanencia y trascendencia (Braskavsky; 1991).

Para el caso del primer Plan de Estudios de la Carrera de Psicología[69] –expresión de una estructura sustantiva de una disciplina a ser enseñada con el objetivo de formar profesionales universitarios– hubo que transitar un largo camino político, cultural e institucional. En él se fueron entretejiendo ideologías, procesos y agentes otorgando significados reales a los prescriptos. Dejó al descubierto convicciones respecto de cómo debía formarse y ejercer el nuevo profesional. Se tensaron relaciones de poder entre actores y corrientes teóricas, vínculos personales, fuerzas por la ocupación de posiciones, expectativas y regulaciones.

Para la elaboración de los planes de estudio –específicamente en Psicología– se debió apelar sobre todo a experiencias extrauniversitarias[70] y a otras incipientes, como el caso de Rosario. Se utilizó para el ciclo introductorio la estructura curricular preexistente para otras carreras que ya se dictaban en la Facultad a la que se le adicionaron las introductorias correspondientes al campo específico. Se respetó el criterio de un primer año común y se convocó a docentes que ya estaban en la Facultad, en otros departamentos, como "Ostrov que tiene una trayectoria académica muy importante desde el año '34 y que hasta el '40 y pico tuvo desempeño, que después quedó afuera por un tema de persecución ideológica en el tema de

---

[69]   Existió un plan de estudios elaborado un año antes, que no llegó a implementarse. En su confección participaron Luis Guerrero, Felipe García de Onrubia y Luis María Ravagnan.

[70]   Instituciones que formaban profesionales en disciplinas y/o campos afines, algunas con larga tradición y otras más nuevas con alto impacto como la APA.

los concursos (...) y que en materia psicoanalítica logró la preservación de un discurso freudiano muy interesante, una vuelta a la lectura de las fuentes, diferenciando el discurso de Freud de lo que sería el boom del culturalismo que proponía León Pérez (...) un discurso muy cuidado, y muy cuidado el lugar de Freud (...) un precursor de lo que va a pasar después, lo que se va a llamar la vuelta a la lectura de Freud, que representa toda una tradición en la UBA que logró legitimar desde su formación de filósofo egresado de la casa con su formación en la APA[71]".

Se desarrolló un sistema que permitió la elección de materias optativas de los planes de estudios de carreras preexistentes, a la vez que se fue experimentando una mayor especialización temática, privilegiando marcos teóricos específicos y novedosos y actividades de observación, de trabajo empírico y de campo en una Facultad donde había predominado desde los años veinte una fuerte impronta antipositivista (Buchbinder; 1997) y a la que fueron ingresando otras perspectivas, como la "que se necesitaba para la gente que hacía investigación y para la que hacía psicometría[72]".

La puesta en marcha del primer plan de estudios –1957– coincide con la dirección de la Carrera a cargo de un médico neurólogo, Marcos Victoria, quien además fue el primer titular de la materia Introducción a la Psicología, y que intentó desde el saber médico imponer el estatuto de la nueva Carrera. Con él, reingresó una tradición médica a la Facultad de Filosofía y Letras, de la que había sido excluido en 1943 y desde 1944 desarrollaba una propuesta de Psicología Médica en la Facultad de Medicina. A su regreso a Filosofía y Letras y como primer Director de la Carrera de Psicología, desarrolló su gestión desde

---

[71]   Rossi, L.; testimonio oral; febrero 2002.
[72]   Cortada de Kohan, N.; testimonio oral; octubre 1999.

una concepción humanística ecléctica, con orientación filosófica, con un primer año común a todas las carreras que allí se dictaban y con asignaturas específicas a partir del tercero, provistas por el Instituto de Psicología –preexistente a la creación–, que será el responsable además de las prácticas en investigación y aplicación.

Una figura que gana pocos seguidores, "un personaje curioso, con una cierta importancia en la Psiquiatría argentina, culto (...) interesado en temas filosóficos que excedían la práctica psiquiátrica, un exquisito (...) con los contenidos para que fueran aceptados por Filosofía y Letras para quienes la Psicología era todavía una parte de la Filosofía y una práctica vinculada a la Medicina[73]". Sus ideas sostuvieron la propuesta profesional de un auxiliar de la Medicina con orientación en psicodiagnóstico clínico, y denunciaron desde su génesis un conjunto de situaciones controversiales que se observaron no sólo en la propuesta de formación, sino también en la expectativa de perfil de egresado.

Esto llevó a que un grupo potente de estudiantes produjeran "una especie de defenestración de Marcos Victoria, que se fue de la Facultad por presión de los alumnos y de los docentes pro Psicoanálisis (...) y después el Departamento pasó a ser favorable al Psicoanálisis y a la práctica clínica[74]". La situación planteada dejaba entrever un conflicto, ya que los nuevos impulsos no se correspondían con el espíritu de la ley vigente, sancionada en 1954[75],

---

[73] Bertoni, E.; testimonio oral; setiembre 1999.

[74] Malfé, R.; testimonio oral; octubre 1999.

[75] Dictada en tiempos del Ministro Carrillo, establecía que sólo los médicos estaban autorizados para el ejercicio de la Psicoterapia y el Psicoanálisis. Fue sancionada a dos meses de haberse realizado el Congreso de Psicología de Tucumán, en el que se habían debatido intensamente los desafíos que presentaba la clínica psicológica para los nuevos profesionales que disputarían territorios al predominio médico.

que establecía la exclusividad de la responsabilidad médica en relación con las prácticas psicológicas. Por un lado esto era sostenido en parte por Victoria "que era un alienista, un tipo especulativo, tenía una práctica profesional importante, era respetado como psiquiatra (...) En aquel entonces para llegar a Psiquiatra había que merecerlo (...) y representaba el perfil del intelectual que iba a armar una carrera humanista (...) que era un modo de evitar un enfrentamiento de establecer una cierta continuidad con lo que era la Psicología en Argentina[76]". Por otra parte, las cátedras a cargo de un conjunto de médicos –Telma Reca, José A. Itzigsohn, Mauricio Goldenberg, Guillermo Vidal– con un discurso psicológico elaborado desde su disciplina de origen, convivieron con cursos de Psicología teórico-experimental y estadística –como los de Bernstein y Cortada– que intentaron neutralizar esa tradición, con presencia del área social, con prácticas de aplicación como requisito y con una oferta de materias que se cursaron en las Facultades de Derecho y Ciencias Económicas (Rossi; 2001).

A ellos se suman entre otros, ya "en el segundo cuatrimestre del '58, Butelman, desde Psicología Social (...) y desde los cursos de Arminda Aberasturi (...) y la gente de Sociología, Germani con Sociología Sistemática, Rodríguez Bustamante y toda la gente que hacía Psicología Social[77]" y quienes van ingresando más tardíamente, con orientación psicoanalítica, como Bleger, Liberman, Ulloa.

En la letra escrita, la profesionalización ocupa un lugar más tardío y secundario que no siempre se corresponde con el enfoque de algunos docentes y con los deseos de grupos de estudiantes que tuvieron "una participación importante en la selección de docentes y los primeros

---

[76]   Murmis, M.; testimonio oral; abril 2005.
[77]   Quiroga, S.; testimonio oral; setiembre 1999.

profesores (...) cosa que puede parecer bastante insó-
lita, y la selección no pasaba por ningún planteamiento
de tipo político sino de nivel académico, de posibilidad
pedagógica y de interés de esa persona por insertarse
en la vida universitaria. Creo que eso marcó muy claramente el tipo de encuentro que había entre los estudiantes y los nombres (...), las polémicas eran académicas, si
Psicoanálisis o Reflexología, si Psicología Experimental o
Psicología Clínica, si lo que fuere. Eran polémicas académicas y no eran polémicas partidarias. No es que no hubiera discusión política, había, y me parece que eso era
importante (...) Los profesores fueron elegidos de campos
de conocimientos (...) de ámbitos distintos; del ámbito
educativo, del ámbito clínico, del ámbito específicamente
clínico psicoanalítico, del ámbito reflexológico que en ese
momento era importante en Buenos Aires por lo menos;
gente del área de la Biología (...) que básicamente eran
los campos que nos interesaban y ciertamente la colaboración de profesores del Departamento de Sociología en
materias como podía ser Psicología Social que también
fue importante[78]".

Cuando la primera cohorte de estudiantes inicia su
segundo año, se producen un conjunto de cambios en el
plan de estudios conducidos por Enrique Butelman –reconocido como especialista en Psicología y Sociología–,
quien reemplaza a Marcos Victoria en la Dirección del
Departamento. En 1958 se aprueba una propuesta que
aún no dará claridad sobre cómo continuará el proceso de
profesionalización e incorpora al plantel docente nuevas
figuras con definiciones teóricas más claras. Se reduce la
formación humanística, se acotan los cursos de Psicología
General, aumentan los de Biología, se desdibujan las
Psicoterapias, y las materias clínicas se transforman en

---

[78]   Duarte, A.; testimonio oral; Archivo Oral de la UBA; diciembre 1987.

electivas, desplazando la influencia psiquiátrica clásica (Rossi, L.; 2001) configurando una Carrera en la que los contenidos fueran aceptados de buena gana por Filosofía y Letras. Se consideraron materias introductorias y de Psicología que tuviesen que ver con la historia del Instituto de Psicología de la Facultad "que existía como una parte de la Carrera, que tuvo su actividad para la gente de Filosofía, desde 1914 hasta los años cincuenta y pico (...) que tenía que ver con la Psicología Wuntiana, la Psicología alemana de fin de siglo, y el positivismo, con que todo aquello que es medible es científico. Entonces la Psicología era en base a la medición. Y eso significaba la medición a través de aparatos. Y había una parafernalia de aparatos impresionantes. Y esto entró en la conformación del plan original de la Carrera (...) un híbrido donde había materias de Filosofía, de Literatura, como Introducción a la Filosofía, Introducción a la Historia, Introducción a la Gramática Castellana como obligatorias, resabio de Filosofía y Letras. Inclusive facilitaba a la gente de Filosofía o de Letras que pasaba a la Carrera y que era gente más grande, que podía acortar su carrera, convalidaban materias. Y había Psicología I, Psicología II, aparte de Introducción a la Psicología y después las materias Estadística I y II y algunas materias analíticas que eran básicamente dos: Psicología Psicoanalítica I y Psicología Psicoanalítica II. También las Proyectivas y materias electivas de otras carreras como Introducción a la Historia Argentina, Antropología Filosófica, etc. etc. Eran 28 materias en total. Y era una formación que tenía que ver bastante con la Filosofía y con esta Psicología heterodoxa de la que el Psicoanálisis era parte. Hubo gente que derivó hacia la Historia de la Psicología, gente que tuvo un primer contacto con la Psicología Experimental, no mucha. Y una gran parte con la línea psicoanalítica, y contribuyó a esto fuertemente la imagen, el carisma de los profesores, algunos más tradicionales, como Marcos Victoria que era un señor dignísimo pero muy tradicional (...) y la gente que enseñaba Psicobiología I y Psicobiología II. Aparecían como figuras muy cautivantes (...) o grandes maestros y grandes seductores Ulloa y Bleger[79]".

Se pudo observar el avance de la preocupación por lo social, las primeras articulaciones con el Psicoanálisis, mientras se va verificando una mutación, ya no sólo en la integración del cuerpo de profesores, sino en el peso que algunos de ellos van tomando al tiempo que "aparecen nuevos discursos que empiezan a verse en la bibliografía. Por ejemplo, en los programas de Itzigsohn se ve bibliografía reflexológica, del Psicoanálisis interesan las escuelas culturalistas, las escuelas que más investigan la articulación con lo social, la línea de los franceses con Politzer y Lagache, que trabajan en compatibilizar el discurso psicoanalítico con el marxismo, ingresan las líneas de Bleger y Liberman preocupados por la comunicación, en cambio la líneas de Garma, más preocupado por lo psicosomático, no ingresa a la Facultad[80]".

Se incorpora Telma Reca, con la preocupación puesta en la Psicoterapia para la atención a niños, quien cuenta con un fuerte respaldo por parte del Rector Risieri Frondizi. Él la apoya en la creación de un Departamento de Psicología Evolutiva que contará con un centro asistencial en el Hospital de Clínicas, articulado con la Facultad de Medicina y que será base de actividades de extensión universitaria.

También se van afirmando en sus posiciones Nuria Cortada –primera psicóloga enseñando en la carrera–, formada en los EE.UU. con orientación en estadís-

---

[79] Bertoni, E.; testimonio oral; setiembre 1999.
[80] Rossi, L.; testimonio oral; febrero 2002.

tica y en tests mentales y León Pérez, con un enfoque psicoanalítico y culturalista.

José Bleger desplaza a Victoria del dictado de Psicología General, incorporando al programa contenidos de Psicohigiene y Psicología Institucional, "despejando" lo biológico y lo filosófico, en tránsito al Psicoanálisis. También a cargo de una experiencia de extensión comunitaria en una villa miseria de la zona de Retiro. Jaime Bernstein, con formación pedagógica inclinado hacia las técnicas proyectivas, queda a cargo del Centro de Orientación Vocacional, otro espacio de desarrollo profesional para estudiantes primero y para graduados más adelante. Más tardíamente ingresa José A. Itzigsohn, reflexólogo de muy buena llegada a los alumnos que será Director tanto del Departamento de Psicología como del Instituto de Investigaciones.

Marcos Victoria:
la controvertida figura de los inicios

"Cuando lo eligieron Director de la Carrera de Psicología generó muchas resistencias entre los alumnos. El Centro de Estudiantes y el claustro de graduados se opusieron ¿Por qué lo eligieron? Él estaba con la 'Revolución Libertadora' y además era Director del Servicio de Psiquiatría del Hospital Naval. Por algún motivo que siempre me pregunté, hubo una relación histórica de la Carrera de Psicología con la Marina[81]."

Marcos Victoria pretendía darle a la Carrera una orientación alejada de la clínica y sobre todo del Psicoanálisis. La Psicología Clínica, en su opinión, era sólo una auxiliar de la Medicina y no una alternativa a ella. Debido a esas

---

[81] Schneider, S.; testimonio oral; noviembre 2004.

ideas y porque lo consideraban representante de un estilo anticuado de la Psiquiatría, los estudiantes promovieron su reemplazo. Había sido juez y poeta y encarnaba un perfil de intelectual que no se correspondía con el ideal de la época, "era un señor respetado y respetable en los medios intelectuales liberales, pero también socialistas, un tipo del ambiente. José Luis Romero lo conocía y Germani lo conocía. Él vino por ese lado, no como en el caso de Sociología, que aparecen Germani o Butelman como tipos muy definidos profesionalmente. Marcos Victoria era más bien una figura (...) Me acuerdo que cuando lo nombraron me llamó para contarme los planes que tenía para la Carrera. Yo lo conocía[82], pero le tenía cierta desconfianza como Director, no lo veía... y le dije `mire, yo no represento a los estudiantes de Psicología, usted tiene que hablar con los estudiantes de Psicología'[83]".

La intensidad del funcionamiento y de las actividades de los primeros tiempos de la Carrera fue vivida y relatada con un fuerte tono emocional por sus protagonistas, asignándole responsabilidad a los estudiantes y a su participación en la gestión. Las asambleas, las reuniones de las agrupaciones y organizaciones corporativas parecieron ser el escenario y el corazón de las grandes decisiones.

La evaluación de la actividad llevada adelante contrastando expectativas estudiantiles con oferta docente y las presiones por discontinuar su gestión constituyeron una de las primeras convocatorias a los estudiantes para oponerse a las ideas de Marcos Victoria y que luego retomarían sucesivos directores del Departamento opuestos a "medicalizar a Psicología. Él la veía como un apéndice

---

[82]   Murmis y Victoria se conocen trabajando para la Editorial Paidós. El primero tradujo el *Manual de Psicología* de Guillaume que tenía prólogo del segundo.

[83]   Murmis, J.; testimonio oral; abril; 2005.

de la profesión médica, no le veía autonomía. Estaba muy retrasado en el tiempo, porque en el '58 ya había mucha Psicología y muy buena[84]".

Hay opiniones más moderadas que proponen no resolver superficialmente preguntas históricas, "en principio hay que tratar de no juzgar, lo primero que hay que hacer es ubicar a Marcos Victoria (...) Es un referente (...) y habría que tomar más en serio cuál fue su [actuación] y por qué estaba ahí (...) estaba ahí porque era amigo de no sé quién...pero algo había escrito... (...) Pero además están sus programas, están las posiciones que él adopta y la polémica que con él se instala alrededor de lo que debía ser un psicólogo. Uno puede no estar de acuerdo, pero eso no quiere decir que no era una posición que tenía una determinada lógica, que hay que tratar de reconstruirla en sus términos antes de, en todo caso, juzgarla (...) Cumplió un papel y hay que investigarlo[85]". Una forma de hacerlo es a través de las opiniones de quienes estuvieron cerca suyo. Los testimonios que intentan explicar su salida recorren lo político, lo académico, las características de su personalidad, las actitudes éticas y las formas de enseñar. Quedó en el recuerdo, "quizás por los conflictos que hubo con él, porque como él era un psiquiatra y escritor al mismo tiempo, pero un psiquiatra desde el punto de vista de la Psicología, muy academicista, muy contrario a que se pudiera convertir la Carrera en una carrera profesional... fue bastante combatido por nosotros, los alumnos y por alguno de los docentes (...) Pero los estudiantes estábamos, como siempre sucede, más motivados por aquellas cosas que tienen que ver con nuestros ideales, que por lo que nos pintan los adultos (...), lo que los mayores nos pintan como deseable, preferible. Y de esa manera surgió

---

[84]   Azcoaga, J.; testimonio oral; setiembre 1999.
[85]   Vezzetti, H.; testimonio oral; marzo; 2002.

esta especie de animadversión contra Marcos Victoria que era la bestia negra, por decirlo así, odiada por los alumnos, no por todos. No sé con el tiempo, con cuánta justicia o hasta qué punto procedimos ciegamente, pero entonces hubo un problema muy serio. Marcos Victoria se había presentado a un concurso (...). Él estaba ya desde antes, en la Carrera de Filosofía, como titular de Psicología I (...) Quizás fuera el primer concurso [desde la creación de la Carrera]... la verdad es que ya no lo recuerdo (...) Después del '55, con la nueva Universidad reformista, se instalan los concursos y las cátedras paralelas. Él se presenta a ese concurso y se destapó una historia muy enojosa. Uno de los miembros del jurado le comentó a otro en forma medio inocente –digamos así– que Marcos Victoria lo había llamado o había ido a la casa de este miembro del jurado con el dictamen para que lo firmara, o apurando la firma del dictamen, o algo por el estilo. El otro miembro del jurado, que se enteró de esto y que era del bando hostil a Victoria, puso el grito en el cielo y se armó todo un lío, una especie de juicio académico o algo por el estilo. ¿Cómo una de las personas que se presentan a un concurso va a ir con el dictamen para que el jurado lo firme o presiona a esa persona para que firme el dictamen que le daba la cátedra? Se produjo, en el Consejo Directivo del que entonces yo formaba parte debido a que yo tenía años en Letras, un espacio de (...) defenestración de Marcos Victoria y se fue de la Facultad (...) Previo a eso, Marcos Victoria era el Director del Departamento de Psicología y [hubo] muchas historias, medio de conventillo, y por presión de los alumnos y de los docentes pro-psicoanalíticos, por llamarlos de alguna manera (...) y coincidiendo con el tema del concurso Marcos Victoria saltó y se fue de la Facultad[86]".

---

[86]   Malfé, R.; testimonio oral; octubre 1999.

Para otros estudiantes de entonces "Introducción a la Psicología con Marcos Victoria, fue una materia que en realidad fue como una prueba de fuego (...) nadie tenía expectativas, era una visión muy tradicional. No me gustaría juzgar con los ojos de adolescente sino verla ahora un poco con los de más adulto, pero no era lo que nosotros esperábamos de la Psicología. Era una cosa demasiado estructurada, más una Historia de la Psicología (...) cuando empezamos a ver Psicología Profunda, fue el momento en que todos nos sentimos identificados y creo que eso marcó también la orientación de la Carrera (...) éramos muy pocos. No se podía pretender que nosotros eligiéramos... [pero] no había forma de sostenerlo[87]".

Hay relatos que lo presentan como "bastante desagradable dando clase. (...) no enseñaba con ganas, enseñaba despreciativamente (...) tomaba mucha distancia de los alumnos. Y eran aburridas sus clases. Y además con una temática vieja, comparada con la temática de otras materias en que la perspectiva era diferente. Es decir, si uno comparaba a Gino Germani con Marcos Victoria era abismal la diferencia. Introducción a la Sociología era un deleite con Gino Germani, nuestro ayudante era Lito Marín, era una maravilla. Introducción a la Filosofía era muy interesante con Eliseo Verón, nuestro ayudante en esa materia y que también era un deleite[88]".

Marcos Victoria también fue seriamente cuestionado por los alumnos de la Carrera de Filosofía "que le habían declarado un boicot que duró un año, no se entraba a clase, por la forma de dictar la materia, que era un engendro de metafísica, Psiquiatría clásica y Psicología experimental" (Schneider; 1984:2). Su salida que dio paso a otros

---

[87] Bronstein de Lapidus, R.; testimonio oral; julio; 1999.
[88] Leibovich de Duarte, A.; testimonio oral; octubre; 1999.

docentes[89] que también instalaron marcas discutidas y discutibles. Con ellos ingresaron otras formas de abordar lo contenidos, de construir expectativas y modelos de referencia. Cerró una etapa, pero no los debates.

Direcciones de Departamento: espacio de disputa

"Siempre fue un territorio muy disputado, entre estos dos momentos, aquel primero, cuando el director era Marcos Victoria y aquel último, cuando estaba Itzigsohn, ya definido como un Departamento que iba a favorecer la orientación profesionalista y la práctica clínica y especialmente el Psicoanálisis, hasta cuando se produjo la intervención, La noche de los bastones y todo eso[90]."

En la Facultad funcionaban los Departamentos. Esto significaba, en la práctica, que además de los alumnos propios, los de otras carreras y sus graduados que tuvieran que cursar materias de Psicología lo hacían allí. También los estudiantes de la Carrera circulaban por los de otras disciplinas. La actividad académica interdepartamental se expandió en una Facultad que "de masiva no tenía nada (...) y por eso les asustó tanto el crecimiento terrible del Departamento de Psicología en donde en pocos años las aulas magnas no daban abasto (...) Con el grupo de Germani con Eliseo Verón y Miguel Murmis eran armónicas [las relaciones], fuimos consejeros juntos (...) además hubo una mini carrera organizada entre

---

[89] Nombres como los de Bernstein, Butelman, Reca, Itzigsohn, Goldenberg, Cortada de Kohan, Ostrov, Pucciarelli, Ravagnan, Germani, Bleger, García Badaraco, Tavella entre otros, con distintas adscripciones disciplinarias y diferencias de fechas, son mencionados por diversos testimoniantes.

[90] Malfé, R.; testimonio oral; octubre 1999.

Psicología y Sociología que la creó Germani junto con Butelman en donde se daban quince materias y se recibía de psicólogo social[91]".

Las relaciones entre los Departamentos de Sociología y de Psicología y entre sus integrantes era fluida, y con desarrollos compartidos, como el de "Psicología Social dentro de Sociología y para eso el que se puso a trabajar con fuerza con Germani fue Enrique Butelman que, en realidad, no estaba en Psicología Social, sino que era un junguiano muy progre, tenía un conocimiento impresionante, era un hombre muy inteligente, y era amigo de Germani, desde jóvenes, entonces llegó, pero muy marginalmente a Sociología[92]" y después se quedó en Psicología. A un año de iniciada la Carrera, y con el traslado –junto con Sociología– de la sede de Viamonte[93] a Florida 566 "ya nos podíamos reconocer como alumnos de Psicología, pues había materias que sólo cursábamos nosotros. Por ejemplo, Psicoanálisis, que dictó desde el principio León Ostrov[94]".

La conducción la ejercía una junta con representación de los tres claustros que elevaba sus propuestas al Consejo Directivo de la Facultad y esto "generaba condiciones de gran participación, responsabilidad y exigencia (...) como claustro, en el movimiento estudiantil tomar compromisos políticos, y luego como graduados ser docentes, ocupar la Secretaría Técnica del Departamento, garantizar la continuidad de la Carrera, su mejor nivel científico y el trabajo como profesionales, para lo cual creamos la Asociación de Psicólogos de Buenos Aires en 1962 (...) también viajábamos y promovíamos

---

[91]   Calvo, M.T.; testimonio oral; Archivo Oral de la UBA; octubre 1987.
[92]   Murmis, M.; testimonio oral; abril 2005.
[93]   Edificio del actual Rectorado.
[94]   Schneider, S.; testimonio oral; noviembre; 2004.

la fundación de otras asociaciones en el interior del país"(Schneider; 1984:3). Desde allí, también se trabajaba en la cobertura de las cátedras, la búsqueda de profesores, la incorporación de docentes auxiliares y la gestión para poder iniciarse en "hacer experiencia protoprofesional, concurrencia a hospitales, participación en investigaciones" (Schneider; 1984:3) en un marco de mucha efervescencia dentro y fuera del espacio académico, pero siempre muy relacionado con él, que se vio incrementado por el compromiso ideológico y militante de muchos de los participantes y por el hecho de que "lo psi[95]" se consideraba de fuerte impacto sobre los procesos de construcción de subjetividad y de identidad. También por la valoración sobre el saber, el hacer y sobre el campo de desempeño en un ámbito, el de la Facultad, que potenciaba todo, porque era el lugar "donde transcurría nuestra vida. Allí estaban nuestros amigos, nuestras parejas, la política, el estudio, todo transcurría en ese espacio institucional[96]".

Esto ya sucedía durante la gestión de Enrique Butelman, quien como segundo Director del Departamento, "hizo mucho en defensa de todo lo que pudiera ser nuestra formación[97]", empieza a desarrollar un nuevo plan se estudios[98], y es el responsable de haber incorporado a José Bleger y a Mauricio Goldenberg al plantel de profesores. Con este crecimiento, "en ese momento nos pareció que habiéndose incorporado algunos docentes, había un claustro docente, por así decirlo, y que no todos eran interinos, habían concursados en número

[95]   En la época, forma habitual de referir al contenido específico de la disciplina.

[96]   Schneider, S.; testimonio oral; noviembre; 2004.

[97]   Calvo, M.T.; testimonio oral; Archivo Oral de la UBA; octubre 1987.

[98]   Terminará de definirse durante la gestión de Telma Reca en la Dirección del Departamento, conocido como Plan 62.

suficiente como para que el Departamento dejase de estar intervenido y pase a disfrutar del régimen de gobierno de los otros departamentos de la Facultad[99]".

Butelman, al mismo tiempo, era socio de Jaime Bernstein en la Editorial Paidós, "una suerte de empresa paralela y necesaria para el desarrollo de esta Carrera. Sin esa editorial, y sin los libros que esa editorial traducía y los materiales que ponía a disposición de los alumnos, no sé cómo podrían haberse formado[100]". Con los mismos propósitos, se instala EUDEBA (Editorial Universitaria de Buenos Aires), que contribuye con su actividad "fundamentalmente a ligar a la Universidad con ese público, y esa actividad editorial va más allá de la cantidad de títulos que podía introducir en los programas de Psicología. De hecho había unos cuantos de Liberman o la propia Psicología de la Conducta[101] (...) Más allá de esto, contribuía fuertemente a instalar una cultura del libro muy amplia, que es la que favorece, incluso más allá de la Universidad a que algunos comencemos a leer estos libros antes de iniciar la Carrera. Y eran los libros que nos llevaban a la Universidad y a definir intereses[102]".

A Enrique Butelman, en su corta gestión, lo sucede Telma Reca "que había estado muy en pugna con Marcos Victoria (...) que era antiperonista, pero un hombre muy rígido, muy culto. En ciertos aspectos era muy capaz, pero con la Dra. Reca chocaron inmediatamente, entonces él renunció y se fue y nunca más apareció por la Carrera. Pero todos los otros seguimos. Se introdujo también Tavella, vino Bleger, todo el mundo se fue integrando a

---

99 Duarte, A.; testimonio oral; Archivo Oral de la UBA; diciembre 1987.

100 Vezzetti, H.; testimonio oral; marzo 2002.

101 Texto de autoría de José Bleger, de gran difusión entre los estudiantes.

102 Vezzetti, H.; testimonio oral; marzo 2002.

distintas materias[103]" y es durante su gestión (1961-1963) que se define un nuevo plan de estudios, en coincidencia con la entrada de un nuevo grupo de docentes, entre ellos, Fernando Ulloa, que llega impulsado por Bleger y se establece luego en la cátedra de Clínica de Adultos. En la línea sucesoria continúa José A. Itzigsohn, quien recuerda este período como de una "una actitud fuera de lo común. No había muchas escuelas de Psicología en el mundo en la cual pudieran convivir la Psicología Clásica, la Psicología de corte psicoanalítico y todo lo que venía de positivo en aquel momento de la Unión Soviética. En su conjunto era de una apertura extraordinaria (...) Y lo interesante es que para la Dirección de ese Centro[104] fuimos postulados dos personas: Fernando Ulloa y yo. Finalmente fui elegido yo, pero podía haber sido elegido Ulloa con el mismo mérito[105]".

Los inicios de una genealogía

"Decir precursor es un término suficientemente genérico como para que uno pueda acomodarlo a lo que pudo haber sido efectivamente el comienzo de un campo de pensamiento y de producción en Psicología. Y grupo hace pensar en grupo constituido. Entre quienes participaron y tuvieron papeles de distinta importancia en los comienzos de la Carrera, habría que ver si constituían un grupo en el sentido que pueda ser recordado como un actor colectivo (...) Tenían distintas ideas, proyectos[106]."

---

[103]   Cortada de Kohan; N; testimonio oral; octubre 1999.
[104]   En referencia al Instituto de Investigaciones Psicológicas
[105]   Itzigsohn, J.A.; testimonio oral; Jerusalén, febrero 1999.
[106]   Vezzetti, H.; testimonio oral; marzo; 2002.

Son muchos los nombres a quienes se les asigna presencia y protagonismo en los momentos fundacionales. También son varios los que se atribuyen iniciativas y participaciones destacadas. Otro tanto sucede con quienes piensan que poseen toda la información y la presentan como única versión con valor de verdad.

Así, en los relatos se suman personas y anécdotas que en algunos casos están desplazadas en el tiempo o ubicados en escenarios que no transitaron.

Son las particularidades que asume la reconstrucción testimonial. Atenerse a estos datos daría como resultado una larga lista de nombres que no siempre coincide con los registrados en los documentos de época[107]. La nómina de los iniciadores se incrementa o se reduce según quien relata a partir de los recuerdos y de las valoraciones sobre los mismos.

Nuria Cortada, participante en las primeras gestiones recuerda a "Knobel, que era muy joven (...) Plácido Horas, Oñativia, toda esa gente de distintos lugares del país estaban en el movimiento de que había que crear una Carrera de Psicología. Entonces empezamos a pensar que teníamos que organizar la Carrera en Buenos Aires y un día me llama el Dr. Germani para hacer una reunión en su casa. En la reunión estaba Germani, Bernstein, la Dra. Reca y yo, éramos cuatro y ahí pensamos el plan de estudios y enseguida Germani me dijo 'Nuria, usted encárguese de estadística' y así entramos al primer plan[108]".

Por su parte, Mauricio Goldenberg también se atribuye participación en las reuniones iniciales[109] y haber sido convocado para ellas por el Rector Frondizi.

---

[107]   Legajos de profesores, autoría en programas de materias, entre otros.
[108]   Cortada de Kohan, N.; testimonio oral; octubre 1999.
[109]   Goldenberg, M.; testimonio oral; noviembre 1995.

Seguramente a su manera, antes o después, cada uno de los mencionados dejaron alguna impronta y quien los menciona se sintió "tocado" por ellos o por sus propuestas teóricas o por sus planteos didácticos, o sencillamente por el paso del tiempo.

Lo que es real es que todos pasaron por la institución, legalizaron ese pasaje de distinta manera –concursados o interinos–, plasmaron sus ideas en programas de materias y en materiales de cátedra, trascendieron por sus enseñanzas o por la novedad en su discurso o en la bibliografía que propusieron. Ocuparon lugares diferenciales que se expresan en testimonios y en documentos recuperados desde la lógica discursiva y la temporal. Esto permite –siempre con el nombre de un docente– señalar aportes y tendencias, reconocer convivencias y distancias, recorrer desde la propuesta experimental hasta la psicoterapéutica, desde la línea asistencial a la social, desde el Psicoanálisis hasta la influencia germaniana, sin dejar de mencionar la fisiología y estadística.

Para confeccionar un listado –o varios– de fundadores habría que admitir no sólo niveles de impacto producidos por sus aportes y el registro que de ellos tiene los voceros, sino también las líneas teóricas de origen, las posibilidades de permanencia, las discontinuidades abruptas, motivaciones académicas, políticas y hasta económicas. Debieran mencionarse figuras como Horacio Rimoldi que llega a la Psicología desde la fisiología, discípulo de Bernardo Houssay a instancias de quien viaja a Chicago a formarse en Psicología Experimental, que a pesar de haberse adjudicado uno de los primeros concursos para la Carrera, por desavenencias de tipo político nunca se hace cargo de su cátedra. Con actividades docentes, desde otra adscripción, figuraría Jaime Bernstein que con su línea psicodiagnóstica humanista intenta desplazar criterios biotipológicos y tendrá activa participación en la creación y desarrollo del Departamento de Orientación Vocacional dependiente de la Dirección de Extensión Universitaria de la UBA. Telma Reca concurre a esta gestación con antecedentes desde 1934 en el Hospital de Clínicas. Dejará sentadas bases para una nueva Psicología Evolutiva y Clínica de Niños que llevará a la práctica también con un proyecto de extensión universitaria en lo asistencial, el Centro de Psicología y Psicopatología de la Edad Evolutiva, complementario de la cátedra. Será también Directora del Departamento de Psicología en la Facultad. Nuria Cortada, quien se forma con Rimoldi, avanza en la línea clínica y de orientación apoyada en su saber estadístico, próxima en sus relaciones a Reca y a Germani, despliega sus acciones en la docencia y también en el Departamento de Orientación Vocacional. León Ostrov llega a la enseñanza en la Carrera con experiencias anteriores en el laboratorio de Mouchet desde los años '30 y es el primer filósofo que logra ser psicoanalista acreditado por la APA. Ensambla su tarea con la tradición en Psicoanálisis ya instalada en la UBA, con la preocupación por la preservación del discurso freudiano, diferenciando el del culturalismo que proponía León Pérez. Con José A. Itzigsohn –quien no se atribuye pertenencia al grupo fundador– entra la Reflexología. Ocupa un lugar destacado en las Psicologías Generales, incorporando ideas inéditas en la Universidad hasta el momento, sobre todo con relación al lenguaje y a lo que podrían considerarse antecedentes para una Psicología Cognitiva. Es reconocido su compromiso ideológico y militante como integrante del Partido Comunista, así como también sus debates con José Bleger. Además de tener responsabilidad sobre dos cátedras (Psicología General I y III) dirige tanto el Departamento como el Instituto de Psicología, éste último mo hasta su renuncia en 1966.

Mauricio Goldenberg hace un tránsito corto en la enseñanza de la fisiopatología aplicada a la clínica psicológica pero su nombre y su prestigio se sostienen por la posibilidad que brindó a los estudiantes y graduados de la Carrera de insertarse en la experiencia hospitalaria en el Policlínico de Lanús.

Un poco más tarde ingresa Julio Aranovich con su adjunto, Juan Azcoaga, originarios de un grupo muy fuerte. Provienen de la Facultad de Medicina, son portadores de una tradición académica universitaria fuerte y se dedicarán a la enseñanza de la biología y a la investigación.

También llegan para quedarse hasta el '66 psicoanalistas con orientación institucional como Bleger, discípulo de Pichon Rivière, Ulloa con sus planteos de clínica social, ambos con la impronta de la experiencia Rosario. La Psicología concreta entra de la mano de Caparrós y Rozitchner, quienes avanzan desde su fuerte compromiso social y con militancia política.

Estos son sólo algunos de los nombres propios, de materias y de enfoques que se recuperan en testimonios y producciones y que como toda selección es arbitraria. No son los únicos.

¿Cómo se hizo de la Psicología una Carrera en la UBA?

Para entender el proceso de legitimación de la Carrera de Psicología en la UBA, hay que recuperar las actuaciones de la Comisión Asesora constituida en la Facultad de Filosofía y Letras y los cambios producidos al interior de esa facultad por su gestión y por las presiones de los estudiantes.

Es necesario analizar la trascendencia y el impacto de las experiencias de formación en el campo que preexisten a la creación y de las recomendaciones surgidas de congresos y encuentros nacionales.

También deben incorporarse como datos relevantes los debates ideológicos más allá del campo, la militancia social, los encuentros y desencuentros entre psicoanálisis y marxismo y el desplazamiento de otras corrientes teóricas.

Con todo esto se inició un linaje.

En los capítulos siguientes serán abordados estos y otros tópicos en el contexto de su aparición, con las explicaciones de quienes los promovieron y de quienes los criticaron, y de sus motivaciones.

Entre todos ellos hay puntos de cruce, por acuerdos o desacuerdos, por simultaneidad o continuidad, por sucesión o reemplazo.

Las tensiones están asentadas sobre las diferencias ideológicas con que se concebía, en el momento fundacional de la Carrera, por parte de cada vocero, el futuro no sólo de la profesión sino también de la disciplina.

Son una muestra de la relevancia académica y social que tuvieron autores e instituciones que buscaron a través de la enseñanza espacios de legitimación –y de disputa– académica para sus propuestas a través de las cátedras, de los programas de las materias, de sus publicaciones, de las presentaciones que hicieron en congresos y jornadas.

Al revisar estos aportes y su relación con la conformación de la profesión y de las prácticas, se podrá avanzar sobre cómo se fue constituyendo el estatuto de la Psicología como contenido de la enseñanza con fines profesionales y el estatuto mismo de la profesión.

A instancias de los procesos de enseñanza, se fue delimitando y modificando con el mismo propósito, a partir de los aportes personales y de las teorías, un repertorio de temas propios del campo en el cruce con otras disciplinas, representativos de los modos de recepción de autores e ideas.

Estos objetos complejos, contenidos de la enseñanza, situados en el cruce de diferentes representaciones, discursos y prácticas otorgaron a la disciplina no sólo variedad, también visibilidad y posibilidades de renovación.

Capítulo III
Cómo se hizo de la Psicología una profesión

Entre viejas tradiciones y nuevas aspiraciones

"La inserción profesional no era clara, porque todavía no se sabía si los psicólogos podrían o no hacer ejercicio de la psicoterapia y porque no estaba desarrollada la inserción psicológica en instituciones en general. Es decir, era un poco un intento, sin saber muy bien lo que iba a pasar con los psicólogos a nivel profesional. No estaba desarrollado como ahora el psicólogo. No estaban desarrollados como lo están ahora los equipos donde se incluyen todos los profesionales de la Salud Mental[110].”

Las profesiones son figuras fuertes en de los sistemas de organización social. Son entidades complejas y heterogéneas, así como lo son los aspectos legales que las reglamentan. Adquieren su condición de tales mediante el entrenamiento prolongado, la selección por méritos, el juicio de sus pares y la inserción en el mercado de trabajo. Son evaluados por estar formalmente acreditados para ejercer en un campo específico del conocimiento y por la posibilidad de intervenir sobre la realidad.

Las profesiones que se presentan como más exitosas son las que monopolizan áreas de actividad, consiguen reconocimiento, instalan consensos, forman sus sucesores y ocupan posiciones de importancia en relación con

---

[110]   Itzigsohn, J.A.; testimonio oral; Jerusalén, febrero 1999.

conocimientos específicos y competencias vinculadas a las demandas sociales y del mercado (González Leandri; 1999).

En el caso de la profesión de psicólogo, inexistente con graduados nativos[111] hasta los años '60, deben considerarse las particularidades del itinerario de profesionalización, que también fue complejo, y de los factores que atentaron contra la posibilidad de su definición con claridad. Por una parte, la dificultad para acotar la exclusividad respecto del contenido que abordaría, que ya era trabajado por otros profesionales, como psiquiatras y psicoanalistas. Por otra, la consideración del enfoque de la enseñanza, resultado de haber ubicado a la Carrera de Psicología en la Facultad de Filosofía y Letras de neto corte académico, frente a la Facultad de Medicina que seguía reservando el contenido y la transmisión tanto de la Psicología como del Psicoanálisis para la formación de psiquiatras y en cursos no formales para graduados y estudiantes[112].

Formalmente, la carrera recientemente creada se orientaba a la formación académica –otorgando el título de Licenciado[113]– y no contemplaba la inserción laboral-profesional de los graduados, reflejando ambigüedades de tradiciones de enseñanza y de definiciones del campo disciplinar, a las que se sumaban las expectativas de los estudiantes, que fueron mutando con el tiempo. A

---

[111] La primera psicóloga que ejerció su profesión en el país fue Nuria Cortada de Kohan, graduada en los Estados Unidos, en tanto que la primera psicóloga graduada en el país que ejerció la docencia en la UBA fue María Luisa Siquier (Pichona Ocampo) egresada de la Carrera de psicología de la Universidad Nacional del Litoral, Sede Rosario.

[112] A los que también concurrían alumnos de Psicología, entre ellos los que dictaba Ángel Garma, quien desde 1958, además, editó la *Revista Psique*, pero que no pudo ingresar al plantel docente de la Carrera, al que aspiró por concurso, por oposición de un grupo de estudiantes.

[113] A diferencia del rango profesional de psicólogo.

ellos les inquietaban por lo menos dos cosas: o no sabían qué serían una vez graduados, o sabían que querrían dedicarse a algo para lo que no estarían habilitados, que era el ejercicio de la psicoterapia "siguiendo a profesores que se embanderaban en una línea que favorecía la práctica futura como práctica clínica[114]". Por otra parte, una profesión, para ser considerada tal, debe dejar claramente establecido cómo se organiza internamente a partir de los conocimientos con los que opera, de la forma en que mantiene su autonomía respecto de otras y de los modos en que controla y dirige la actividad que desarrolla. Ninguna de estas condiciones era cumplida en su totalidad para la Psicología.

Si se reconoce que la identidad profesional se conforma a partir de los modelos con los que se identifican los aprendices, y que los psicólogos estaban siendo formados en relación con la clínica por médicos que estaban decididos a defender sus espacios laborales, se puede anticipar que estos formadores profesionales no funcionarían como referentes para la construcción de una frontera que actuara como límite y como legitimador social y académico, como "vigilante" de las actividades de otros grupos, como regulador de la oferta de trabajo.

Además, la profesionalización es una forma de búsqueda de prestigio colectivo paralelo a la formalización, especialización y apropiación de un saber (Gómez Campo & Tenti Fanfanni; 1989) y el hecho de tratarse de un campo disciplinario compartido con profesionales de otras formaciones, complicaba la determinación de quiénes constituirían el grupo de los acreditados.

Desde distintas perspectivas ideológicas, y más allá del contenido específico que aborden, las profesiones pueden ser pensadas en un continuo que considera

---

[114]   Malfé, R.; testimonio oral; octubre 1999.

diversas formas de control institucionalizado de una ocupación. Va desde la que otorga al profesional la capacidad de definir las necesidades del consumidor y la manera en que serán satisfechas, hasta la que permite participar al consumidor en la definición de sus necesidades y la forma de satisfacerlas.

Las profesiones y sus ocupantes, los profesionales, han pretendido y logrado, a lo largo de la historia, con mayor o menor éxito, el control de sus condiciones de trabajo, reformulando el valor de la experiencia en el campo disciplinario y originando expectativas sociales a partir de sus intervenciones. Esto fue posible cuando consiguieron una posición autónoma en la formación de sus miembros, límites claros en los espacios de incumbencia y el desarrollo de elementos cognitivos propios. Para lograr estas condiciones, además de la formación académica, fueron necesarias negociaciones con sectores del Estado y de la actividad privada.

La acreditación estuvo en manos de la Universidad, como productora identificada de saber y de entrenamiento, con criterios estables de evaluación fijados social y culturalmente. Se instaló, frente a la legislación y al control corporativo como garante de la formación académica.

Los primeros profesionales psicólogos debieron participar simultáneamente de dos procesos: el que los ubicó como graduados de una Carrera mayor y el que les dio visibilidad y legitimidad social. Esto a expensas de pelear por instalarse en un campo ya ocupado por otros, que anteriormente fueron habilitados para ejercer lo que ellos también querían hacer. Debieron batallar entre su condición de emergentes históricos y de opositores a estrategias preestablecidas, "en la inestabilidad en cuanto a que no se sabía cuál iba a ser el futuro. Hay que pensar que la Psicología se estableció prácticamente hace 40 años (...) todo era nuevo, todo era el descubrimiento de tantas cosas que estábamos muy fascinados[115]". Compartieron con otros universitarios la idea de operar sobre organizaciones sociales, organismos de conducción en áreas básicas como salud y educación, con el objetivo de promover cohesión social, e impulsar procesos de funcionamiento democrático de la sociedad.

El campo como espacio disciplinario y de inserción profesional

"La Psicología de los sesenta nacía en una trama que incluía tanto la renovación del campo psiquiátrico que se expresaba en el discurso y las prácticas de la Salud Mental, como en el surgimiento de una peculiar Psicología Social sostenida en la enseñanza de Enrique Pichon Rivière. En todo caso, la expansión del Psicoanálisis, la creciente intersección con discursos de las Ciencias Sociales, la penetración en la Universidad y la inclusión en zonas del dispositivo hospitalario, expresaban una notoria vocación pública en la definición de los problemas y de las estrategias de intervención. Finalmente la Universidad ocupaba un lugar central, ya que anunciaba como posible un saber construido y socializado en un marco institucional democrático y las vías de proyección de nuevos saberes en la reforma de la sociedad[116]."

Si la definición de *profesión* puede aproximarse a la de *campo*[117], es porque tiene límites y el proceso de pro-

---

[115] Bronstein de Lapidus; R.; testimonio oral; junio 1999.

[116] Vezzetti, H.; presentación de la muestra "Del ′57 al ′66. Imágenes de un proyecto"; Facultad de Psicología; UBA; junio 2002

[117] La noción de *campo* es un concepto recurrente en la obra de Pierre Bourdieu. Intenta a través de ella explicar el conjunto de relaciones que se establecen entre los ocupantes de un espacio estructurado y sus posiciones, que pueden ser analizadas con independencia de quienes las ocupan. Considera una variedad de campos, entre ellos el intelectual, el político, el del arte, el de la filosofía, el religioso. Le otorga una

fesionalización consiste en hacer que éstos, entre profesionales y no profesionales, sean claros. Funciona como
un microcosmos dotado de una lógica específica y particular, en la que está en juego la autoridad científica y la
imposición de criterios limitantes para su ingreso, permanencia y desarrollo. (Tenti Fanfani; 1993) Los límites
en este caso refieren a espacios físicos concretos: hospitales, instituciones de formación, de práctica, en los que
los profesionales despliegan las acciones para las que están acreditados por la Universidad, por haberse formado
para participar de procesos de producción de bienes simbólicos en la sociedad moderna (Gómez Campo & Tenti
Fanfani; 1989).

En el caso de profesionales operando en el campo
psi, hasta el egreso de los primeros psicólogos universitarios[118], habría que preguntarse quienes, procediendo de
diversas formaciones académicas, intentaban habitar el
mismo espacio disciplinario. Psicólogos, psiquiatras y
psicoanalistas se consideraban habilitados para actuar en
el terreno de la Salud Mental y aspiraban a hacerlo. Para
ello debieron enfrentar tanto a quienes ya estaban instalados en él como a manifestaciones de hostilidad, desde
agresiones explícitas hasta negociaciones no siempre
publicitadas.

A algunos psiquiatras les preocupó mantener distancia respecto de los psicólogos. Otros les encontraron

---

particular importancia a la cuestión de los límites y a la condición dinámica de los mismos, que se transforman –o se mantienen– por las
relaciones de fuerza establecidas entre sujetos o instituciones por el
monopolio –conservación o subversión– del capital específico. También destaca el valor de la autonomía, en tanto considera al campo
como regido por leyes propias que dan por resultado la diferenciación
entre grupos sociales.

[118] Si bien este estudio se centra en la formación de psicólogos desde la
UBA, comparten la situación los primeros graduados de Rosario.

lugares de inserción en sus servicios. También entre psiquiatras y psicoanalistas se libraba una contienda, posiblemente menos apasionada. No disputaban los mismos espacios, miraban desde perspectivas diferentes al campo teórico y laboral, sobre todo a partir de la creación del Instituto Nacional de Salud Mental en 1956. El problema lo constituían para ambos grupos uno nuevo: el de los psicólogos.

Esto se expresaba de muchas maneras, como cuando un psiquiatra director del INSM[119] preguntó "¿Ustedes cuántos son? ¿200 niñas? Nosotros somos 28.000 médicos ¿y ustedes piensan que nosotros les vamos a entregar así como así las facilidades para que nos saquen los pacientes? No[120]".

A los psicoanalistas, por otra parte, se les planteó la disyuntiva entre mantener a los psicólogos lo suficientemente alejados de los espacios laborales, pero a la vez lo necesariamente cerca para formarlos, supervisarlos y analizarlos. Hacer estas actividades por fuera de la APA[121] que no aceptaba su ingreso no les cambiaba demasiado a los psicólogos, ya que legalmente estaban inhabilitados para el ejercicio profesional autónomo.

Que los psicoanalistas se aproximaran a los psicólogos, aunque por fuera de la APA, resolvía dos tipos de cuestiones: por una parte, satisfacía inquietudes de formación para los estudiantes y egresados de la nueva carrera, y por otra, mantenía un mercado de trabajo importante para los primeros. Esto generaba tensiones dentro

---

[119] Instituto Nacional de Salud Mental.

[120] Leibovich de Duarte, A.; integrante de la Comisión Directiva de la Asociación de Psicólogos de Buenos Aires durante los mandatos 1962-1964 y 1964-1965; testimonio registrado en Gaceta Psicológica N° 52; mayo 1983.

[121] Asociación Psicoanalítica Argentina

y fuera del campo, que se reflejaban en políticas y programas, tanto gubernamentales públicos como privados como las limitaciones que imponía la "Ley Carrillo"[122] y la APA para el ingreso de los psicólogos.

Es interesante destacar que en el momento de la aprobación de la Resolución Nº 2282, no existían otros profesionales universitarios que no fueran médicos que se desempeñaran formalmente en la práctica de las psicoterapias, teniendo en cuenta que las carreras correspondientes a ese campo disciplinario se inaugurarán recién en 1956 en Rosario y en 1957 en Buenos Aires. Podría considerarse como una respuesta anticipada a las recomendaciones del Primer Congreso Argentino de Psicología, organizado por la Universidad de Tucumán en 1954, en el que médicos, psiquiatras y psicoanalistas[123] discutieron sobre las orientaciones de la Psicología y sobre líneas de especialización (Rossi; 2002), anticipando un problema central para el campo, el del psicólogo universitario que quisiera dedicarse a la clínica y el del psicoanalista formado en la APA que podría sentirse amenazado en su identidad profesional a partir de la creación de la Carrera de Psicología (Grego & Kaufman; 1970).

Así, la Resolución de "Aprobación del Reglamento para el ejercicio de la Psicoterapia y el Psicoanálisis" podría ser entendida como un llamado de atención, anticipando el conflicto planteado por la presencia de otros

---

[122] Conocida como Ley Carrillo, en verdad se trata de la Resolución Nª 2282 firmada el 12 de mayo de 1954, con modificaciones efectuadas en 1956. Otorgaba la facultad del ejercicio de la Psicoterapia y del Psicoanálisis a los profesionales médicos; en Falcone, R.; *Historia de una Ley*; en Rossi, L. y col.; *La Psicología antes de la profesión. El desafío de ayer: instituir las prácticas*; EUDEBA; Buenos Aires; 1997.

[123] Entre ellos Mauricio Knobel, Jorge Saurí, Willy Baranger; Carolina Tobar García y Emilio Rodrigué.

universitarios, no médicos, no contemplados para el desempeño en esos campos.

Allí se planteaba que "por sus características especiales, el ejercicio de algunas especialidades médicas, tanto por profesionales como por auxiliares técnicos, requiere aclaraciones para evitar que unos y otros se extralimiten en sus funciones, como ha ocurrido en la práctica; que desde este punto de vista, la psicoterapia en general y el psicoanálisis en particular ofrecen aspectos aún no reglamentados (...) Es función del Ministerio de Salud Pública controlar aspectos deontológicos y legales del quehacer médico[124]". Se trataba de una puesta de límites no sólo a los futuros psicólogos, sino también a otros ocupantes del campo, como el caso de algunos analistas no médicos[125] vinculados a la APA, algunas mujeres casadas con médicos[126] profesionales graduados en el exterior[127] que debieron revalidar sus títulos[128].

La Resolución 2282 se mantuvo vigente hasta 1967[129], estableciendo que la Psicoterapia como procedimiento sugestivo, debía estar en manos de profesionales de la Medicina.

---

[124]   Resolución 2282/54.

[125]   Por ejemplo, León Ostrov.

[126]   Por ejemplo, Arminda Aberastury.

[127]   Por ejemplo, Marie Langer.

[128]   La APA estableció que los candidatos debían ser médicos con diploma argentino, o título equivalente para no egresados en el país, ya que la certificación que otorgaba no tenía reconocimiento oficial y por lo tanto no habilitaba para ejercer sobre aquello que sólo quedaba en manos de los médicos.

[129]   Durante el gobierno de Onganía se sanciona la Ley 17132/67 que reglamenta el ejercicio profesional en la Capital Federal, Tierra del Fuego e Islas del Atlántico Sur, limitando el ejercicio de la Psicología a la categoría de auxiliares de la Medicina a pesar de tratarse de una Carrera mayor en el ámbito académico.

Fue reemplazada por la Ley 17132 que colocó al ejercicio de la Psicología junto con el de la Odontología[130] como actividades de colaboración, reglamentándolas junto con las de terapistas ocupacionales, auxiliares de radiología, kinesiólogos, mecánicos para dentistas, dietistas, auxiliares de anestesia, auxiliares de psiquiatría y técnicos en calzado ortopédico, entre otras (Falcone; 1997).

Mientras esto sucedía y se debatía en la Universidad y en los organismos corporativos, los psicólogos trabajaban en el campo de la Salud Mental, batallando con rebeldía por mantenerse en él y sostener el rol profesional (Harari & Musso; 1970). Pertenecer y permanecer era considerado un verdadero desafío, implicaba transgredir las leyes, negociar y al mismo tiempo comprometerse en la preservación de lo acumulado como profesión en el corto tiempo de existencia.

Para habitar el campo, los nuevos pretendientes debían librar dos batallas: la de autorización para ingresar y la de internalizar aquello que los antecedía para construir una cultura propia. Sólo con estas condiciones podrían avanzar sobre la imposición normativa, las formas de comunicación y la competencia corporativa que tienden a favorecer la acumulación y el control del saber.

Para los psicólogos, poco parecía favorable. La adversidad se atemperaba en algunos casos por las relaciones generadas con psicoanalistas que ingresaron como docentes a la Carrera, sobre todo después de los dos primeros años de existencia y que compartían alumnos en las instituciones privadas en que se desempeñaban y llevaban pacientes a sus consultorios. Los respaldos corporativos eran incipientes. De allí la trascendencia de la

---

[130] Carrera creada 10 años antes.

creación de la Asociación de Psicólogos de Buenos Aires[131] en 1962, en relación con la defensa del rol profesional del psicólogo y de la necesidad de la formación de post grado. "Desde entonces muchas veces lloramos, muchas veces sentimos alegría por los logros obtenidos, muchas veces admiración y desconcierto por la envergadura de todo lo que luego se dio, rabia por las piedras que aparecieron en el camino, pero siempre nos reencontramos en aquellos lugares, en aquellas actividades donde el espíritu pionero se vuelve a reeditar" (Lanbgleib; 1987: 59).

La estrecha relación entre la APBA y la Carrera, la co-participación en ambas de los primeros graduados, hizo que la lucha por la legitimidad política y científica, por los límites del campo y de sus participantes, que era desigual frente a los otros grupos de profesionales, tuviera avances considerables, aunque no siempre legalizados. Exigió a los psicólogos aguzar su ingenio en relación con las estrategias que pretendían distribuir el capital científico y las condiciones de trabajo. Con el tiempo, el egreso de varias cohortes y la complejidad de la situación institucional y política, los psicólogos dejaron "de ser un grupo primario, y empezaba a aparecer la diferenciación ideológica[132]".

Esta consideración generó otra discusión, planteada en la relación entre las prácticas profesionales y la militancia social, al preguntarse si el psicólogo se podía asumir como agente de cambio social. El psicólogo, efectivamente asistía a los cambios, operaba con ellos, "con los que se dan constantemente, en todos los niveles, en todos los ámbitos, en todo momento; cambios como manifesta-

---

[131]   Además de defender los intereses de los profesionales, opera en relación directa con las autoridades de la Carrera. Su primera Presidenta fue Isabel Calvo, graduada de la primera promoción. La sucedió María Rosa Glasserman.

[132]   Cheja, R.; testimonio oral; recuperado por APBA s/datar.

ción de la vida misma, en la sociedad, en el grupo familiar, en la persona" (Danis; 1969:78), debía ayudar a que los cambios se den con comprensión de los procesos, sin dolor, sin ansiedad, pero no necesariamente ser su promotor. Desde esta consideración, el psicólogo participaría, conviviría con los cambios, pero no los creaba, los acompañaba y también a quienes los atravesaban, ubicándose como profesional con identidad y objetivos claros.

Pero ésta no era la idea compartida por todos. En tiempos de radicalización política y de intensa militancia por parte de algunos estudiantes y docentes, algunos se atribuían responsabilidad directa en tanto profesionales, o prontos a serlo, sobre las transformaciones sociales.

La convivencia de ambas posturas llevó en algunos casos a confundir niveles de realidad y condujo a una suerte de "desesperanza (impotencia) al no discriminar entre límites de la tarea y límites del psicólogo en tanto tal" (Averbuj; 1969:84).

Encuentros y desencuentros entre disciplinas y profesiones

"No me acuerdo qué me representaba el ejercicio profesional. Yo recuerdo que me apasionaban las materias. Cuando yo vi Introducción a la Psicología, me di cuenta que era una cosa que me apasionaba muchísimo (...) Pero no me representaba bien qué era eso de ser psicólogo. Sinceramente no recuerdo en el imaginario histórico cuál era la representación que yo tenía de ser psicólogo. Y efectivamente, cuando yo me recibí y abrí el consultorio llovían pacientes de todos lados, y sobre todo niños (...) Un caso bastante atípico, porque no había psicólogos varones [133]."

---

[133]   Devries, O.; testimonio oral; octubre 1999.

Al tiempo que tienen que resolver cuestiones burocráticas de variado tipo, las nuevas profesiones –formas "modernas" que adquirieron los saberes– y sobre todo los nuevos profesionales, deben buscar definiciones y voces autorizadas en el concierto científico que las describan, las califiquen y las acepten.

Socialmente, se debe admitir la presencia de las ocupaciones que tratan de establecerse en jurisdicciones propias y campos de conocimiento específicos (González Leandri; 1999), negociando espacios laborales, que luego se desplazan a la opinión pública para adquirir una confirmación consuetudinaria o legal.

Las nuevas profesiones requieren el trámite de certificación de su existencia y del valor de las prestaciones que puedan hacer. Deben justificar su inclusión en el campo del saber y del hacer, para contrarrestar las estrategias de poder que pesan sobre y contra ellas. En el caso de la Psicología como profesión, la tarea no fue sencilla.

Fue encarada por "un grupo chiquito de gente, para una cosa que se hacía día a día, a pulmón[134]" para oponerse a la consideración de grupo profesional marginado estatutariamente y con inquietudes o deseos de integrarse con un rol institucionalizado dentro del sistema de salud (Harari & Musso; 1970). Se trató de un intento de reivindicarse por parte de los nuevos profesionales para incluirse y ser aceptados con sus conocimientos y habilidades en una realidad social, valorando un aprendizaje teórico y práctico acerca de las diferentes situaciones humanas que se categorizan como enfermas y sanas.

Frente a la objeción –por parte de profesionales no psicólogos– de que la psicoterapia era un procedimiento médico-psiquiátrico, los psicólogos se defendieron sosteniendo que "el psicólogo estaba muy preparado para

---

[134]   Joselevich, E.; testimonio oral; julio 1999.

la psicoterapia (...) el libro de Psicohigiene refleja lo que [Bleger] decía en las clases, lo repetía todo el tiempo y nosotros no teníamos la menor duda por muchos motivos, no sólo porque lo decía, sino porque él sabía que nosotros, graduados, ya hacíamos psicoterapia, que nos formábamos muy obsesivamente con nuestro análisis didáctico de tres o cuatro veces por semana, grupos de estudio, supervisiones, toda una formación paralela, ya que no podíamos entrar a APA, pero que los médicos psicoanalistas nos daban. Él mismo supervisaba pacientes de psicólogos[135]".

En las disputas por la "propiedad" de la psicoterapia[136] participan varios grupos. Por una parte discutían psicólogos con no psicólogos y dentro de cada uno de ellos, entre partidarios de la psicoterapia psicoanalítica y no psicoanalítica (Grego & Kufmann; 1970).

Bleger intentaría saldar parcialmente esta discusión con el planteo de que el psicólogo clínico estaba habilitado para desarrollar una actividad psicoterapéutica, porque estaba preparado técnica y científicamente para eso, pero que la Carrera de Psicología estaría condenada al fracaso si los psicólogos se limitaran exclusivamente a la terapéutica individual (Bleger; 1966). Esta idea, lejos de aquietar las aguas, levantó nuevos debates a partir de diferentes interpretaciones sobre aquellas palabras. Algunos las entendieron como una habilitación y otros como una desacreditación.

---

[135] Schneider, S.; testimonio oral; noviembre 2006.

[136] Instaladas desde la graduación de los primeros psicólogos, fueron explicitadas, entre otras oportunidades, en la Mesa Redonda *"El quehacer del psicólogo en la Argentina de hoy"* realizada en la APBA el 12 de diciembre de 1968 de la que participaron los graduados Isabel Calvo, Ricardo Malfé, Diana Averbuj y Osvaldo Devries. También en múltiples artículos publicados por la *Revista Argentina de Psicolgía* desde su creación y en conferencias dictadas dentro y fuera de la Facultad de Filosofía y Letras.

Hubo quienes lo vivieron como un estímulo a no encerrarse en una única alternativa de desarrollo[137], a buscar otros campos al plantear en el contexto de aquellos tiempos la importancia de la prevención como categoría más amplia, y a incorporar otras tareas posibles como la psicoprofilaxis quirúrgica[138] u otros aspectos de la psicohigiene más implicados en el objetivo de la promoción de la salud, "de la vida cotidiana, de los conflictos y problemas de la gente en general, o de los momentos evolutivos o de cambio (...) que tiene que ver con el clima de la Facultad, la década del '60 porque había un optimismo histórico increíble y no se ponía en cuestión (...) dedicarse a resolver los problemas generales y no necesariamente a la práctica privada del consultorio privado. O sea que él ya estaba pensando en el futuro[139]".

Profesión de psicólogo o de psicoanalista

"Al principio la orientación [de la Carrera] era un poco conductista, por Marcos Victoria. Después tuvimos profesores como Itzigsohn, como Gervasio Paz que nos daban materias con otra orientación, aprendimos un montón. También Psicoanálisis, porque había profesores psicoanalistas a los que convocamos (...) porque pensábamos que no se podía hacer Psicología sin Psicoanálisis, así que los fuimos a buscar directamente a ellos[140]."

La situación de los primeros psicólogos era caótica por muchos motivos, por el desconocimiento entre ellos y de las tareas y realizaciones a que estaban abocados

---

[137] Slapak, S.; testimonio oral; noviembre 2006.
[138] Glasserman, M.R.; testimonio oral; noviembre 2006.
[139] Schneider, S.; testimonio oral; noviembre 2006.
[140] Kaplan, A.; testimonio oral; junio 1999.

(Calvo; 1969). Esto provocaba divisiones amparadas en la adscripción a diferentes corrientes teóricas, aislamiento y desvalorización entre quienes se proponían manejarse con lo intangible, con la tarea de "solucionar problemas sólo con las palabras" (Malfé; 1969:84), muy próximo al abordaje psicoanalítico y quienes propiciaban otros abordajes.

El psicoanálisis no era un contenido ajeno ni novedoso para la enseñanza universitaria. Estaba instalado con prestigio histórico, tanto desde el punto de vista conceptual como de una práctica profesional. Muchos estudiantes querían aprenderlo, por el valor académico y social con que contaba, y porque era visualizado como una fuente potencial de ingresos. Si bien figuraba entre los temas de enseñanza en este espacio no tenía carácter habilitante.

Entre los docentes de la Facultad de Filosofía y Letras, había quienes lo practicaban y entrenaban para hacerlo, aún sabiendo que sus alumnos no estarían habilitados para ejercerlo y que la institución "oficial" para hacerlo, la APA[141], no los incluía como potenciales miembros. Una nueva contradicción atentaba contra la consolidación del perfil profesional de los psicólogos. Explícitamente la APA no los admitía. Sí lo haría la Asociación Amigos de APA, una forma de segundo circuito con sus propios miembros, por fuera de la legalidad institucional. Enseñaban, conformaban grupos de estudio, realizaban tratamientos didácticos no oficiales y supervisaban las actividades de muchos psicólogos que se definían dedicados a la clínica, que en esos casos quería decir dedicados al Psicoanálisis.

Desde el punto de vista histórico, "tanto el Psicoanálisis como la profesión de psicólogo (...) son

---

[141] Amparada en la legislación vigente desde 1954 no admitía psicólogos entre sus candidatos.

productos del mismo siglo, ambos jóvenes, expuestos a críticas, ataques, curiosidad por parte del ambiente en el que emergen, ambos con un desarrollo rápido y sorprendente, a pesar de todas las contrafuerzas que los enfrentan" (Danis; 1969: 75), ambos con necesidad de afirmarse, con una ventaja a favor del Psicoanálisis: la legalidad por parte de sus practicantes, la presencia de una institución que los agrupaba, protegía y controlaba y de una Carrera –Medicina– de la que mayormente surgían los profesionales.

Nada de esto estaba tan claro para los psicólogos, ni la especificidad profesional, ni las instituciones formadoras, ni la normativa. Los psicólogos clínicos buscaban su identidad en una modalidad de trabajo profesional afín y a la vez diferente a la labor psicoanalítica, tratando de aproximarse a los psicoanalistas como marco teórico, sin dejar de plantear sus diferencias y características particulares como profesionales autónomos. La preocupación era cómo asumir el rol propio y diferenciado como investigadores, consultores, terapeutas, en diferentes ámbitos de la comunidad, distinto al del psicoanalista, distinto al del psiquiatra, intentando superar la imagen internalizada en muchos, de que "en este país (y más concretamente en esta ciudad), la diferencia de nacimiento entre una y otra profesión abarca unos veinte años [y que] los primeros psicólogos, egresados de la Universidad de Buenos Aires, casi en su totalidad son, en algún aspecto de su formación profesional, 'hijos de psicoanalistas' (...) han estudiado Psicología con psicoanalistas. Esta relación (...) aclara muchas actitudes, muchos conflictos, tanto de unos como de otros. Encontramos de profesión a profesión toda la gama de sentimientos que caracterizan este vínculo, desde la idealización hasta la envidia, desde la competencia hasta la gratitud" (Danis; 1969: 76).

Mientras los psicólogos aparecían a los ojos de otros profesionales y de la sociedad como ruidosos por batalladores, inquietos y hasta provocativos, los psicoanalistas parecía que trabajaban "en el silencio de sus consultorios, en las mentes de sus pacientes, en (...) sus revistas (...) más coherentes" (Danis; 1969: 77) fieles a sus orígenes y asentados en sus posiciones, no teniendo nada que reclamar ni nadie con quien discutir, con derechos propios sobre el campo, no necesitaban dar pruebas de su conocimiento y de la validez de sus prácticas. Constituían un grupo potente, prestigioso y atractivo, perfectamente delimitado.

Aquellos, en cambio, eran vistos como en formación y difusos.

Con los médicos psiquiatras, también conceptual y "territorialmente" emparentados, el conflicto adquirió otros ribetes. Todos se formaban en la Universidad, pero el eje de contenidos era diferente para unos y para otros. La formación en Psicología, Psicoterapia y Psicoanálisis –pensadas necesarias para abordar los temas de la Salud Mental en la formación de los estudiantes de Medicina– era considerada incompleta para los candidatos a psicólogos. Por su parte, la formación en cuestiones orgánicas de estos últimos era poco práctica, más biológica.

Esta situación generaba ironías y rivalidades registradas como difíciles de superar, por ejemplo cuando "siendo estudiantes avanzados y después psicólogos recibidos, nos llamaban a interconsulta en la sala de pediatría [en el Hospital Piñeyro] y me acuerdo que nos mostraron un chico malformado de seis meses y dijeron a ver qué podían hacer con él, como una actitud provocativa de los médicos, para quienes la Psicología era aquello con lo cual o sin lo cual todo sigue igual[142]".

---

[142]   Devries, O.; testimonio oral; setiembre 1999.

Finalmente, unos y otros estudiantes confluían en los cursos de Psicoanálisis convocados por el Centro de Estudiantes de Medicina, "los famosos cursos con Garma, Rascovsky y Arminda Aberastury (...) Eran cursos libres, por supuesto, y era como la trasgresión del momento, porque entró a la Facultad vía Centro de Estudiantes. En la Facultad de Medicina [el Psicoanálisis] no era aceptado, por eso entró vía Centro (...) Yo estaba, por un lado haciendo la Carrera de Psicología, y por otro iba a la Facultad de Medicina y hacía Psicoanálisis. La APA ya tenía dos grupos, el grupo de Garma, de Aberastury y el otro grupo, de Bleger, de Ulloa, que tenía ese tono político izquierdoso (...) así que yo me iba formando en ese Psicoanálisis que no se correspondía con la líneas que había en la Facultad[143]".

Estas situaciones complicaban la convivencia entre profesionales de distinta procedencia, que transitaban el mismo campo y que ponían en marcha estrategias con el objetivo de adquirir respetabilidad y someter a sus miembros a un control regularizado.

Los psicoanalistas tenían sus mecanismos institucionalizados, la APA y su pertenencia a la IPA[144] así lo exigían, y los fortalecían en defensa de los intereses de grupo, que eran muchos. Tuvieron "sus *peros* en relación con las Carreras de Psicología (...) Yo me acuerdo de todas las discusiones que se mantuvieron, porque los psicoanalistas no estaban en la Universidad. En realidad entraron por primera vez en estas dos Carreras[145], pero después empezaron a ser llamados y empezaron a res-

---

[143] Quiroga, S.; testimonio oral; setiembre 1999.
[144] Asociación Psicoanalítica Internacional.
[145] En relación con Psicología y Ciencias de la Educación, es el caso de Arminda Aberastury, José Bleger, Fernando Ulloa, entre otros.

ponder (...) entonces, fue relativamente fácil la inclusión del Psicoanálisis y de los psicoanalistas[146].

Por su parte, los psicólogos que querían hacer Psicoanálisis recurrían a supervisiones por fuera del circuito de la APA, con psicoanalistas didácticos de esa misma institución, sólo que no tenía el reconocimiento formal, era "un grupo de la APA que se interesó por el mercado de la Facultad (*sic*) de Psicología, lo vio como mercado y hubo gente que se analizó y hubo grupos de estudio[147]".

En ese sentido, la convalidación de la profesión y dentro de ella de alguna de sus orientaciones, planteaba un doble recorrido. Por una parte, un movimiento colectivo en busca de una movilidad ascendente tanto de la profesión respecto del reconocimiento social, como de sus miembros por la constitución de un mercado fértil para los servicios que prestaban, y por otra, la garantía de las condiciones para el ejercicio como antecedente para la primera. Y "ya había una primera normativa que nos inhabilitaba para el ejercicio de la Clínica. Me acuerdo que hubo una asamblea muy numerosa [en la APBA]. Se contrató en ese momento a un conocido abogado que después fue miembro de la Corte Suprema, para que nos respaldara. Porque el drama era que no sentíamos reconocimiento social e institucional. Éramos agentes formados por una Facultad, pero no experimentábamos el reconocimiento institucional y de la sociedad en forma plena[148]".

Lo que estaba en cuestión era la definición de "ideal profesional", de su relación con la Carrera formadora, del peso de la educación especializada y de la meritocracia, como uno de los principios estructuradores básicos de la

---

146 Siquier, M.L. (Pichona Ocampo); testimonio oral; junio 1999.
147 Quiroga, S.; testimonio oral; setiembre 1999.
148 Devries, O.; testimonio oral; setiembre 1999.

sociedad del siglo XX (González Leandri; 1999). Para los psicólogos, no había aún determinaciones ni experiencia probada, los profesionales "puros" estaban en aquel momento en formación.

Esto se jugaba simultáneamente dentro y fuera de los límites de la Facultad, en el campo de la cultura, en el acercamiento a la figura del intelectual, a la vanguardia de los años sesenta, en la cercanía del edificio de la Facultad de Filosofía y Letras de la UBA con el Instituto Di Tella, en la zona de la mayor concentración de cafés –como el Coto– y de librerías de la ciudad. En espacios en los que se discutía con los estudiantes de Filosofía, de Sociología sobre la importancia de las Ciencias Sociales, si el Psicoanálisis servía, si era una ciencia. Peleas fuertes mientras se lo veía pasar a Borges, a Marta Minujín o se terminaba en la Plaza San Martín.

El perfil de una generación

"Yo me acuerdo que nosotros, lo que hicimos fue armar una especie de presentación y una explicación (...) fue tocar timbre en las escuelas, en los hospitales, pedir reuniones, explicar. Eso nos implicó recorrer cantidad de instituciones. Y en muchas de ellas hicimos trabajito de hormiga (...) Así empezaron las cosas y después fueron cambiando, por supuesto que fueron cambiando[149]*."*

Una de las variables que permite explicar la constitución de una identidad –en este caso la profesional– es el recorte en el contexto de la generación que encarna la génesis, con algún criterio temporal, etario o poblacional, o la combinación de ellos. Sería una forma y una ayuda para

---

[149] Joselevich, E.; testimonio oral; julio 1999.

ubicar procesos de transformación y establecer nexos entre producciones y productores, y entre acciones y actores.

Si el criterio de análisis para una generación es cronológico, sirve establecer cómo el orden de los nacimientos se relaciona con el curso de los acontecimientos (Uresti; 2002), determina un linaje y relaciones de sucesión. En ese caso, el objeto de análisis es una cohorte, con manifestaciones concretas que expresan condiciones y propiedades distintivas, experiencias compartidas frente a acontecimientos y contenidos vivenciales emparentados. Los individuos que la componen se predisponen hacia objetivos afines comunes y manifestaciones grupales de las voluntades individuales como "cuando todo era muy incipiente, cuando venir a la facultad era plantearse una posibilidad de cambio. En ese momento uno creía que podía hacer cambios revolucionarios (...) desde la psicoprofilaxis, desde la psicohigiene, que fueron caminos que abrieron tanto Bleger como Ulloa. Y por supuesto también era la búsqueda de lo que a uno le pasaba, era el descubrimiento. Todo era muy incipiente (...) pero la base estaba siempre relacionada con lo social, con la perspectiva social[150]".

Las generaciones son comunidades temporales que expresan afinidades a través de sus producciones y sus prácticas y que van absorbiendo las convicciones y producciones de su tiempo. Así es como se establecen modelos culturales que relacionan ciertas profesiones y ciertas elecciones educativas como una predisposición socialmente condicionada a adaptarse a modelos, reglas y valores (Bourdieu & Passeron; 2003). Marcan puntos de inflexión, pero en verdad quienes los actúan suelen ser conjuntos no muy numerosos de individuos que llevan adelante una tarea que luego los estudiosos o cronistas atribuirán al grupo todo, "adjudicando protagonismos

---

[150] Gelblum Regen, F.; testimonio oral; noviembre 2001.

donde hubo agonismos o mera observación de los hechos" (Equipo 23; 1995:4). Generalmente se trata de una minoría, pero que por la importancia del acontecimiento que generó y por efecto de la propagación influye sobre el resto de los contemporáneos y los envuelve.

Se presenta a los ojos de la mayoría como una tendencia al consenso respecto de lo que un grupo hace o dice, desde una supuesta misión histórica. Es una especie de motor que impulsa el movimiento, atemperando las diferencias de óptica y las dificultades de comunicación entre los componentes del gran grupo que comparte una misma realidad y a veces las mismas actividades, pero que puede hablar idiomas distintos, fruto de experiencias vitales disímiles. Los voceros generacionales son quienes con sus relatos –generalmente autocentrados– dan forma a mitos de origen y de existencia (Martín Barbero; 2002), se asumen como articuladores de conflictos socializando información, mecanismos de asignación de protagonismos y de producción de efectos, refiriendo a cuántos eran y cuánto pudieron. En relación con los primeros ingresantes a la Carrera de Psicología, reiteran que éramos pocos, éramos potentes, pero pudimos, hicimos, quisimos, conseguimos "y estábamos en todos lados, en la docencia, en los hospitales, en el Departamento, en el Consejo, en el CEFyL[151] y después en la Asociación de Psicólogos[152]".

Suelen consignar los eventos con lenguaje grandilocuente, triunfalista, en términos de gesta, epopeya, potencia, derrota o frustración, en una sintonía entre la forma de contar y la forma de nominar, como en el caso de la descripción del alumnado que "era muy importante, no por su cantidad, porque éramos muy poquitos, en las primera materias éramos 12 ó 13 personas, pero lo que

---

[151] Centro de Estudiantes de Filosofía y Letras.
[152] Schneider, S.; testimonio oral; junio 2002.

pasa es que éramos personas ya más grandes, con bastante formación y mucho empuje dentro de la Universidad
y digamos que vivíamos en la Universidad porque la
Universidad era nuestra casa[153]".

Estas formas de narrar instituyen formas de ser, de
pensar, de actuar legitimando culturas, aventuras, episo-
dios, cronologías que no necesariamente concuerdan con
lo acontecido, sobre todo cuando se trata de la búsqueda de
autenticidad identitaria "muy motivados por aquellas cosas
que tienen que ver con ideales, y por aquellas cosas que nos
pintaban los adultos de ese momento, lo que nos pintaban
como deseable, como preferible[154]". Establecen otros –nuevos constructos– acontecimientos a partir de los recuerdos y
de las valoraciones, constituyen legados de sentido, visiones
del mundo, interpretaciones por el interjuego de inclusio-
nes y omisiones. Estabilizan expresiones de un proceso de
renovación en el que confluyen recuerdos de protagonistas
y puntos de vista de testigos, consolidando una nueva fuente
de información macronarrativa que conforma y se conforma en relación con el imaginario cultural considerado valioso para el momento. Constituyen el soporte de una ficción
creada y sostenida, se transforman en precedentes ejemplares para otras acciones y situaciones atravesadas por el tiempo y las valoraciones que hacen que esos comportamientos
y hechos se vuelvan incuestionables, tejiendo diferentes versiones, de las cuales, seguramente, ninguna es original.

Como organización simbólica, los relatos resuelven
carencias, completan vacíos, muestran relaciones, introducen elementos ficcionales, encarnan la decisión de
que algo permanezca por sobre sucesos y hechos posteriores. Son tramas narrativas cargadas de contenido ideológico que cohesionan o fragmentan grupos, corrigen

---

[153]   Calvo, M.T.; testimonio oral; Archivo oral de la UBA; octubre 1987.
[154]   Malfé, R.; testimonio oral; octubre 1999.

desequilibrios de ausencia y distancia en la tensión entre lo privado y lo social (Arfuch; 2002).

Los relatos tienen valor biográfico, fundante y trascendente, imponen un cierto valor de verdad no sólo a los acontecimientos y vivencias, sino también a la vida del narrador. Otorgan entidad –más allá de los documentos– al proceso de conformación de un grupo generacional que será hacedor y vocero de otro proceso.

En esta situación se trató de la conformación de una identidad profesional nueva, en un campo disciplinario preexistente y habitado por otros profesionales y en un espacio académico que deberá acomodarse para resultar contenedor. Por lo novedoso de tantos aspectos, tuvo el desafío de la originalidad, de la adecuación de y a otros relatos, dio cuenta de creaciones y transformaciones, abarcó múltiples registros, interacciones, hibridaciones (Arfuch; 2002) de contenidos y lógicas textuales y académicas.

La narrativa así constituida queda sujeta a procedimientos de composición, marcados por la temporalidad y tendrá valor biográfico –heroico o cotidiano– fundado en las formas de narrar y de hacer circular la información. Intenta delinear un campo conceptual y atribuir responsabilidades en cuestiones de trascendencia.

En la enseñanza, se manifestó en la convocatoria a profesores en la que "nosotros tuvimos un rol muy activo, porque nosotros buscábamos a los profesores. Así llegó Fernando Ulloa a la Facultad, por supuesto no sólo porque nosotros queríamos y punto, sino que alguien los designaba (...) Pensábamos que tenía que ser una persona seria, responsable, entusiasta, buen docente, que podía enseñar algo *aggiornado* (...) y curiosamente no fue sencillo esto de la identidad profesional porque no tuvimos ningún profesor que fuera psicólogo[155]".

---

[155]   Leibovich de Duarte, A.; testimonio oral; octubre 1999.

Con referencia a los recambios generacionales producidos en los diez primeros años desde la creación de
la Carrera de Psicología, en un principio parecían reconocerse dos, referidos simultáneamente a la ocupación
del campo disciplinario y de la enseñanza: de no psicólogos –por inexistencia– a psicólogos en lo profesional y
el mismo proceso en la formación de futuros candidatos.
Una indagación más profunda mostró por lo menos cinco
momentos de recambio diferenciados.

El primero, de reemplazo de los docentes que ya enseñaban en la Facultad de Filosofía y Letras antes de la
creación de la Carrera por nuevos enseñantes, "que trajo bastante resistencia, porque la Facultad era muy tradicional (...) con profesores que enseñaban cuatro años
de latín y cuatro años de griego y la Carrera de Psicología
cayó mal a toda esa gente, éramos los bichos raros, los que
queríamos introducir un movimiento de cambio, empezaron las clases prácticas que ellos casi no tenían, iban a
todas clases teóricas y era gente muy politizada, muy de
izquierda, entonces esto caía mal[156]".

El segundo cambio, también en el escenario de la docencia, tuvo que ver, en parte, con los primeros concursos, y en parte, con nuevas designaciones que determinaron cómo, en la medida en que se van creando cátedras,
por el avance de las primeras cohortes de estudiantes, éstas se van habitando "porque venían médicos psicoanalistas como Bleger, Ulloa, García Badaracco; psiquiatras
como Goldenberg o gente de la educación como Tavella o
Nuria[157] o Bernstein, pero ninguno era psicólogo[158]".

Un tercer momento lo constituyó el ingreso de los
primeros estudiantes avanzados y de los primeros gra-

---

[156]   Cortada de Kohan, N.; testimonio oral; octubre 1999.
[157]   No era de Educación, era psicóloga pero graduada en los EE.UU..
[158]   Leibovich de Duarte, A.; testimonio oral; octubre 1999.

duados a la actividad de enseñar, en condición de auxiliares, y luego irán ascendiendo en el escalafón docente. Esa etapa fue vivida con mucha responsabilidad por los actores "lo cual era un honor impresionante para mis 19 años. Eso me ha marcado mucho (...) ser invitada a ser docente de la cátedra que en aquel momento se llamaba Psicología Profunda, por haber dado un examen de la materia de la que hoy soy profesora titular[159]".

Un corte abrupto –cuarto recambio– se impone con las renuncias de docentes y profesores en el '66 respecto de las que hay diversas versiones. Por una parte, el relato de una decisión fuerte, compartida, de bloque, y por otra, una más conflictiva, con gente que pensaba que no debían irse, abandonar los lugares genuina y costosamente conseguidos como los agrupados en APADIFYL[160], que no estaban de acuerdo con la postura que en general tuvo la corriente más cientificista –así se la llamaba en ese momento– que optó por la renuncia masiva, "la postura de APADIFYL, que yo creo que era la más correcta, era la de permanecer en los lugares, porque los lugares se ganan, no se regalan, pero quedamos muy poquitos y muy solitos[161]".

Finalmente entra en escena un último cambio generacional que tiene que ver con el de los concursos del '67.

Para unos es un retorno dificultoso como decisión política –volver a una Universidad intervenida– para otros, también conflictivo, casi en el sentido de una revancha y para una tercera parte, una vuelta apresurada como "lanzamiento prematuro de los psicólogos. Porque todavía no había una formación tan sólida como para pasar de un

---

[159]   Friedenthal, I.; testimonio oral; junio 2002.

[160]   Asociación de Profesores, Docentes e Investigadores de la Facultad de Filosofía y Letras.

[161]   Gelblum Regen, F.; testimonio oral; noviembre 2001.

momento a otro de ayudantes a profesores. Fue pegar un salto. Pero, cuando hay vacíos, los vacíos se llenan. Hubo bastantes discusiones con respecto a eso. Quiénes estaban de acuerdo, quiénes no estaban de acuerdo[162]".

Aprender para el ejercicio del rol

> *"Es muy difícil ubicarme mentalmente en las vivencias de aquel entonces. No tenía mucha idea de cuál podía ser el terreno para el ejercicio profesional, obviamente estaba desdibujado. El contenido de los estudios me interesaba, pero cuando uno es muy joven no piensa demasiado –o por lo menos en aquella época no pensaba tanto– cómo ganarse la vida. (...) Entonces no me interesaba demasiado qué era lo que iba a poder hacer con ese título[163]."*

Toda enseñanza y sobre todo la de una cultura científica y una profesión, supone la existencia de un cuerpo de saberes, de saber hacer y de saber decir, que se constituye en patrimonio exclusivo de un grupo; lecturas, experiencias, conversaciones alusivas con un cierto nivel de precisión y redundancia que por efecto de la reiteración pareciera que sólo esclarecen a personas ya esclarecidas (Buordieu & Passeron; 2002). Para acceder a ellos, deben mediar procesos de enseñanza y de aprendizaje, intercambios y evaluaciones que requieren esfuerzos y renuncias porque se consideran saberes valiosos, que se deben conquistar, que serán socialmente útiles y acceder a ellos otorga derechos de pertenencia.

En la formación para un ejercicio profesional, cuando éste preexiste, la conformación del rol puede ser vivido como el traspaso de una herencia, con mecanismos de

---

[162]   Gelblum Regen, F.; testimonio oral; noviembre 2001.

[163]   Malfé, R.; testimonio oral; octubre 1999.

cierta facilidad por lo sistemático, medido en términos de éxito o de prestigio. Cuando se trata simultáneamente de instalar y aprender una profesión, el acceso es una conquista que puede pagarse a un precio alto, como "antes de la creación de la Carrera [que ya] existían espacios donde se hacía psicoterapia (...) hablo de los años '55. Cuando se creó la Carrera, muchos de nosotros nos inscribimos para legitimar nuestra práctica y ampliar la formación. Pienso que surgió en un momento coyuntural entre los que se cuenta el surgimiento de las ciencias del hombre[164], la proliferación del Psicoanálisis, una ideología progresista, la creación del Instituto de Salud Mental (...) la enseñanza de la Psicología y la Psicoterapia en instituciones privadas (...) Una pluralidad de hechos" (Cheja; 2002:2).

Con preexistencia o no, la tramitación del rol se gesta al interior de la institución educativa habilitada con el propósito de formar sujetos seleccionados y jerarquizados e interviene en relación con el medio externo. Participan instancias formales –profesores, docentes, planes de estudios, programas de materias, cursos, exámenes– y también informales, que ejercen presiones fuertes como el "CEFyL que entregaba una guía a los estudiantes para que pudieran manejarse en la Facultad, presentaba a todas las agrupaciones y decía `Busca tu propia y personal decisión. Pero eso sí, elige. En estos momentos la Universidad exige de cada estudiante un compromiso claro. Toda otra actitud es una cobardía'[165]".

La incidencia del medio externo y la imagen que se tenga de la demanda y del impacto también son elementos constitutivos para la configuración de un rol profesional, como lo fue para algunos la percepción de que la

---

[164]   Se trata de una idea de Gino Germani, quien pretendió con ese mismo nombre crear una Facultad, proyecto que nunca prosperó.

[165]   Schneider, S.; testimonio oral; junio 2002.

creación de estas Carreras[166] respondió a necesidades de la comunidad y a medida que se fueron capacitando profesionales, se tuvo una mayor conciencia de las necesidades y de las posibilidades de solucionarlas, lo que motivó un aumento en la demanda de especialistas.

Lo paradójico de la situación fue que si bien dio lugar a la institucionalización de la formación de profesionales, no ocurrió lo mismo con el ejercicio del rol (Musso et al.; 1965). Otro tanto sucedió con las redes de vínculos establecidas hacia adentro y afuera del campo y de la institución formadora, relaciones de poder entre sus miembros con la comunidad desde imágenes como que "nosotros generábamos una demanda para la que luego no dábamos abasto. Recuerdo momentos de gran actividad, libertad y creatividad. Hacíamos grupos de madres, de niños, de madres de niños internados, íbamos a las salas y estábamos codo a codo con los pediatras[167]. Como no teníamos dónde sentar a las madres, traíamos del jardín del hospital un banco de plaza. El equipo era un semillero de ideas, de producción de escritos, de lazos de contención afectiva e intelectual[168]".

En relación con la preparación para el ejercicio del rol, las cuestiones teóricas presentaban flancos discutibles planteados en términos de que "en relación con la formación del psicólogo hay varios aspectos a tener en cuenta: uno es el de la falta de contacto entre las diversas tendencias, hecho que trae como consecuencia divisiones sectarias; otro es la importancia de la formación dada en la Facultad, ya que de ella depende la existencia y el papel profesional del psicólogo" (Calvo; 1969:83).

---

[166] Con relación no sólo a Psicología, sino también a Sociología y Ciencias de la Educación.

[167] En el Hospital Pirovano, en una experiencia paralela a las desplegadas en el Hospital de Niños y en el Policlínico de Lanús.

[168] Cheja, R.; testimonio oral; junio 2002.

El prestigio del Psicoanálisis y de la práctica psicoanalítica en desmedro de otras orientaciones se actualizaba en su relación con los posicionamientos de quienes tenían la "aspiración de hacer Psicoanálisis, o Psicología Clínica, como se la llamó. La Psicología Educacional o Laboral eran descalificadas, una por 'Cenicienta', la otra por constituir `una práctica burguesa que realizaba una adaptación al sistema'. El aprendizaje ya nos colocaba en una situación donde el accionar profesional estaba restringido[169]", para una mayoría, más allá de las necesidades reconocidas en espacios comunitarios como escuelas, hospitales y proyectos de extensión que la propia Universidad promovía.

Los psicólogos, o por lo menos muchos de sus voceros, parecían no estar dispuestos a dejarse atrapar por la "paradoja: aprender a ser y no poder serlo (...) Esto hace que los psicólogos, todavía alumnos, salgamos a ocupar lugares en instituciones fundamentalmente hospitalarias. Queríamos poner en práctica las teorías con conciencia social. Los psicoanalistas no concurrían a esos lugares, en tanto sostenían que allí no se practicaba Psicoanálisis y nosotras cargábamos en nuestra mochila con una ley prohibitiva. Hecha la ley, hecha la trampa. ¡Piedra libre! Salimos y empezamos a trabajar a todo pulmón en diferentes servicios que ya no eran sólo de Psicopatología[170]" para los que se sentían capacitados, con derecho genuino y validado por la institución que los acreditaba.

Mientras avanzaban los debates que ponían en tensión lo académico y lo profesional, ingresó una segunda generación de docentes que perdurará por varios años, muchos de ellos hasta la intervención del '66, con un

---

[169] Cheja, R.; testimonio oral; junio 2002.
[170] Cheja, R.; testimonio oral; junio 2002.

recorrido[171] bastante parecido para todos: comenzaron por una materia introductoria y a medida que el discurso conceptual se va instalando, se fueron ubicando en una materia "especializada". Tal es el caso de José Bleger, José A. Itzigsohn, Nuria Cortada de Kohan, Telma Reca, Nicolás Tavella, Jaime Bernstein y León Ostrov, quienes conformaban un escenario amplio desde las perspectivas teóricas. Políticamente eran considerados de izquierda.

A Bleger los estudiantes lo evaluaban como un psicoanalista marxista interesado en otras ciencias sociales. Telma Reca, una psiquiatra infantil que no era psicoanalista, era aceptada por considerarla políticamente comprometida con la izquierda y con tendencias modernas en Psiquiatría. José A. Itzigsohn, reflexólogo, era un comunista que había establecido relaciones cordiales con algunos psicoanalistas progresistas (Plotkin; 2003). También se irán afianzando figuras como las de Julio Aranovich, Juan Azcoaga, Antonio Caparrós y León Rozitchner, reemplazando a anteriores docentes u ocupando plazas en nuevas materias, con buena recepción por parte de los estudiantes, no sólo en relación con las corrientes teóricas que representaban sino también por su postura ideológica progresista y de izquierda.

La idea de la iniciativa de los estudiantes para muchas de las incorporaciones docentes es persistente. Por ejemplo, "José Bleger había pasado a dar Personalidad y quedaba libre la Introducción a la Psicología y yo hablé con Itzigsohn y le propuse el cargo de Profesor Titular y me dijo que sí, pero me dijo que él sería Profesor Titular siempre y cuando Antonio Caparrós fuera adjunto. Y yo le dije que sí. No lo conocía a Caparrós, sinceramente. Lo conocía a Itzigsohn porque había leído algunos artícu-

---

[171]   Rossi, L.; testimonio oral; febrero 2002.

los de él (...) En cierta forma me siento culpable de que Itzigsohn haya pasado por nuestra Facultad[172]".

En su conjunto, estos enseñantes, a través de los programas de sus materias y de la bibliografía, irán mostrando una variedad de propuestas teóricas y metodológicas que parecían estar cerca de las expectativas de los voceros de los estudiantes. El afuera con el adentro se entretejen en una trama de la que participan cada vez más nombres y escuelas, aunque no todas con el mismo nivel de predicamento. "Bleger era profesor de Psicología de la Personalidad, pero teníamos Psicología Profunda I y II que la daba Ostrov. Excelente. Lo que aprendí de Psicoanálisis Freudiano, hasta hoy me sigue sirviendo. Tavella fue profesor de Tests Mentales, Nuria Cortada de Kohan de Estadística (...) Jaime Bernstein fue titular de Técnicas Proyectivas y Pichona Ocampo la ayudante de trabajos prácticos. Aranovich nos daba clases en Medicina (...) las evolutivas las hice con Telma Reca y con Radaelli. Introducción a la Filosofía fue muy linda con Pucciarelli. Todo era de lo mejor. Han dejado una impronta enorme. Yo los recuerdo como si hubiera ido a clase hace un año y lo que decían[173]".

El abanderado del Psicoanálisis: José Bleger

"Las palabras que lo sintetizan son tres básicamente: curiosidad, novedad y estímulo (...) el intento de traer la novedad que era poder incluir algunas ideas que venían del marxismo, escritos a los que nunca habíamos tenido acceso y (...) la inclusión en trabajos clínicos de aspectos filosóficos que estaban en relación profundamente con el ser humano (...)

---

[172]   Duarte, A.; testimonio oral; diciembre 2001.
[173]   Leibovich, N.; testimonio oral; setiembre 1999.

La curiosidad (...) tenía que ver con un modo de mirar al ser humano en la clínica muy particular, donde tenía que ver mucho la empatía (...) la curiosidad por el ser humano[174]*."*

Pasados más de cuarenta años de la experiencia de aprender con la orientación y las producciones de Bleger[175], sus ideas "tienen una enorme actualidad (...) es un hombre que a los 49 años ya tenía publicados seis o siete libros, "Psicoanálisis y dialéctica materialista", "Psicología de la conducta", "Entrevistas y grupos", "Simbiosis y ambigüedad", que son los grandes textos (...) pero tuvo otros trabajos. Algunos se publicaron en la revista de homenaje de APA del '72. Son trabajos[176] de una permanencia constante[177]".

El impacto es mayor si se tiene en cuenta que hasta la difusión de su obra y la de otros autores contemporáneos, en la Facultad de Filosofía y Letras y en otras instituciones sin orientación psicoanalítica, "en Psicología se estudiaban atención, memoria, funciones, pero el hombre como tal no estaba. El Psicoanálisis lo trajo de vuelta (...) la devolución del drama, la posibilidad de comprenderlo, de entenderlo, de elaborar hipótesis sobre su comportamiento, sobre su personalidad, sobre su manera de accionar" (Bleger; 1965:19). Sus trabajos no sólo pusieron en tela de juicio contenidos de la psicología tradicional, también del Psicoanálisis, sobre todo los criterios de diagnóstico, hasta entonces "basado en médicos y psiquiatras muy tradicionales. Planteó un

---

[174] Glasserman, M. R.; testimonio oral; noviembre 2006.

[175] Se adoptó el criterio de trabajar, en la medida de lo posible, casi en exclusividad con testimonios y materiales elaborados con fines didácticos (clases teóricas, producciones de cátedra, programas de materias) dejando de lado las publicaciones referidas a los contenidos de la disciplina.

[176] Número especial de homenaje *post mortem.*

[177] Winograd, B.; testimonio oral; noviembre 2006.

cambio que (...) es totalmente actual. Hoy se piensa el diagnóstico como lo pensaba Bleger, como un problema de combinatoria de estructuras (...) cuál es la historia, cuáles son las estructuras que se han puesto en movimiento a través de las crisis de un ser humano que se evalúa desde una perspectiva dinámica[178]".

Fue un maestro que –reconocido entonces y con el paso del tiempo por las marcas que dejó en alumnos y discípulos– "murió increíblemente joven, sobre todo visto desde la edad de uno de ahora (...) Pensaba que es increíble, era profesor nuestro y tenía menos de cuarenta años y para nosotros, que en esa época éramos de veinte, era un señor, profesor al que respetábamos, admirábamos, que tenía montones de libros publicados (...) en realidad era un joven impresionante (...) que fue para toda la generación hasta el `66 el tipo que marcó montones de cosas en los psicólogos y que quedamos con esa marca[179]". Esto sucedía mientras se intentaba definir el campo disciplinario y profesional, así como el rol de los psicólogos. Los antecedentes eran difusos y llevan a recordar que "hace 25 años, nosotros, a la edad de ustedes (...) queríamos estudiar Psicología y no sabíamos qué estudiar; así estudiábamos economía, neurofisiología, estudiábamos psicología, estudiábamos sistema nervioso, estudiábamos cerebro, estudiábamos endocrinología, estudiábamos todo lo que no sabíamos que era psicología" (Bleger; 1965:20).

Sus opiniones sobre el tema de la profesionalización fueron objeto de controversia en las interpretaciones del momento en que fueron expresadas y aún después. "Él planteaba que el psicólogo tenía que ser un profesional que, si bien podía tener como uno de los campos [de

---

[178]   Winograd, B.; testimonio oral; noviembre 2006.
[179]   Schneider, S.; testimonio oral; noviembre 2006.

trabajo] el tratamiento de la enfermedad –eso no lo discutía–, tenía que salir del campo de la enfermedad misma, de la enfermedad mental, y abrirse a todos los temas
que él llamaría humanos. Todos aquellos lugares donde
había seres humanos eran ámbitos de trabajo del psicólogo como profesional. Y nosotros acordábamos. Nunca
dejamos de pelear por el campo de la Psicoterapia. En
esa época había una ley para la cual el arte de curar era
privativo de los médicos y todo lo demás era curande-
rismo y había alguna mención de los psicólogos como
auxiliares de la Medicina[180]".

La inclusión laboral de los psicólogos no era sólo
un tema de cuidado por atenerse o no a la letra de una
ley. La orientación elegida –el psicoanálisis en este caso–
con una directa implicancia sobre el campo y los modos
de operar, tocaba también a psicoanalistas, desde los
resistentes a los más proclives al fortalecimiento de la
nueva profesión por mantener el saber *psi* bajo su jurisdicción y control.

José Bleger se expidió con claridad cuando presentó,
en 1962, el curso de Psicoanálisis que dio en la Universidad
del Litoral. Llamó psicoanálisis profano al que era ejerci-
do por personas formadas, pero no médicos. Esto generaba problemas no sólo de carácter legal, sino también institucional y de relaciones entre instituciones, ya que en su
opinión, los psicoanalistas como tales se formaban única
y exclusivamente en los institutos de psicoanálisis y no en
la Universidad (Plotkin; 2003).

Bleger sostenía la postura, compartida por muchos
de los primeros graduados y sobre todo por la APBA, de
que los psicólogos estaban llamados a trabajar en psicohigiene, que en el sentido en que la proponía, era prevención y promoción en Salud Mental, asistencia a la gente

---

[180] Schneider, S.; testimonio oral; noviembre 2006.

sana en situaciones que podían ser consideradas des-
estabilizadoras o críticas, tomando las ideas de Politzer
de la psicología en relación con la vida cotidiana y no
con las enfermedades. Esa posición,"nosotros la pelea-
mos muchísimo desde la Carrera y desde la Asociación.
[Bleger] nos iba abriendo panoramas interesantísimos
para el trabajo en los grupos, en las instituciones, en la
comunidad. Nosotros lo aceptábamos. Había una muy
buena sintonía, por lo menos con un grupo importante
de esos primeros psicólogos (...) toda la temática de los
factores sociales y culturales determinantes de la enfermedad mental y que, por lo tanto, había que abordarlos
desde lo social. Toda la experiencia en comunidad, toda
la experiencia piloto en la Villa 31, todo apuntaba a abrir
hacia lo comunitario, pero sobre todo, todo lo que era
prevención[181]". Esta última estaba en consonancia con
una política general de la Universidad en lo relativo a la
promoción de tareas comunitarias desde la Dirección de
Extensión Universitaria. Es uno de los casos recuperados, intenso aunque de corta duración, desde la cátedra
de Psicohigiene a cargo de Bleger en la Villa de Retiro
"idea cortada por Onganía. Extendernos a la comunidad
de dos maneras: desde la prevención a través del trabajo comunitario y desde la asistencia a través del trabajo
hospitalario[182]".

También con relación al estímulo hacia a la prevención, "él abrió muchas puertas a todo lo que fuera hacer
trabajo comunitario, trabajos empresariales, trabajos institucionales, trabajos en las escuelas, por supuesto en el
hospital, la psicoprofilaxis quirúrgica[183]".

---

[181]   Schneider, S.; testimonio oral; noviembre 2006.

[182]   Calvo, M.T.; testimonio oral; Archivo Oral de la UBA; octubre 1987.

[183]   Glasserman; testimonio oral; noviembre 2006.

Bleger enseñando

*"Bleger es uno de los profesores de los que cursamos la Ca-
rrera en aquellos años, hasta La Noche de los Bastones Largos, que una impronta más profunda ha dejado en todos
nosotros por varias razones. Una, porque al igual que otros,
en sus actividades docentes demostró un profundo compromiso social y político que impregnó de manera notable la
formación de los psicólogos en ese comienzo de la Carrera, a
fines de la década del '50 y comienzos de la década del '60.
Tenía un conocimiento importante en la época acerca de la
Psicología como disciplina y pudo hacer entonces el comienzo de la necesaria diferenciación entre Psicología y Psicoanálisis, siendo que él provenía del campo del Psicoanálisis[184]."*

El contenido y la forma de la transmisión estaban en
las preocupaciones de Bleger, tanto en relación a su posición como enseñante como al trabajo profesional.

Es recordado, desde el punto de vista didáctico, por
cómo "preparaba sus clases. Se notaba. Sus posturas
las decía con muchísima claridad y sus ambivalencias
y sus contradicciones también las decía con claridad[185]".
Afirmaba que tenía "una especie de cartel para mí mismo que siempre dice `en construcción', es decir (...) ten-
go una síntesis personal, pero en construcción y a veces
está desparramada, a veces está desorganizada, a veces se
viene abajo todo el edificio, es decir, siempre en construcción" (Bleger; 1965: 28).

En la delimitación de los contenidos de la enseñanza,
para Bleger la Psicología no debía incluir "como puntos
esenciales la anatomía del sistema nervioso ni su fisiología, ni sociología, antropología, ni filosofía. Ello no obede-
ce a que se supongan innecesarias estas disciplinas para

---

[184]   Slapak, S.; testimonio oral; noviembre 2006.
[185]   Kaplan, A.; testimonio oral; junio 1999.

el psicólogo, sino que aún sosteniendo todo lo contrario, la psicología tiene que ser desarrollada como tal aunque sin renunciar de ninguna manera a exponer los conocimientos básicos que de aquellos campos son utilizados (...) en la Psicología, tales como por ejemplo, la condición social del ser humano o las exigencias del método científico (...) las diferentes escuelas o corrientes psicológicas del pasado y del presente deben ser expuestas, no por separado como `Psicologías', sino en función del contexto total, para así determinar el segmento de realidad del cual han partido y de sus formas específicas de abordarlo, con su respetiva fundamentación filosófica y sociológica" (Bleger; 1961:14).

En la relación entre la enseñanza y el aprendizaje, ubicaba dialécticamente a docentes y a alumnos como integrantes de un proceso único y permanente, en virtud del principio según el cual no se puede enseñar mientras no se aprenda durante la misma tarea de la enseñanza (Bleger; 1971). Sobre la tarea didáctica manifestaba su preocupación por el aprendizaje cuando planteaba como uno de los objetivos centrales que los estudiantes no acumulen mera información, nuevos conocimientos sobre anteriores, sino que los nuevos saberes transformen el pensamiento, se tejan en la trama de la personalidad de cada uno, ya que de lo contrario se estaría frente a una situación de enajenación.

Sostenía con fuerza la idea de que el contenido –la Psicología– debía ser una experiencia que modificara no sólo lo que se conocía respecto de algo, sino fundamentalmente "la actitud frente a sí mismo y a los demás y enriquezca la personalidad con una nueva dimensión a través de una experiencia vital. No hay posibilidad de un verdadero aprendizaje si no se ha puesto en juego a sí mismo como persona, como ser humano. La enseñanza de la Psicología debe redundar en una modificación estable de pautas de conducta en su acepción más amplia; sólo se la aprende a través de uno mismo, en el sentido de que queda comprometida indefectiblemente la personalidad del que aprende" (Bleger; 1961:15).

Estas ideas y las acciones que de ellas se derivaban impactaban con fuerza en los estudiantes, pero también en los ayudantes de sus cátedras. Para algunos de sus alumnos, era "una figura fascinante, una persona muy atractiva (...) En ese momento a nosotros nos interesaba mucho un Psicoanálisis vinculado con lo social, eran los años sesenta (...) y lo fascinante era que se ubicaba como un psicoanalista muy competente, muy idóneo, pero también intentaba hacer alguna integración con el marxismo y muchos de nosotros en ese momento militábamos con esas ideas[186]".

Quienes se formaron como docentes auxiliares, muchos de los cuales todavía eran estudiantes, ubican a Bleger "preocupado, no sólo por el contenido de la enseñanza, sino por la metodología. Teníamos que trabajar con técnicas de grupos, grupos operativos con toda la influencia de Pichón para poder procesar la información. Nosotros estábamos fascinados con que la enseñanza no es para llenar cabezas de información, sino para procesarla, para aprender a pensar, para romper con todas las disociaciones y contradicciones entre lo que se aprende, lo que se piensa, lo que se dice, lo que se hace, la praxis. Y trajo a alguien que iba a enseñarnos a los ayudantes a hacer esta tarea, que era Fernando Ulloa (...) para nuestras reuniones semanales, para que aprendiéramos eso y después lo trajo a Ferschtut. Ulloa se ocupaba del aprendizaje y Ferschtut de la comunicación. Así que nosotros estábamos encantados de la vida aprendiendo y, sobre todo, abriendo las cabezas con esta modalidad tan dife-

---

[186]   Kaplan, A.; testimonio oral; junio 1999.

rente de lo clásico, de tener que estudiar contenidos medio de memoria y, con una actitud antidogmática que era que cada uno tenía absoluta libertad para pensar, para decir, para opinar siempre y cuando, por supuesto, estudiáramos, con un fundamento. Había que fundamentar científicamente cualquier afirmación que se hiciera, con lo cual nos obligaba a seguir trabajando[187]".

Siguiendo las propuestas de Pichon Rivière sobre el funcionamiento grupal, para hacer del grupo el espacio natural de la enseñanza y del aprendizaje, Bleger conformaba con los ayudantes, equipos de "veinte personas o treinta, y fue una idea muy buena, muy rica, muy fundante. Ese es un término que usaba mucho Ulloa, lo *fundante*. Y esos grupos fueron muy importantes para la formación personal y profesional (…) los dos coordinadores eran excelentes, tanto Guillermo Ferschtut, como Ulloa[188]".

Tenía como preocupación la internalización de los aprendizajes esperados, su tramado en la personalidad del aprendiente, que los contenidos no derivaran en una necesidad de Psicoterapia, que los problemas que se crearan, se resolvieran en el espacio de la enseñanza y del aprendizaje, que la aparición de los obstáculos epistemológicos fueran resueltos dentro del propio proceso. Proponía que la forma de enseñar cubriera las exigencias de una asimilación de la información, integrada con los conocimientos preexistentes y no meramente agregada a los mismos. Que la terminología técnica y el uso adecuado de la misma fuera una modificación estable de las pautas de conducta con el enriquecimiento de la personalidad, y que finalmente el conocimiento se transformara en un instrumento para la acción, para pensar psicológicamente y que los conocimientos se constituyeran en "una ver-

---

[187] Schneider, S.; testimonio oral; noviembre 2006.
[188] Kaplan, A.; testimonio oral; junio 1999.

dadera `aventura intelectual' que sienta y admita el placer
de la tarea intelectual, que adquiera el instrumento y la
actitud para problematizar los hechos y los supuestos del
conocimiento científico y dejar sentadas las bases de un
posible desarrollo ulterior del conocimiento a través de
los libros y de la experiencia viva" (Bleger; 1961:16).

Asumía que tanto la enseñanza como el aprendizaje
de la psicología creaban ansiedades, que éstas los moto-
rizaban y que ningún espacio de problematización o de
investigación quedaba libre de ellas y menos la psicología. Se trataba de lograr que el umbral no se convirtiera
en un impedimento (Bleger; 1961). Para lograr resultados
positivos en el aprendizaje, proponía que la enseñanza
debía acompañarse con investigación psicológica, "aplicar la psicología a la enseñanza de la Psicología: a lo que
se enseña, a la forma en que se lo hace y a lo que ocurre
en distintos momentos del proceso, explicitando e inves-
tigando, por supuesto, la forma en que se enseña" (Bleger;
1961:9). Insistía en el aprendizaje de quien enseña mientras da clase, controlando que el contenido y la forma de
hacerlo no se estereotipen y se transformen en un trabajo
mecánico de repetición, que "cada momento en que algo
se vuelve a enseñar debe convertirse en una nueva oportunidad de revisar y replantear el tema" (Bleger; 1961:19).
Destacaba el lugar del coordinador docente, como esti-
mulante de la participación del estudiante, la necesidad
de cuidar la relación interpersonal y la distancia psicológica manejada como un instrumento en el proceso de
enseñar y aprender, para que el objetivo no se limite a la
búsqueda de respuestas, sino que se amplíe a los instrumentos para problematizar y resolver interrogantes. Las
comisiones de trabajos prácticos eran organizadas con el
formato de seminarios en los que se aplicaban técnicas
operativas. Los jefes y ayudantes tenían reuniones semanales, en las que eran entrenados con técnicas operativas

al tiempo que se planteaban y resolvían problemas y conflictos ligados a la conducción de la enseñanza.

Insistía en que se trabajara con los emergentes suscitados en el grupo y en relación con los contenidos de la enseñanza, la información centrada en la tarea, que no se utilizara la psicoterapia de grupo como recurso didáctico. De esta manera buscaba transponer a la actividad en las aulas los fundamentos de la psicología, como él y Pichon Rivière la entendían, promoviendo experiencias de trabajo en grupo que dejaran marca, pero que no movilizaran más tensiones que las que se podían tolerar y manejar en ese encuadre por el grupo y por los coordinadores. Instaba a abordar sólo los problemas que estarían en condiciones de elaborar, resolviendo la ansiedad que podría obstaculizar el aprendizaje y teniendo el docente la responsabilidad de señalar los obstáculos y el camino para su desactivación.

Desde la perspectiva didáctica, uno de los problemas que destacaba como no resuelto era el de la evaluación, "el de los parciales y finales, en el sentido en que nos vemos obligados a examinar de una manera que contradice los procedimientos que utilizamos y los objetivos que perseguimos en la enseñanza, porque con gran frecuencia el examen –al tomarse en fechas fijas y muy próximas– coincide frecuentemente con momentos en los cuales los estudiantes aún no han terminado de elaborar el aprendizaje" (Bleger; 1961:19).

Su actividad en la Universidad lo llevó a desplegar, además del saber profesional, el compromiso ético, planteando las posibilidades de llevar a la práctica modelos de inclusión social, de democracia, de discusión al interior de la comunidad. Proponía que la enseñanza considerara la realidad externa y las condiciones extremas. Así planeó el trabajo con estudiantes en la villa de Retiro en la que estableció las condiciones para el desarrollo de la tarea, "propuso una asamblea en la villa miseria donde planteó que sus alumnos iban a hacer sus prácticas y que la gente y las sociedades de fomento (…) no tenían por qué aceptar, que iban a ser molestados, que iban a ser interrogados, que no se les iba a devolver nada porque éramos estudiantes, que esta era una cátedra nueva que iba a usarlos a ellos[189]".

Instó a quienes se incluirían en la experiencia "a la toma de decisiones más allá de la opinión de `los punteros`, que tenían que volver a la comunidad, plantearles [a los pobladores] si estaban de acuerdo en ser interrumpidos, molestados, que iba a ser disruptivo, etc. Y que si toda la comunidad aceptaba, nosotros recién íbamos a incluirnos, por un cuatrimestre. Fue una de las mejores experiencias que tuve en mi vida profesional[190]".

Si bien tuvo una existencia efímera, se recupera como muy comprometida políticamente, y que "toda la experiencia piloto en la Villa 31 apuntaba a abrir hacia lo comunitario, pero sobre todo, a todo lo que era prevención. Él incorporó autores que en ese momento eran muy modernos, especialmente los que venían por el lado americano (…) toda la reforma de Italia (…) todo lo preventivo en Psiquiatría, porque en esa época se hablaba de Psiquiatría, no de Psicología[191]".

Sus características y corta duración podrían explicarse por tener dependencia directa de una cátedra, la ausencia de un espacio físico específico que la contuviera, la particularidad que planteaba "llevarse cosas[192]" –infor-

---

[189] Glasserman, M.R.; testimonio oral; Archivo Oral de la UBA; noviembre 1987.

[190] Glasserman, M.R.; testimonio oral; noviembre 2006.

[191] Glasserman; M.R.; testimonio oral; noviembre 2006.

[192] Glasserman, R.; testimonio oral; Archivo Oral de la UBA, noviembre 1987.

mación para analizar– y que esto estaba establecido en el contrato inicial, junto con la aclaración de que "no devolverían nada[193]".

Sería un lugar de observación, de relevamiento de información, de entrenamiento para la realización de diagnósticos, a diferencia de otras experiencias contemporáneas que, en cambio, por decisión o por demanda, de alguna manera intervenían y dejaban algo a las familias, a los niños, a las escuelas o a los maestros.

Si bien en la Carrera se lo demandaba por el tema del Psicoanálisis y daba respuesta a esos requerimientos, ponía énfasis en lo social, insistiendo que los psicólogos se tenían que ocupar especialmente de lo institucional, lo social y no dejaba de soslayar el tema de la psicoterapia si se contaba con una buena formación.

Opinaba "que si la Carrera de Psicología se ha creado para formar psicoterapeutas, la Carrera de Psicología es un fracaso y no nos sirve para nada" (Bleger; 1965:20). Con afirmaciones como esta, instaba a debates dentro y fuera del ámbito de la Carrera.

Esos dichos resultaban esclarecedores para algunos, que optaron por dedicarse "a trabajos no clínicos, trabajar con grupos institucionales, no con pacientes, dedicarme a la Psicología Institucional, y eso tenía que ver con ese entronque diferencial hacia campos no clínicos[194]". Para otros destacaban conflictos, en un contexto de radicalización en todos los ámbitos intelectuales y políticos en la Argentina, y al que los agrupamientos profesionales del campo *psi* no estaban ajenos.

---

[193]   Glasserman, R.; testimonio oral; Archivo Oral de la UBA, noviembre 1987.
[194]   Bertoni, E.; testimonio oral; julio 1999.

Más definiciones y militancia

"¿Qué tiene que hacer el psicólogo? A mi entender, pienso que tiene que ubicarse como ser, comprendiendo la sociedad en la cual vive, comprendiendo su dinámica, tratando de insertar su campo científico y su campo profesional dentro de la totalidad de lo que está ocurriendo en el mundo y en la clase social a la que a él le interesa ligarse o plegarse como ideólogo, como científico o como psicólogo[195]."

Bleger insistía en la posibilidad de un camino que planteara el pasaje de la psicología de la terapia a la psicología de la psicohigiene, de la psicoprofilaxis, "de la curación a la psicología del aprendizaje, tenemos que pasar de la psicología individual a la psicología institucional y a la psicología de la comunidad; tenemos que llevar la Psicología a la vida cotidiana, no esperar que la gente se enferme para ir a intervenir" (Bleger; 1961:30).

Estas ideas, planteadas próximas al momento fundacional de la formación de psicólogos, dejaron huellas en los criterios para analizar la profesionalización, tanto entre quienes lo cuestionaban como quienes lo reivindicaban, en "discusiones sobre modelos de práctica y sobre corrientes teóricas, en la relación entre la psicología y el psicoanálisis. Y Bleger ocupa ahí un lugar central. Así sea para lo que impulsa, implanta, para aquellos que, de alguna forma, se consideran sus discípulos o seguidores, incluso para lo que implanta más allá de lo que se le reconoce, y de las cosas que no se reconocen en Bleger (...) la idea de una psicología instalada en el espacio público, de un psicoanálisis instalado en el espacio público, que es lo primero que le llama la atención a cualquiera que llega a

---

[195] Bleger, J.; intervención en la mesa redonda organizada por el Movimiento Argentino de Psicología en la Facultad de Filosofía y Letras de la UBA; 1965.

esta ciudad (...) la idea de que el psicoanálisis está en los hospitales, en los centros de salud y eso, evidentemente, es una herencia que proviene de esa tradición que, en realidad, es Pichon Rivière y es Bleger[196]".

La vigencia de Bleger debe ser encuadrada en un recorte histórico no sólo en relación con la profesionalización y la enseñanza de la Psicología, sino también en relación con el campo *psi* en general, en el que sus textos pueden ser leídos tanto como una buena inspiración como con rechazo.

Más allá de las valoraciones que se hacen sobre actitudes y posicionamientos, se destaca la faceta político-ideológica de Bleger, señalado como uno de "los profesores más populares (...) conocido en la APA como el `rabino rojo' por ser nieto de dos rabinos y teórico marxista" (Caro Hollander; 200:89). En ese sentido, se marca la vinculación que mantuvo desde su juventud con el Partido Comunista hasta aproximadamente el año '62 en que se produce su alejamiento. Para algunos es separación, y es renuncia para otros. "En rigor de verdad es cierto que deben pasar las dos cosas. Llega un punto en que él no encuentra más ningún tipo de estímulo en ese partido y el partido tampoco quiere tener a alguien que desarrolla una línea de pensamiento que tiene que ver con la posibilidad del encuentro entre el marxismo y el psicoanálisis, que no entra dentro de los cánones y dentro de la línea del partido[197]".

Esta pertenencia podría justificar la valoración de sus posturas como reformistas, si se considera las posiciones del Partido Comunista en aquellos años. "Bleger era un

---

[196]   Vezzetti, H.; testimonio oral; noviembre 2006; con motivo de las Jornadas de homenaje a José Bleger organizadas por la Facultad de Psicología de la UBA, diciembre de 2006.

[197]   Vezzetti, H.; testimonio oral; noviembre 2006.

reformista y siguió siendo un reformista. Alguien que podía pensar en el marxismo, pero pensar que el cambio
social podía producirse de manera paulatina, que había
posibilidad de una transición pacífica, plataformas más
equilibradas de distribución de la riqueza y hacia otro
tipo de sociedad. Y ese carácter reformista está en sus
propuestas, en sus proyectos, en la relación entre psicología y cambio social. En gran medida su propuesta de la
psicohigiene está pensada alrededor de esa idea de que
el psicólogo puede favorecer y ayudar al cambio social[198]".

Hay más polémicas que lo tienen en el centro, como
la que mantiene con León Rozitchner en el marco de la
mesa redonda organizada por el Movimiento Argentino
de Psicología en la Facultad de Filosofía y Letras de la UBA
en 1965 en la que discutió la postura que insistía en que
los psicólogos debían dedicarse a atender las urgencias
sociales, y que de ser así, "entonces cerremos las puertas
de todas las Escuelas de Psicología porque tenemos que
dedicarnos a la economía y a la militancia (...) es posible
que necesitemos la Psicología mucho más que nunca en
el momento en que determinadas contradicciones y determinados problemas económicos hayan sido resueltos por lo menos básicamente (...) porque entonces es
cuando van a aparecer más agudamente una cantidad
de problemas y tensiones sobre la relación interpersonal
que hoy aparecen como relaciones económicas" (Bleger;
1965:30).

Desde su lugar académico y profesional, la cuestión
de las renuncias lo dejó expuesto en una situación controvertida, "cuando es el golpe de Onganía se hace una
reunión con muchísima gente en la casa de Bleger. Yo
representaba a un pequeño grupo, creo que éramos seis,
que sacamos una solicitada –estaba Lito Marín, estaba

---

[198] Vezzetti, H.; testimonio oral; noviembre 2006.

Manolo Mora, Eliseo [Verón]– que decíamos que no había que renunciar sino pelear dentro de la Facultad. Este era un tema crítico (...) la onda de todo el mundo era renunciar (...) y estaba Andrés Mercado Vera, que venía de Filosofía (...) Se me acerca Mercado Vera, mientras que Bleger habla, y dice: '¿qué le parece?, escúchelo a este hombre, él gana un millón de pesos por mes y después de que renuncie va a ganar un millón doscientos, va a tener más tiempo. ¿Usted sabe cuánto gano yo como profesor? Yo he sido profesor toda mi vida, si me quedo sin este puesto me quedo en la calle, en la miseria'[199]".

La discusión por renunciar o no hacerlo era la manifestación del desencuentro entre los académicos que "habían sido docentes de distintos niveles toda su vida y los famosos médicos que estaban en Psicología, entre ellos Bleger, que era muy inteligente, muy atractivo, tenía carisma[200]". Marcaba una diferencia entre quienes se jugaban por "entero en la Universidad, podés organizar cosas políticas que la hagan volar por el aire, podés cometer errores, pero estás jugado a la Universidad. Ellos eran colaboradores que había que apreciar, pero no era gente cuya vida estuviera en la Universidad[201]".

También quedó enfrentado a su discípulo, Carlos Sastre quien en una clase dictada en la APBA que luego publicó la *Revista Argentina de Psicología*[202], se despega de un "gran idealizado que fue José Bleger (...) Nosotros nos sentíamos identificados con Bleger que planteaba la apertura de la psicología, del psicoanálisis a la sociedad (...)

---

199   Murmis, M.; testimonio oral; abril 2005.
200   Murmis, M.; testimonio oral; abril 2005.
201   Murmis, M.; testimonio oral; abril 2005.
202   Sastre, C.; Clase dictada el 15 de octubre de 1965 en el curso "Problemas Teóricos en Psicología", desarrollado en la Asociación de Psicólogos de Buenos Aires; publicado en *Revista Argentina de Psicología*, Año I, N° 4, 1970.

Recuerdo que yo lo admiraba muchísimo a Carlos Sastre, a pesar de que teníamos nuestras discusiones. Era un tipo difícil, Carlos. Fue el primero que le sacó una crítica muy fuerte a su eclecticismo (...) a su ideología marxista, como descalificando el eclecticismo (...) y el imaginario de aquella época era que más o menos le había pegado un tiro[203], porque supongo que a Bleger no le pudo haber caído nada bien una crítica tan dura como la que era capaz de hacer Carlos Sastre (...) Era como un hijo que pateara a un padre[204]".

Con José A. Itzigsohn se enfrentó en un escenario más político, no tanto teórico, al amparo compartido del marxismo.

José A. Itzigsohn plantea su posición[205]

"Hablo de un embanderamiento prematuro, de una cristalización (...) la definición de `pavloviano' es incorrecta. Pavlov fue un gran fisiólogo, pero no un hombre que aportó

---

[203] Esta publicación coincide con el momento en que se agrava su enfermedad.

[204] Devries, O.; testimonio oral; setiembre 1999.

[205] Se adoptó el criterio de trabajar en exclusividad con testimonios del protagonista y de sus discípulos por el valor documental y original que tienen y porque, aún tratándose de lenguaje coloquial, condensan lo más importante de su pensamiento en relación con su actuación en la Carrera de Psicología de la UBA ente los años 1960 y 1966 y a sus producciones académicas. Se trata de un testigo de privilegio ya que es el único de quienes fueron Directores de Departamento que puede relatar sus experiencias y entrar en diálogo con quienes fueron sus discípulos. Se cuenta con una entrevista realizada en febrero de 1999 en su domicilio en Jerusalén y con otras dos realizadas en Buenos Aires en noviembre de 2003 y octubre de 2004. En diciembre de 2004 fue distinguido con el título de Profesor Honorario de la UBA y recibió su diploma en octubre de 2005 con motivo de cumplirse los 20 años de creación de la Facultad de Psicología de la UBA.

a la psicología. Dentro de la misma Unión Soviética hubo otras personas que no fueron tan adoptadas por la línea oficial, pero cuyo aporte a la psicología es mucho más significativa, por ejemplo Vigotsky, Luria (...) yo diría que era una psicología que tendía a fundarse en el humanismo y en el humanismo marxista. Dentro de la Facultad todo se jugaba en que cada grupo ideológico-político-psicológico apoyara una u otra línea en las elecciones internas y a veces eran debates muy encarnizados, con toda la fuerza de la juventud que teníamos (...) a veces con niveles agresivos, verbales. Y la comunicación, lo que yo llamaría la comunicación de aprendizaje recíproco casi no existía o existía en forma limitada[206]."

Lo teórico, lo político, lo actitudinal se redimensionan en la experiencia de indagar en y con protagonistas acerca de la formación de los primeros profesionales de la Psicología en la UBA. Es el caso de José A. Itzigsohn[207].

---

[206] Itzigsohn, J.A.; testimonio oral; Jerusalén, febrero 1999.

[207] Nació en Concordia, Provincia de Entre Ríos en 1924. Desde 1976, fecha en la que debió exiliarse, vive en Jerusalén, Estado de Israel. Se graduó como médico en la Universidad de La Plata en 1953 y recibió su título de Médico Psiquiatra en la Universidad de Buenos Aires en 1957. Desde entonces y hasta 1960 se desempeñó en el Hospital Psiquiátrico Borda y en el servicio que dirigía el Dr. Mauricio Goldenberg en el Policlínico de Lanús. Entre 1958 y 1960 participó de diferentes instancias –formales e informales– vinculadas a la creación y organización de la Carrera de Psicología de la UBA. Fue profesor titular de las materias Psicología General I y III entre 1961 y 1966. Dirigió el Departamento de Psicología de la Facultad de Filosofía y Letras entre 1963 y 1965 y el Centro de Investigaciones Psicológicas dependiente del mismo instituto desde 1965 y hasta 1966. Renunció a todas sus funciones universitarias en 1966 en protesta contra el golpe de estado que encabezó Onganía. En 1966 publicó, junto a otros colegas, *Estudios sobre Psicología y Psicoterapia* y en 1967 el capítulo correspondiente a *Pensamiento* en la Enciclopedia de Psiquiatría dirigida por G. Vidal y R. Bleichmar. Durante su desempeño como docente participó en producción de artículos y materiales de cátedra sobre temas de Psiquiatría, Psicología y Psicoterapia, además de textos sobre Psicología Social e Historia.

La mirada diversa permite la valoración desde diferentes ópticas del momento histórico, de las figuras protagónicas, de los posicionamientos de cada una ante cada hecho, de los debates conceptuales, metodológicos y de selección de contenidos de enseñanza.

En los '60 la Carrera ya cuenta con una masa crítica considerable de estudiantes[208], con primeros graduados[209] y con un plantel docente que se va afianzando. Es un observatorio desde el que se puede analizar qué sucede en su interior, en la Facultad y en el campo de las Ciencias Sociales, con protagonistas que sostienen posiciones políticas definidas, con la ilusión de la recuperación de ideales y de proyectos institucionales que reivindiquen los valores de la Reforma para la universidad y la sociedad. Esto sucede en coincidencia con la difusión del psicoanálisis en el mundo occidental, al tiempo que se cuestiona la hegemonía manicomial en la atención psiquiátrica y se implementan transformaciones parciales en varios países, entre ellos en la Argentina, en algunos servicios hospitalarios.

La Organización Mundial de la Salud hace conocer nuevos enfoques y prácticas y comienzan a difundirse propuestas y autores procedentes de la Europa Oriental[210],

---

[208] En 1957 se matriculan setenta y seis aspirantes a cursar la Carrera de Psicología de la UBA, en 1958 lo hacen ciento treinta y seis, en 1959 son ciento ochenta y cuatro y en 1960 ciento veintiuno. Fuente: Archivo Técnico de Alumnos; Facultad de Filosofía y Letras; UBA.

[209] En 1960 se gradúa la primera egresada de la Carrera de Psicología de la UBA, Noemí Daichman. En 1961 lo hacen otros cinco: María Isabel Calvo, Héctor Rodríguez Tomé, Renné Royer, Tomás Tarazi y Evelina Vengerow. En 1962 egresan veintidós estudiantes. Fuente: Archivo FUNDAPSI; 1992. Otras fuentes ubican a Héctor Rodríguez Tomé como primer graduado.

[210] Por su militancia calificada en el Partido Comunista, Itzigsohn tiene oportunidades de viajar en varias ocasiones a la entonces Unión Soviética. Por su condición de ruso parlante como lengua materna, accede

traídos desde sus lugares originarios por José A. Itzigsohn. Estos aportes de la psicología soviética que se traducen en debates entre profesionales y profesores, se ven poco reflejados en el primer plan de estudios aprobado en 1956. Comienzan a tener presencia en la propuesta curricular a partir de la primera reforma del plan de estudio producida en 1958 y se instalan en la cultura de la Carrera un poco más tardíamente, a partir del ingreso de los primeros profesores con orientación psicoanalítica y con otras posturas como las que proponía Itzigsohn en las materias a su cargo, en Psicología General I y sobre todo en Psicología General III, dedicada a discutir las relaciones entre pensamiento y lenguaje.

Con esto se generan polémicas teóricas y también políticas entre "un grupo de personas entre las cuales me ubicaban a mí, que buscaba el conocimiento –vamos a decirlo así– estrictamente científico, aunque no era cierto que eso fuera así. Era un problema de ubicación. Otra gente trataba de imponer la ideología como norma, es decir, que el conocimiento tenía que servir al proceso de liberación nacional, pero sin ser mediatizado. Lógicamente el conocimiento tiene que servir al proceso de liberación nacional, pero el tema es de qué manera. Si cada ciencia tiene su propia norma, su propia esencia que hay que respetar o si la ciencia es penetrada directamente por la necesidad. Los que hablábamos de una autonomía relativa de la ciencia éramos los cientificistas y a los que hablaban de una ciencia puesta de inmediato al servicio de la liberación nacional, desde mi punto de vista sin respetar

---

sin intermediaciones a producciones y autores rusos que no forman parte del repertorio de la Psicología soviética y que fueron conocidos y reconocidos más tardíamente, como el caso de Vigotsky y Luria, y los difunde en la Argentina.

las leyes propias del conocimiento científico, nosotros los llamábamos ideologistas[211]".

En la reflexión sobre la práctica, el significado de hacer psicología entre el "cientificismo" y el "ideologismo" se manifestaba en las formas de entender los procesos de liberación "sobre todo la independencia con respecto al imperialismo norteamericano. Significaba hacer una psicología militante que tomara en cuenta las necesidades del pueblo. Era una psicología social[212]" al servicio de la política. En la base, ambos grupos coincidían, con diferencias respecto de cómo se debían respetar las leyes propias del conocimiento científico. Para los "cientificistas" se deformaba la psicología al colocarla sin mediaciones al servicio de la política. Sostenían la idea de que debían ser cuidadas las reglas y la lógica propia de cada tipo de conocimiento para que el resultado fuera útil a la política, "una psicología social de corte socialista, que explicara el desarrollo del psiquismo en función de las condiciones de vida, que pusiera el acento en cómo los cambios sociales repercuten sobre el psiquismo colectivo y sobre el psiquismo individual, que sirviera para movilizar masas de alguna manera[213]".

En cualquiera de los casos, se trataba de una Psicología politizada y el campo de debate se definía entre corrientes de la izquierda, en el que no tenía representación lo fenomenológico que estaba en la base de los primeros planes de estudio y que se va atenuando con el paso del tiempo y con la presencia de docentes innovadores.

Itzigsohn para algunos "tenía auténticamente vocación de una posición pluralista. Él no se bajaba de su posición reflexológica, pero siempre quiso tener un adjunto

---

211   Itzigsohn, J.A.; testimonio oral; Buenos Aires, octubre 2003.
212   Itzigsohn, J.A.; testimonio oral; Buenos Aires, octubre 2003.
213   Itzigsohn, J.A.; testimonio oral; Buenos Aires, octubre 2003.

psicoanalista[214] o un adjunto gestáltico, que eran las ramas que más o menos eran compatibles[215]" dejando por fuera "gente relativamente reaccionaria (...) aquellos que estaban todavía aferrados a una psicología de tipo wundteana, la psicología del aparato[216]".

El clima de entonces se podría caracterizar como de mucha excitación, tanto por parte de estudiantes como de docentes. Entre los primeros, "los temas que producían efervescencia eran qué línea de pensamiento seguir, o se era psicoanalista o se era lo que en aquel entonces se llamaba reflexólogo; se era comunista o se era de alguna de las líneas más ultra izquierdistas o más izquierdistas, o se era peronista de izquierda, y todo eso penetraba la vida cotidiana de la Facultad[217]". Entre los profesores, muchos de los referentes eran considerados "profesionales de la izquierda, profesionales comunistas, gente que estaba ligada al Partido Comunista, al cual yo también estaba ligado en aquel entonces y también Bleger estaba ligado al Partido Comunista (...) Y la gente que apoyaba al Partido Comunista de aquel entonces se fue separando de él, como desgranando (...) Tanto Bleger como yo nos separamos del Partido Comunista, después de visitas a la U.R.S.S., primero él, luego yo. Y lo interesante con relación a Bleger es que si bien él estaba del lado analítico y yo estaba del lado no analítico, nos unía una muy profunda amistad, además de una confluencia ideológica[218]".

---

214 Con relación a Antonio Caparrós "con quien fuimos en un momento muy amigos y luego por distintos motivos nos separamos, trabajamos juntos para la Carrera, leíamos lo que teníamos que exponer, aprendíamos hoy lo que tenía que exponer en clase mañana, entonces estábamos fabricando una materia". Itzigsohn, J.A.; testimonio oral; Buenos Aires, noviembre 2004.

215 Töpff, J.; testimonio oral; setiembre 1999.

216 Itzigsohn, J.A.; testimonio oral; Buenos Aires, octubre 2003.

217 Itzigsohn, J.A.; testimonio oral; Buenos Aires, octubre 2003.

218 Itzigsohn, J.A.; testimonio oral; Buenos Aires, octubre 2003.

Desde la creación de la Carrera "se fue constituyendo un grupo de gente interesada en esos temas –psicológicos y políticos– pero con un estilo innovador (...) Fue un conglomerado de personas que eran marginales de las asociaciones de donde provenían, marginales de la APA, marginales del Borda, marginales de la Facultad de Medicina, marginales del PC también, de donde se puede extraer lo del espíritu crítico, un poco contestatario también, pero un fuerte espíritu crítico de la Carrera[219]". El peronismo también jugaba un papel importante en el conjunto de "lo que yo llamo la izquierda heterodoxa (...) era la izquierda del peronismo, lo que más adelante evolucionaría en la Juventud Peronista, Montoneros, etcétera, y otros grupos de comunistas disidentes que se iban creando, como el Partido Comunista Revolucionario, como la Izquierda Maoísta. Después, con el surgimiento de la Revolución Cubana, la gente que apoyaba más la línea insurreccional del Che Guevara y todo esto se reflejaba en la Facultad directamente[220]".

La llegada a la Carrera de Psicología

"Era un señor que siempre fue un poco formal y serio (...) no le decíamos de vos muy fácilmente, no salía (...) Yo creo que le decía de Ud. a todos. Pero a Itzigsohn seguramente que sí. Estudiábamos todo este tipo de cosas, de condicionamiento, de Reflexología, del behaviorismo más avanzado que yo me acuerde[221]."

---

[219]   Töpff, J.; testimonio oral; mayo 2002.

[220]   Itzigsohn, J.A.; testimonio oral; Buenos Aires, octubre 2003.

[221]   Joselevich, E.; testimonio oral; setiembre 1999.

Itzigsohn nombra como a su maestro "a uno de los grandes de la psiquiatría argentina, al Dr. Jorge Thénon[222] y también a una persona a quien quiero mucho, que es el Dr. Mauricio Goldenberg, en el Hospital de Lanús. Estuve en la Facultad como profesor de Psicología General I, Psicología General III que tenía que ver con el lenguaje, y en Introducción a la Psicología. Renuncié en el '66, después de La Noche de los Bastones Largos, como tantos otros colegas míos[223]".

En el reconocimiento a ambos está la convergencia y la divergencia "por motivos políticos. Pero nunca divergimos por motivos de la búsqueda psicológica, del interés científico. El era un hombre con una gran intuición psicológica y quería introducir algo diferente. Con él, y nosotros sus alumnos, tratamos de desarrollar la psicología basada en los trabajos de Pavlov, pero esa línea no nos dio demasiado[224]". Y eso fue así porque las ideas de Pavlov tuvieron trascendencia desde el punto de vista de la fisiología cerebral, pero resultaron insuficientes para construir una teoría psicológica, ya que hubiera requerido "introducir elementos del tipo cognitivo, del desarrollo, allí está Vigotsky. Hay que introducir elementos de tipo social, allí está Rubinstein. Hay que introducir también elementos de tipo neurológico, allí está Luria. Para ir ubicando algunas figuras y lo que cada uno de ellos aportan (...) y después, por supuesto, todo lo que viene de la psicología cognitiva norteamericana[225]".

Fuera de la actividad académica y profesional se define como "una persona activa en aspectos culturales y políticos vinculados a la izquierda, en distintos matices de

---

[222] Fue su Director de tesis de doctorado.
[223] Itzigsohn,J.; testimonio oral; Jerusalén, febrero 1999.
[224] Itzigsohn, J.A.; testimonio oral; Buenos Aires, noviembre 2004.
[225] Itzigsohn, J.A.; testimonio oral; Buenos Aires, noviembre 2004.

la izquierda en Argentina. En el '59 publiqué (...) un libro que se llamó *Una experiencia Judía Contemporánea*, donde me dediqué a otro aspecto que siempre fue muy importante para mí, que era la historia del pueblo judío. Relato mi experiencia personal, tanto en la Argentina como en viajes que hice a la Unión Soviética. Y eso no fue del agrado de algunas personas dentro del Partido Comunista al cual yo había pertenecido. Lo criticaron violentamente, a mi parecer, en forma injusta[226]".

En el '66, renunció a sus cargos docentes y de gestión en el Instituto de Investigaciones de Psicología de la Facultad y a partir de entonces se dedica a la práctica privada en la Clínica Bulnes hasta 1976 cuando emigró a Israel por motivos políticos. Ese año "por ser hombre de izquierda y por ser psicólogo me transformé en un sospechoso a los ojos de las fuerzas represoras. Ellos veían a la Psicología como una herramienta subversiva. Nosotros la veíamos como una herramienta creadora. Digamos que ser de izquierda, psicólogo y judío era juntar tres pecados capitales[227]".

Siguió publicando artículos, capítulos y libros, entre ellos *Estudios sobre Psicología y Psicoterapia* prologado por Telma Reca y del que también participan José Bleger, Mimi Langer[228] y Jorge Thenon.

---

[226] Itzigsohn,J.; testimonio oral; Jerusalén, febrero 1999.

[227] Itzigsohn,J; testimonio oral; Jerusalén, febrero 1999.

[228] 1910-1987 Nació en Viena, donde se recibió de médica. Antes de finalizar sus estudios ya había comenzado la formación analítica y el análisis didáctico que interrumpió en 1936 cuando decidió, junto a su marido, también médico, ir como voluntaria a España, donde había estallado la Guerra Civil. Allí permaneció hasta fines de 1937. Ya no pudieron regresar a Austria, por lo que migraron al Uruguay y en 1942 a la Argentina, en el momento en que se estaba creando la APA, a la que se incorporó inmediatamente y más tarde a la Asociación de Psicología y Psicoterapia de Grupo. En 1969, estando en Roma en el Congreso Psicoanalítico Internacional, se afilió a Plataforma Internacional, or-

La actividad docente

"Ir a la Facultad era para nosotros un momento muy esti-
mulante, de creatividad y es parte del recuerdo que se tie-
ne hoy de esa época. Tuve una entrevista con Telma Reca
y otros profesores y empecé a trabajar. Fue un proceso en
el cual tuvimos que aprender y enseñar al mismo tiempo.
Aprender y enseñar al mismo tiempo no es sencillo. Pero yo
me he convencido de que la mejor manera de aprender es
enseñar, a partir de esa experiencia[229]."

Elegirlo como exponente de la vida académica y
recuperar sus aportes supone considerar su discurso y
sus experiencias de enseñanza en la Carrera. Llegó convocado por Telma Reca y por su relación con otros psiquiatras conocidos de la izquierda como Julio Peluffo y
el profesor Gregorio Bergman de Córdoba. Éste constituyó su "núcleo inicial y a través de ellos (...) en un
momento dado me llaman a la Carrera. Creo, ahora con
mirada retrospectiva, que para compensar un poco una
tendencia psicoanalítica que estaba de alguna manera
dominando, pero sin que eso me hubiera sido dicho de
una manera expresa[230]".

Reconoce el desafío que significó para la conformación de la Carrera y del perfil profesional de los psicólogos, no haber tenido maestros en Psicología, y que "los
fundadores fueron o fuimos médicos con interés en la

---

ganización que se proponía cuestionar desde adentro la ideología de
la formación y de la práctica psicoanalítica que impartía la IPA y de las
sociedades dependientes de ella. Un tiempo después, con un grupo de
analistas, ingresó a la Federación Argentina de Psiquiatras, que agrupaba a los psiquiatras más progresistas. En 1971 renunció a la APA. En
1974 se exilió en México, de donde regresó con el retorno a la democracia.

[229] Itzigsohn, J.A.; testimonio oral; Jerusalén, febrero 1999.

[230] Itzigsohn, J.A.; testimonio oral; Buenos Aires, noviembre 2004.

Psicología. Tuvimos que improvisar un pensamiento, y tuvimos que improvisar una didáctica y una técnica pedagógica para poder llevar adelante esto. Y convergimos personas de distinta concepción psicológica, psicoanalistas, gente que estaba dentro del pensamiento *pavloviano*, gente que estaba dentro de otras corrientes cognitivas y se fue creando por ensayo y error. Y cometimos muchos errores. Uno de los errores fue una hipertrofia de la ideología, no de la ideología política sino de la ideología psicológica y psiquiátrica. Creamos bandos y sub-bandos. Fue el mundo de la hipertrofia, de la pequeña diferencia, Freud se hubiera hecho un banquete con nosotros en aquella época. Y buscábamos con qué poder identificarnos en el mundo[231]".

Los psicoanalistas tenían el camino más trazado. "Los que seguíamos una corriente más cognitiva teníamos que buscar más cosas. Y una de las cosas que yo encontré de enorme valor, a mi entender aún hoy, es el pensamiento de Vigotsky (...) un pensamiento cognitivo en el que entraba mucho de la psicología evolutiva, también mucho de la experiencia de la infancia en la formación del individuo[232]" con vigencia renovada.

Por circunstancias de orden político –curiosamente– es el mismo Itzigsohn quien "introduce" a Vigotsky en la Unión Soviética enseñándolo a psicólogos lugareños sin intermediaciones ya que maneja la lengua rusa por ser su lengua materna. No lo conocían, porque "entonces tenían una concepción muy limitada del mundo psicológico y (...) gente de su propia cultura como Vigotsky, como Rubinstein, como Luria, eran lo que podríamos llamar una especie de vanguardia humanis-

---

[231] Itzigsohn, J.A.; testimonio oral; Buenos Aires, noviembre 2004.
[232] Itzigsohn, J.A.; testimonio oral; Buenos Aires, noviembre 2004.

ta[233]" por fuera de los saberes reconocidos oficialmente. Formaban parte del entorno de la psicología rusa, no de la soviética.

Su ingreso a la Carrera tuvo como objetivo "crear una cátedra de Psicología General que hasta ese entonces era una especie de prolongación de Wundt (...) Y se trataba de introducir algo distinto, y lo distinto fue el pavlovismo en primera instancia, que después resultó insuficiente porque no incorpora los elementos sociales del psiquismo[234]". Una vez instalado en la cátedra y con Antonio Caparrós como adjunto, se vieron en la necesidad de ampliar la propuesta inicial, experimental y clásica, con nuevos saberes y nuevas orientaciones, superadores de la Psicología Pavloviana. Así incorporaron a Rubinstein "que sigue siendo muy importante también hoy y que traduje del ruso porque hablo y leo ruso por mis padres, que eran judíos pero muy asimilados a la cultura rusa. Eso me permitía tener acceso a aspectos de la Psicología rusa menos conocidos que el pavlovismo. Fue el comienzo de una lucha contra un cierto hipersectarismo que había en el Partido Comunista[235]".

Su aporte a la Carrera fueron las líneas que se oponían a aquella Psicología experimental primaria, "las corrientes cognitivas, corrientes psicoanalíticas, tampoco eran un bloque único. Todo era un proceso de búsqueda (...) El proceso de creación de la Carrera no fue la continuidad de algo que ya existiera, sino que fue una búsqueda por ensayo y error, donde algunos recordamos aspectos positivos y también negativos, con actitud crítica retrospectiva. Fue una búsqueda por ensayo y error hasta llegar, no a una conclusión definitiva.

---

[233] Itzigsohn, J.A.; testimonio oral; Buenos Aires, noviembre 2004.
[234] Itzigsohn, J.A.; testimonio oral; Buenos Aires, octubre 2003.
[235] Itzigsohn, J.A.; testimonio oral; Buenos Aires, octubre 2003.

La ciencia no tiene conclusiones definitivas, la ciencia tiene procesos, procesos de desarrollo y tiene métodos. Y nosotros introdujimos, con cierto éxito o no, un proceso de pensamiento (...) Aprender de todos y crear con eso nuestra propia síntesis. Eso, al principio, no lo sabíamos hacer[236]".

En el recorrido por algunos nombres con quienes compartió el momento de su ingreso, menciona a "Marcos Victoria, quien no tenía casi presencia cuando entré. Era considerado como un psicólogo de tipo clásico y su línea no tenía presencia cuando me tocó actuar (...) León Ostrov era más complejo en su posición, pero tampoco era una figura dominante en ese momento. Ellos vienen de antes, mi ingreso es un segundo momento (...) Con Telma Reca conversaba mucho acerca de la Psicología Evolutiva (...) Mauricio Goldenberg es un ser muy querido para mí. Yo fui alumno de él, un estupendo representante de la Psiquiatría Clínica y abierto a todas las corrientes sociales (...) Con Butelman tuve una relación más distante, era una persona más compleja en la relación humana (...) y lo pondría a Bernstein en la misma línea. En ese momento se desarrolla también una línea más del tipo psico-estadística en la que estaba Nuria Cortada (...) y estaba Azcoaga, vinculado al PC, un hombre muy serio en temas de Psicología vinculada a la neurofisiología. Era un personaje muy particular, capaz de estar en una asamblea estudiantil de lo más agitada, hablar y agitarse y, de pronto, había diez minutos de intervalo y estudiaba. Nunca vi una persona capaz de disociar de tal manera[237]".

---

[236] Itzigsohn, J.A.; testimonio oral; Buenos Aires, noviembre 2004.
[237] Itzigsohn, J.A.; testimonio oral; Buenos Aires, noviembre 2004.

La enseñanza y la investigación

"Trabajamos con los materiales que se pudieran encontrar de Vigotsky, de Luria y compañía. Proponíamos en un momento dado la lectura de Pavlov. Yo traduje libros de Pavlov. Proponíamos también lecturas de carácter filosófico general. Los estudiantes de ese entonces, y también seguramente los de ahora, tenían mucha inquietud, era gente muy inquieta. Era un placer estar con ellos (...) poníamos mucho el acento en una concepción que desbordara lo estrictamente profesional [238]*."*

Se hacía mucho desde la cátedra con "un grupo de ayudantes de lujo, de los cuales puedo dar algunos nombres como Duarte, Töpff, Adela [Leibovich de Duarte]. La actual Decana[239] fue ayudante mía (...) y gente que está dispersa por el mundo llevando adelante la psicología, como Liliana Tolchinsky que enseña en Barcelona, Emilia Ferreiro en México, Celia Jacubovich, discípula de Piaget en París, Jorge Colapinto que dirige ahora una escuela en Estados Unidos. Puedo sentirme muy orgulloso de mis ayudantes (...) buena semilla en buena tierra[240]".

Itzigsohn consideró a la investigación como una condición para el desarrollo de la enseñanza. Formaba parte del enfoque didáctico, con mayor o menor nivel de formalidad, desde los proyectos que incluirían la incorporación de instrumental sofisticado hasta prácticas de aula "por ejemplo me acuerdo una: *'¿dónde localizan los alumnos el YO?'* Hacíamos un esquemita de la figura humana, los alumnos tenían que poner una cruz, esa fue una[241]". Incentivó proyectos para desarrollar actividades de

---

[238] Itzigsohn, J.A.; testimonio oral; Jerusalén, febrero 1999.

[239] En referencia a Sara Slapak.

[240] Itzigsohn, J.A.; testimonio oral; Buenos Aires, noviembre 2004.

[241] Casullo, M.M.; testimonio oral; agosto 1999.

laboratorio, donde se pudieran realizar experimentos o demostraciones. "Apoyó mucho eso. Y especialmente el Departamento de Psicología insistía mucho en ese punto, cuando Itzigsohn fue Director, en el año '63[242]. Estas acciones, así como los autores y enfoques que se abordaban en sus clases, formaron parte de la voluntad de establecer un lugar para la Psicología como ciencia, como disciplina científica. Y no sólo por parte de Itzigsohn. También se sumaron otros profesores, como Telma Reca.

El peso de la orientación psicoanalítica aumentó "porque había profesores muy prestigiosos como Bleger, que era muy buen profesor y que le daba un impulso muy fuerte al Psicoanálisis. Y fue cambiando un poco la mentalidad de los estudiantes. Pero había otro polo, más que nada el de José Itzigshon, que tenía Psicología General I y III que le estaba dando otro giro a la Psicología, fundamentalmente con los psicólogos soviéticos. Una figura muy mesurada, muy serena, muy ponderada. De manera que no causaba ni alarma, ni irritación, ni preocupación, sino que se veía que valía la pena. Se promovió en ese momento la traducción de una cantidad de materiales. Acá, en Buenos Aires se publicó *Pensamiento y Lenguaje*[243], en esos años. Y se incorporaron muchos libros de la Editorial de Lenguas Extranjeras de Moscú[244], de manera que los estudiantes de primero y segundo año que tenían Psicología General ya iban teniendo una concepción sobre la Psicología diferente, y eso coincidía con el espíritu que tenía la Universidad de Buenos Aires, que era realmente un espíritu muy reformista[245]".

---

242   Azcoaga, J.; testimonio oral; setiembre 1999.

243   Obra de gran impacto de autoría de Vigotsky.

244   Editorial soviética que editaba libros en todas las lenguas, entre ellas en castellano.

245   Azcoaga, J.; testimonio oral; setiembre 1999.

Al momento de definir la dirección del Instituto de Investigaciones, las líneas teóricas y de investigación se pusieron en tensión. Fue "una lucha política entre los comunistas ortodoxos y la nueva izquierda. Los comunistas ortodoxos me apoyaban a mí y la nueva izquierda, incluida la gente pro-peronista, lo apoyaba a Ulloa. Gané yo, pero alcancé a estar dos o tres meses, porque después vino el golpe de Onganía (...) Cuando pienso en la discusión que hubo sobre quién iba a ser el Director del Centro de Investigaciones (sic), si Ulloa o yo, pienso que gastamos mucha energía inútilmente. Hubiéramos podido ser los dos. La imagen de nuestro trabajo, vista desde lejos no es tan perfecta. Había mucho de un súper ideologismo, y no hablo de un súper ideologismo político, sino de un súper ideologismo psicológico, psiquiátrico, que hacía que la gente se distanciara antes de haber asimilado todo lo que el otro le podía dar (...) Lo veo con ojos más críticos, si fue pluralista no fue lo suficiente[246]".

Estas diferencias, plasmadas ya casi sobre el cierre del período democrático que se quiebra en el '66, tuvieron sus manifestaciones en el Departamento de Psicología, del cual Itzigsohn también fue Director. Se vieron en los programas, en el "contenido de cada materia, en qué poner el acento. Se trabajaba mucho, los equipos de cátedra más que nada. Porque cada titular tenía su feudo. Yo, por ejemplo, no me hubiera metido a decirle a Ulloa o Bleger lo que tenía que ser el contenido de su materia (...) No olvidemos nunca que estábamos creando las cosas a medida que las hacíamos, sobre la marcha[247]".

También estaba presente el tema de las nuevas profesiones, cuál sería el papel del psicólogo "si podía o no hacer Psicoterapia, si el psicólogo podía o no enfrentar al

---

[246] Itzigsohn, J.A.; testimonio oral; Buenos Aires, octubre 2003.
[247] Itzigsohn, J.A.; testimonio oral; Jerusalén, febrero 1999.

paciente solo, ser autónomo. Si tenía que hacerlo en un equipo en cual hubiera también un psiquiatra que pudiera eventualmente medicar, que pudiera aportar más al diagnóstico estrictamente neurofisiológico o clínico psiquiátrico (...) La preocupación era cómo delimitar las profesiones[248]".

Itzigsohn no evadió la cuestión del entrecruzamiento entre lo profesional y lo político, ni la pregunta por si "hacer Psicología era militancia. Porque aclarar los problemas psicológicos debía llevar forzosamente a una comprensión mejor de los problemas sociales y debía llevar a formas concretas de ayuda, Psicología Clínica, Psicología Hospitalaria, Psicología Institucional y más allá, a una metapsicología. Es decir, una forma de ayudar ideológicamente al cambio[249]".

De los aportes que realizó, sus alumnos recuperan que "mucha de la gente que estaba en aquel entonces militaba en política, no todos por supuesto, ni la mayoría, pero muchos militaban en política. Entonces, la ayuda al cambio era a través de su militancia política directa. Pero además había una ayuda específica a través del esclarecimiento que la Psicología podía dar a la relación entre lo social y lo psicológico (...) Porque nosotros queríamos construir una psicología sociológica[250]".

Las múltiples polémicas

"Era una polémica de pares con distintas adscripciones a corrientes psicológicas. Eran como distintas lecturas desde el marxismo. Bleger obviamente hacía particulares esfuerzos

[248] Schneider, S.; testimonio oral; noviembre 2006.
[249] Schneider, S.; testimonio oral; noviembre 2006.
[250] Itzigsohn, J.A.; testimonio oral; Jerusalén, febrero 1999.

para integrar el Psicoanálisis con el marxismo. Eran unos debates... era un debate River y Boca en la Facultad. Pero la mayoría éramos propsicoanalistas y simpatizantes del marxismo. Era más fácil identificarse con Bleger. Itzigsohn quedaba en minoría, pero una minoría respetada. Itzigsohn fue siempre muy respetado[251]."

Por sobre la idea de los estudiantes de un clima de pluralismo, de convivencia de múltiples adscripciones y posibilidades de aprendizaje, "había un sectarismo bastante marcado en la Facultad. Yo he dicho (...) que si hubiéramos sabido hablar en aquel momento, más allá de las diferencias sectarias, hubiéramos podido hacer las cosas mejor. No es que las hicimos mal, pero las hubiéramos podido hacer mejor, más ricas, con más elementos. Incorporar los elementos de Psicoanálisis dentro de la concepción racionalista de la Psicología que venía de la Unión Soviética, incorporar los elementos de Vigotsky o Luria en la concepción psicoanalítica. Se hubiera podido hacer una cosa más creativa[252]".

En ese sentido, Itzigsohn recuerda a "alguien de quien por un tiempo fui rival ideológico en el plano de la Psicología, no en el plano político: José Bleger. Fuimos muy buenos amigos a pesar de que él era un exponente del Psicoanálisis y yo de la Psicología inspirada en Pavlov, que pretendía ser Psicología marxista[253]".

Tampoco resulta excluyente que los estudiantes buscaran sólo la orientación psicoanalítica. "No todos. Además la cosa estaba muy polarizada entre los estudiantes comunistas para quienes el Psicoanálisis era anatema y los estudiantes de la nueva izquierda, que se apoyaban más que nada en el Psicoanálisis. Quiere decir

---

[251] Devries,O.; testimonio oral; octubre 1999.

[252] Itzigsohn, J.A.; testimonio oral; Buenos Aires, octubre 2003.

[253] Itzigsohn, J.A.; testimonio oral; Jerusalén, febrero 1999.

que psicoanálisis sí, o psicoanálisis no, o reflexología sí,
o reflexología no, se mezclaba con comunismo ortodoxo
o izquierda heterodoxa. Hubo una rarísima mezcla[254]. Se
discutía, sobre todo con los estudiantes "si el Psicoanálisis
servía o no[255]".

De allí, la aproximación de muchos estudiantes a
los profesionales e intelectuales que promovían el movimiento de la Psicología Concreta[256], que se proponía la búsqueda de un punto de encuentro propio –nacional[257]– entre los desarrollos de "la práctica psicológica en sus diversos ámbitos y campos y la elaboración teórica de la misma
(...) en respuesta a esquemas y modelos de comprensión
psicológica, elaborados a partir de las condiciones histó-
rico-sociales de países desarrollados, que presentan problemáticas marcadamente diferentes a las nuestras (...)
que se tornan una camisa de fuerza que impide la elaboración y la reflexión crítica sobre nuestra circunstancia[258]"
(Presentación; 1969:10).

Más allá de las discusiones, públicas y privadas, quienes las lideraban se consideraban estrechamente ligados
entre sí, aunque los estudiantes los visualizaran enfrentados. "Ellos nos polarizaron, no nosotros. Los estudiantes necesitaban líderes para distintas concepciones, entonces nos tomaron como líderes y nos polarizaron, pero
nuestra relación real no era para nada polarizada. Ellos
montaron la escena, no nosotros (...) era Boca-River, era
Itzigson-Bleger, pero con la característica de que los diri-

---

[254] Itzigsohn, J.A.; testimonio oral; Buenos Aires, octubre 2003.
[255] Töpff, J.; testimonio oral; setiembre 1999.
[256] Del que participaron, con distintos niveles de compromiso y exposi-
       ción, ente otros, José Bleger, León Rozitchner, Armando Bauleo, Sergio
       Snopik, Hernán Kesselman, Enrique Pichon Rivière.
[257] De allí la propuesta de MAP, Movimiento Argentino de Psicología.
[258] En *Cuadernos de Psicología Concreta*; Año I; Nº I.

gentes de Boca y de River estábamos muy estrechamente ligados[259]. Con estas apreciaciones se diluyen dos imágenes: la del enfrentamiento virulento y la idílica respecto de lo que sucedía en la Carrera.

Ni todo era tan sencillo como algunos testimonios lo recuerdan ni el tema del psicoanálisis tenía límites tan precisos. Sobre esto, con "Bleger hablábamos muchísimo, teníamos una amistad muy cercana, tal es así que cuando él murió hubo un número de la *Revista de Psicoanálisis* dedicada especialmente a él a la cual yo aporté desde fuera del psicoanálisis en base a su intensa lucha para mantener una imagen humana del socialismo. Bleger era de alguna manera lo que podríamos llamar un precursor del socialismo con rostro humano[260]".

Cada uno tenía su orientación, sus preferencias y sus ambivalencias, sus líneas de desarrollo y sus rechazos, su base ideológica, su postura política, "y eso es legítimo. Hay quien se inclina por el Psicoanálisis, hay quien se inclina por líneas cognitivas, hay quien se inclina por líneas experimentales de tipo fisiológico, y cada una de esas cosas es legítima (...) pero no cerrarse prematuramente, no transformar al otro que difiere en enemigo, sino, aprender a escuchar y aprender a aprender[261]".

Los cruces con Bleger por diferencias y por coincidencias fueron múltiples. "Teníamos una afinidad ideológica. Además teníamos una preocupación básica que era lo que íbamos descubriendo ambos del racismo, del antisemitismo soviético, que él descubrió en un viaje a la U.R.S.S. y yo también lo descubrí en un viaje a la U.R.S.S. Él hizo un pronunciamiento público primero, y yo hice un pronunciamiento público después, él se me adelantó,

---

[259]   Itzigsohn, J.A.; testimonio oral; Buenos Aires, noviembre 2004.
[260]   Itzigsohn, J.A.; testimonio oral; Buenos Aires, octubre 2003.
[261]   Itzigsohn, J.A.; testimonio oral; Buenos Aires, noviembre 2004.

yo tuve más dificultades para hacerlo[262]". Quienes fueron espectadores de los acontecimientos coinciden en que "Bleger se va antes. Y entonces Itzigsohn, muy desde la ortodoxia del Partido [Comunista] enjuicia a Bleger por irse (...) Bleger es invitado a visitar la Unión Soviética y vuelve y hay unas reuniones formales, públicas en la Facultad donde él informa. Pero convoca a su casa a grupos de docentes, estudiantes cercanos para darles un informe más privado. Y ahí denuncia el antisemitismo que vio en Moscú. Fue la primera versión que yo tuve de esto. Itzigsohn pensaba que no debía hacerse público esto. Todavía en aquel entonces se pensaba en no darle elementos al enemigo. Pero lo que él nos decía es que estaba alarmado por ese costado del stalinismo. Eso es algo que a Itzigsohn no le gustó. Se separa [del Partido], escribe su libro sobre el judaísmo, se va a Israel (...) Eso ya lo malquistó con el Partido Comunista. De todas maneras él era un hombre muy leal al Partido en esos años. Ingresa [a la Carrera] simultáneamente con Bleger que también pertenece al Partido y es psicoanalista. En aquel entonces en el Partido Comunista, ser psicoanalista era una cosa... a Bleger le mortificaban muchísimo las discrepancias que había en el seno del Partido[263]".

El espacio de la Carrera delimitado como una "tribuna de disidentes[264]" se ve corroborado, porque "posiblemente lo que me podía unir a mí a Bleger tan estrechamente era que ambos éramos disidentes. Caparrós era un disidente. Mucha gente era disidente. No era un juego entre ortodoxos y disidentes sino entre disidentes de la ortodoxia y disidentes de la disidencia y no estoy haciendo

---

262   Itzigsohn, J.A.; testimonio oral; Buenos Aires, noviembre 2004.
263   Töpff, J.; testimonio oral; setiembre 1999.
264   Töpff, J.; testimonio oral; setiembre 1999.

un juego de palabras[265]". Podría pensarse como el reflejo de lo que sucedía en ámbitos más cerrados –organizaciones políticas y sociales– con influencia sobre el curso de los acontecimientos académicos. Los debates, además de las ideas en juego, involucraban a personas con fuerte presencia como el caso del "momento en que Paz y yo estuvimos a punto de ser expulsados del Partido Comunista porque propusimos el ingreso de una figura psicoanalítica relevante, Mimi Langer, que tenía entre sus antecedentes el haber estado en la defensa de la República Española, ni más ni menos. Pero en la medida en que era representante del Psicoanálisis que era una corriente ideológica idealista no era concebible que se incorporara al Partido Comunista (...) Por un pelo nos salvamos de la expulsión, para dar una idea del hiper sectarismo en juego[266]".

Mientras en los lugares de producción tanto política como académica se avanzaba entre acuerdos y desacuerdos, por fuera de los muros de las instituciones se gestaban acontecimientos que iban a cambiar rumbos, y en ciertos casos la amenaza no fue atendida. "Sabíamos que estaban en juego una serie de factores políticos muy negativos, teníamos perfecta cuenta de eso, pero en la Facultad el clima era tan preponderantemente de izquierda que no se percibían los síntomas[267]".

Para unos pocos, La Noche de los Bastones Largos fue una sorpresa. Muchos "no ignorábamos la existencia de Onganía y lo que él representaba, pero no era un elemento de todos los días para nosotros. Creo que se vivía en una sociedad de compartimentos estancos. Para la derecha, Psicología era una mala palabra. En los círculos de derecha, tanto los de 'Boca' como los de 'River', éra-

---

[265]   Itzigsohn, J.A.; testimonio oral; Buenos Aires, octubre 2003.
[266]   Itzigsohn, J.A.; testimonio oral; Buenos Aires, octubre 2003.
[267]   Itzigsohn, J.A.; testimonio oral; Buenos Aires, noviembre 2004.

mos considerados sumamente negativos y peligrosos. Nosotros éramos mala palabra para la derecha, pero lo veíamos como quien ve una nube que está en el horizonte, pero que está allá (...) Cuando se descargó yo estaba fuera de aquí, estaba de viaje por Europa. Recibí la noticia, y desde allí mandé mi renuncia. Tenía información de que los docentes estaban renunciando, me adherí a las renuncias de todos los demás [268]".

Exclusiones, desconfianzas, diferencias en las valoraciones terminan conformando un dispositivo expulsivo no sólo de la UBA, también de los espacios políticos. "Yo salí del partido en el '67, después del *onganiato* y en relación con la Guerra de los Seis Días en Israel. Me piden que firme un manifiesto antiisraelí y yo propongo un manifiesto equilibrado a favor de ambos pueblos. Y eso no fue de ninguna manera aceptado, entonces yo renuncio al Partido[269] cuando ya estaba fuera de la Facultad".

Cambio de mano: psicólogos o estudiantes de Psicología dando clases

"Nosotros éramos en el mismo momento estudiantes que estábamos armando y que estábamos cursando la Carrera. (...) Si habíamos rendido una materia donde éramos sesenta los que cursábamos, el titular tenía dos o tres ayudantes. Al cuatrimestre siguiente que se cursaba esa misma materia por ahí había trescientos alumnos. Entonces, sin renta era muy difícil conseguir ayudantes, y nosotros pasábamos a ser ayudantes. O sea que simultáneamente teníamos dos o tres roles paralelos. Incluso muchas veces estábamos cursando la segunda parte de una materia y éramos ayudantes de la primera, ayudantes-estudiantes, ayudantes de segunda ad-

---

[268]   Itzigsohn, J.A.; testimonio oral; Buenos Aires, noviembre 2004.
[269]   Itzigsohn, J.A.; testimonio oral; Buenos Aires, octubre 2003.

honorem muchos cuatrimestres, muchos. A veces llegaba algún paquete de dinero que nos repartían[270]."

Son varios los factores que determinaron el cambio en la conformación de los equipos docentes. Por una parte la graduación y el avance en la estructura curricular de las primeras cohortes de estudiantes. Por otra las condiciones políticas generadas a partir del golpe de estado de Onganía, la intervención a la Universidad y las renuncias de profesores y docentes. La combinación de ambas con la ampliación de la matrícula, generaba una demanda incrementada de clases, sobre todo prácticas.

Pensar el sentido de los cambios supone varias aristas. Una generacional, por edad y por experiencias, y otra con impacto sobre la formación, dada por ser psicólogo o estar pronto a serlo. En este caso, se trataba por fin de psicólogos –o candidatos– formando futuros colegas.

Esta situación daba una coherencia en la transmisión, en el proceso de enseñar y aprender con la finalidad de la formación de profesionales que hasta entonces no había tenido. Pero cabe recordar que los nuevos enseñantes, formadores de futuros colegas, no habían sido formados por pares de las disciplinas. Esto ponía en juego modelos de identificación, expectativas de futuro y no pocos conflictos teóricos y prácticos.

Había pasado casi una década desde las primeras clases dictadas. Los docentes ya no eran los mismos, tampoco los estudiantes ni sus expectativas.

De la versión de gesta triunfante de aquellos primeros habitantes de las aulas se había pasado a la experiencia de la policía, de acontecimientos internacionales que habían impactado sobre la escena nacional y de un despliegue dentro y fuera de las fronteras del movimiento estudiantil.

---

[270]   Langleib, M.; testimonio oral; Archivo Oral de la UBA; noviembre 1987.

La búsqueda de lugares de pertenencia, referencia y contención hacía atractiva la posibilidad de insertarse en una cátedra, para aprender, para enseñar, para estar en contacto con el campo y con la disciplina a la vez. Era la posibilidad de cumplir con el mandato de continuidad de una línea teórica, o de sostén del discurso de una figura emblemática que ya no estaba o de disrupción e ingreso de nuevas ideas y "pasaban cosas interesantes. Como no había tantos docentes, estábamos casi obligados a ser alumnos-docentes, alumnos-ayudantes, ayudantes-alumnos. Entonces ya en tercer año tomábamos alguna materia de primer año como ayudantes. Esto significaba pertenecer a una cátedra donde de pronto a uno le planteaban 'vamos a investigar'[271]".

Estas circunstancias suponían poner distancias con *cuasi* pares en relación con niveles de conocimiento, formas de plantear exigencias, de evaluar, estilos de convivencia en las aulas, disposición a atender consultas y mientras tanto avanzar en la propia formación con un modelo distinto al que se había aprendido. La cultura institucional la conformaban simultáneamente distintos niveles de exposición con relación al saber, al abordaje de autores, a la proposición de experiencias novedosas, con el fenómeno de la reducción de la asistencia a las clases teóricas, experiencia muy arraigada en las primeras generaciones que podría deberse a un menor atractivo por quienes las dictaban, pero también a otros acontecimientos como el hecho de que cada vez se vendía más información sobre psicología a través de publicaciones y desgrabaciones. Un fenómeno nuevo y en expansión (Danis; 1970).

Por otra parte, aquellos temas que convocaron en los primeros tiempos fueron cambiando, por necesidad o por imposibilidad de abordarlos de acuerdo a las nuevas

---

[271] Bertoni, E.; testimonio oral; julio 1999.

condiciones políticas. Aparecieron las preocupaciones, a partir de las experiencias vividas y del incremento en la matrícula, respecto de cómo serían los psicólogos de las próximas generaciones, cuáles las demandas sociales para con ellos, quiénes serían sus formadores, desde qué posiciones teóricas, con que propuestas didácticas se abordarían los contenidos de la formación (Bohoslavsky; 1970).

Las discusiones acerca del carácter científico de la psicología fueron dejando lugar a los planteos respecto de cómo operacionalizar conocimientos teóricos, cómo profundizar acerca de las técnicas utilizadas tanto en el ejercicio del rol de psicólogo como de formador de futuros profesionales.

Se pudo verificar en ese tiempo la presencia de orientaciones profesionales tanto desde la formación como en las prácticas, en la medida en que eran más los egresados que se fueron insertando en el campo laboral y que se discutía la vigencia de escuelas algunas líneas teóricas y la conexión con otras ciencias.

En los primeros años, había predominado la identificación con un grupo de profesionales y de ideas con definiciones resueltas por fuera de la Carrera. Ahora se imponía poner énfasis en la verdadera identidad profesional con mayor coherencia y compromiso, donde más importante que enseñar parecía ser ayudar a que los alumnos aprendieran a crear conocimientos nuevos en lugar de "parasitar" los viejos. De lo contrario, la Universidad se convertiría en una institución definitivamente conservadora, ya que sólo transmitir conocimientos implicaría transmitir cosas viejas (Bohoslavsky; 1970).

Con todas estas transformaciones, parecía esperable que los nuevos psicólogos tuvieran a su favor elementos que no tuvieron los antecesores, iniciadores de una genealogía. Uno de ellos sería no tener que luchar permanentemente contra fantasías y rumores respecto de qué y cómo sería la profesión y la posibilidad de interrupción de la Carrera.

Los estudiantes ya se cuestionaban otras cosas. Se preguntaban por los campos de trabajo, se cuestionaban falencias de la enseñanza, pero ya no pesaba la incertidumbre por la continuidad (Siquier; 1970).

El cambio de escenario cambió libretos y actuaciones, metabolizó influencias y cedió a los herederos de las primeras acciones para formar profesionales el lugar de figuras de identificación, la responsabilidad de establecer nuevos modelos, de instalar otros valores y sistemas de pensamiento, otras operatorias, otros modos de insertarse en el terreno de las demandas y de las expectativas en relación con el campo *psi*.

Los agrupamientos en defensa de los agrupados

"La Asociación de Psicólogos sale de la Carrera de Psicología, se genera porque nosotros queríamos tener una defensa de la profesión cuando egresáramos. La primera presidenta fue Isabel Calvo[272], después la segunda fue María Rosa Glasserman[273] y la tercera fue Pichona[274] [Ocampo], conmigo como vicepresidenta (...) la consigna era que no había que

---

[272]   Comisión Directiva 1962-1964 Reelecta 1964-1965: Presidente: Isabel Calvo; Vicepresidente: Hebe Friedenthal; Secretaria General: Juana Danis; Prosecretario General: Eduardo Rogovsky; Secretaria de Relaciones Públicas: Rosalía Schneider; Tesorera: Nidia Neira; Vocales: María Teresa Calvo; Adela Leibovich; Noemí Daichman.

[273]   Comisión Directiva 1965-1967: Presidente: María Rosa Glasserman; Vicepresidente: Emma Kestelboim; Secretaria General: Margarita Langleib; Prosecretario General: Noemí Bronfman; Secretaria de Relaciones Públicas: Susana Schugurensky; Tesorera: Ruth Rogovsky; Vocales: Estrella Joselevich, Elías Widuczunsky, Alba Kaplan.

[274]   Comisión Directiva 1967-1968: Presidente: María Luisa Siquier; Vicepresidente: Reina Cheja; Secretaria General: Alberto Hernández; Prosecretario General: Roberto Mazzuca; Secretaria de Relaciones Públicas: Elsa Grassano; Tesorero: Osvaldo Boffa; Vocales: Ricardo Malfé; María de Schust; Carlos Sastre.

dejar los lugares vacíos, que si las 'cabezas' se iban nosotros no debíamos irnos (...) se desata una renuncia masiva desde Exactas que nos arrastra a nosotros, entonces nos vamos (...) En el '67 se renueva la Comisión Directiva de la Asociación y armamos una lista de unidad[275]."

La presencia de asociaciones profesionales en el campo científico y universitario es un elemento de convalidación del poder y del valor de los contenidos sobre los que operan, de las formas de actuar y de la respetabilidad de sus miembros. Las organizaciones corporativas cumplen funciones mediadoras en salvaguarda de la reputación, el prestigio, la autoridad y la competencia, desde un espacio autónomo y con pares. A partir de ellas, no se negocia de individuo a individuo, sino de grupo a grupo, no es una transacción entre un productor particular y otro o un consumidor, sino de productores concurrentes con otros en sus mismas condiciones.

Son grupos con una estructura de relaciones interpersonales en los que se libra el juego ideológico y el debate de ideas y teorías, en los que rige el encadenamiento generacional que muestra "ciclos en donde se cumplen determinados objetivos y se abren también fisuras por donde se cuelan las propuestas diferentes de las nuevas generaciones. Ciclos que se ensamblan y crecen (...) abriendo variadas posibilidades hacia el futuro, pero marcando una cierta direccionalidad que guarda relación con una manera de ser y con [las] inquietudes como profesionales de la salud[276]" (Malfé; 1969:84). Operan para servir a sus adherentes y, por su instalación social, marcan presencia.

---

[275] Cheja, R.; testimonio oral; octubre 2001.

[276] Conclusiones; Mesa Redonda "El quehacer del Psicólogo en la Argentina de hoy"; en Revista Argentina de Psicología; Publicación de la Asociación de Psicólogos de Buenos Aires; Año 1; N 1; Editorial Galerna; Buenos Aires; setiembre; 1969.

La Asociación de Psicólogos de Buenos Aires se creó en 1962, cuando los primeros egresados debían incorporarse al ámbito profesional y laboral, "era una Asociación de lucha más para reivindicar el rol del psicólogo que la actividad universitaria. Si bien había colaborado con la Universidad (...) se comprometió con lo gremial. De hecho, la gente de la Asociación estaba dentro de la docencia así que era un vaso comunicante (...) Era un momento multi-ideológico. Veníamos luchando por la libertad académica y por el pensamiento teórico[277]". Fue la consecuencia lógica de la expansión de la matrícula de psicólogos y de aspirantes.

Estuvo presidida en los inicios por Isabel Calvo cuando el tema de la ley de ejercicio profesional ocupaba y preocupaba a los psicólogos de entonces, cuando las políticas de difusión y visibilidad[278] eran un imperativo para garantizar la supervivencia y la expansión. Más allá de las contradicciones del grupo inicial "siempre fueron luchadores que había que sacarse el sombrero. Luchando por las incumbencias, los derechos de los psicólogos, la inserción de los egresados de Psicología en el ámbito social, profesional, académico, de todo tipo, en Buenos Aires, en las instituciones asistenciales, en todos los ámbitos [279]".

La Asociación y la Carrera compartieron objetivos tendientes a garantizar el futuro desempeño de sus miembros, actuaron como respaldos públicos para ubicar a la profesión fuera del alcance de los competidores. Intentaron convertirse, desde diferentes acciones, en al-

---

[277]   Bertoni, E.; testimonio oral; setiembre 1999.

[278]   Conclusiones; Mesa Redonda "El quehacer del Psicólogo en la Argentina de hoy"; en Revista Argentina de Psicología; Publicación de la Asociación de Psicólogos de Buenos Aires; Año 1; N 1; Editorial Galerna; Buenos Aires; setiembre; 1969.

[279]   Friedenthal, I.; testimonio oral; junio 2002.

gunos casos superpuestas, en administradoras del poder monopólico en el mercado, con un doble propósito: afirmarse como organización y desplazar o eliminar a grupos competidores formados por profesionales de otras disciplinas que intentaban ocupar los mismos espacios.

Así se generaron condiciones más propensas, por efecto de la presión, para el otorgamiento de reconocimientos. En el caso de los psicólogos implicaba una construcción hacia la sociedad, hacia otros profesionales e inclusive hacia las familias de los estudiantes, que no sólo podían no valorar el perfil del nuevo profesional, sino que ni siquiera lo conocían. "Me acuerdo en mi casa. Mi padre se esforzó mucho, mucho para darle estudio a sus hijos. Cuando yo tenía 19 años y estaba en 2° año de Psicología, él estaba frustrado porque hubiera querido que yo siguiera Medicina, como siguió mi hermano mayor. Él era un enamorado de la Medicina. Trabajaba en el Neuropsiquiátrico como empleado, como obrero. Cuando empezó a querer descubrir lo que era mi carrera, un día me esperó de noche y me dijo: `mirá aquí hay una persona en televisión que habla de lo que vos decís, es muy psicólogo.' Y no era psicólogo, era musicólogo. Esto da algunas señales de lo que era la ausencia del conocimiento social. Entonces uno se sentía realmente muy marginado. Y la Asociación la peleaba fuerte por un reconocimiento a la profesión, por no ser subordinado de los médicos, por ser profesionales como otros y no como pensaba un chico del barrio, un amigo de la barra que un día me dijo `¿pero vos que estudiás, mitología?' (…) Lo que era la ausencia de conocimiento, porque la gente no sabía lo que era un psicólogo. No había una imagen por que no había psicólogos[280]".

El campo científico como sistema de relaciones objetivas entre las posiciones adquiridas es un lugar de concurrencia y de lucha y hace depositario de su representación

---

[280]   Devries,O.; testimonio oral; octubre 1999.

a la corporación, delegando en ella su capacidad de "tecnicidad" (González Lenadri; 1999), como evaluadora de los productos y debates entre colegas de una misma profesión. También pone en juego combinaciones de elementos cognitivos, normativos y actitudinales en relación con la opinión pública y las políticas estatales. Esto era crucial para los jóvenes graduados por tratarse de "una profesión incipiente, que apenas estaba empezando a ser reconocida, y había sido muy cuestionada, sobre todo en el ejercicio de la clínica (...) fue un gran debate conducido, me parece que acertadamente en la Asociación de Psicólogos (...) Pienso que las cosas hubieran sido muy diferentes en el caso de que las decisiones hubieran sido distintas[281]".

La APBA va a funcionar en estrecha relación con la Carrera en la discusión de políticas, en la co-planificación de acciones y en la defensa de espacios considerados propios de los graduados dentro y fuera de la Universidad. Recién en 1970 aceptará por primera vez entre sus asociados a egresados de universidades privadas, habida cuenta del peso numérico que iban adquiriendo y de la necesidad de aglutinar fuerzas para conseguir reivindicaciones de cara al futuro.

Los psicólogos no tenían delimitadas sus funciones por parte del Estado. La universidad sólo les otorgaba un diploma de carácter académico. Por otra parte, el ejercicio de su profesión quedaba sujeto a normas resultantes de leyes y reglamentos indeterminados que generaban problemas legales y por lo tanto prácticos. Se planteaban aspectos fundamentales del quehacer del psicólogo vinculados a la planificación, la fijación de políticas y elaboración de estrategias en Salud Mental, así como también tareas de psicohigiene, psicodiagnóstico y psicoterapia institucional y privada. Enfrentar individualmente esta situación u otras que se iban generando por expansión

---

[281] Mazzuca, R.; testimonio oral; mayo 2002.

numérica de graduados, estudiantes y espacios profesionales, hubiera demandado un esfuerzo limitante de toda otra acción. Asociarse significó delegar el enfrentamiento en un conjunto de pares organizados e investidos para hacerlo, interesados en lograr los objetivos, si no el éxito, por lo menos la instalación del tema, pensando que muchas veces el contrincante era una organización, suma de voluntades y hasta podía ser el propio Estado.

Los agrupamientos mantienen su cohesión en la medida en que los conocimientos científicos acumulados se incrementan, los espacios laborales se ocupan, los modos de acreditación y validación de saberes se formalizan y como consecuencia de todas estas maniobras, se eleva el grado de homogeneidad de sus miembros. Consecuentemente, se hace más exigente el derecho de entrada al grupo por incremento de la competencia a la vez que se fortalece tanto la percepción de la necesidad de las intervenciones como la autopercepción respecto de un ejercicio profesional.

Los primeros psicólogos sentían que la creación y el avance de las nuevas carreras desafiaba la capacidad de respuesta de los universitarios frente a la sociedad y que a medida que se fueron capacitando profesionales se motivaba la demanda a especialistas. Esto era responsabilidad básica de la Carrera.

Del fortalecimiento del rol debían ocuparse la APBA y otras organizaciones –algunas interdisciplinarias– que aparecieron con el tiempo, preocupadas por el resultado de la combinación entre formaciones académicas, estrategias ocupacionales, políticas, programas gubernamentales y cambios en la opinión pública.

Pero en un punto ambas organizaciones compitieron entre sí. Y fue en la asignación y distribución del prestigio social, que obligó a revisar sus funciones, ya que por un lado, las Facultades y en este caso la de Filosofía y Letras se vieron sometidas a un acelerado proceso de diferenciación y especialización en actividades que hasta entonces les habían sido ajenas o no tradicionales[282] al tiempo en que sus egresados se integraban al campo profesional sin avales históricos. El paso del tiempo, las muestras probadas de competencia en terreno, la legitimación del pasaje del entrenamiento a la práctica profesional hicieron que las acciones defensivas resultaran menos necesarias.

Esa podría ser una de las explicaciones del alejamiento de la APBA respecto de la Carrera, que desde un primer momento actuaron en coordinación y recíproco apoyo, sobre todo, por la especial importancia en el momento fundacional de la elaboración de códigos éticos y de su ajuste a través del tiempo y en relación con las demandas (González Leandri; 1999).

¿Cómo se hizo de la Psicología una profesión?

La Psicología se hizo profesión al mismo tiempo que se hacían los profesionales que de ella se ocuparían.

Una profesión es una forma de organización social y de conocimiento y un profesional es quien forma parte de esa organización por derecho adquirido a través de una formación prolongada y sistemática, un entrenamiento constante, la validación por parte de pares experimentados y por las posibilidades de incluirse en el mercado de trabajo.

En su conjunto, profesión y profesionales adquieren el monopolio sobre un recorte del saber, sobre un conjunto de actividades y sobre la formación de sucesores por identificación con sus precedentes.

---

[282] Especialmente por la distancia entre la expectativa profesionalista de los estudiantes y la propuesta académica de la institución.

Para el caso de la psicología como profesión estas condiciones fueron resultado de una construcción compleja y simultánea. El recorte del saber disciplinario podría considerarse preexistente, pero en manos de otros profesionales. Otro tanto sucedía con las actividades.

La formación de sucesores fue un punto de inflexión. Profesionales originarios de otras formaciones fueron convocados para constituir una nueva "especie", no sucesores en el sentido lato de la expresión, sino sucesores desde la diferencia, desde otra profesión.

El espacio de formación también planteó dificultades. Se trató de una Facultad, Filosofía y Letras, con una larga tradición académica, que debió incorporar en su urdimbre de producciones la de profesionales, con otras expectativas y con otras incumbencias. Allí también debió vivirse el proceso –más simultaneidades– de recortar conocimientos para constituir un campo académico que a su vez fuera instituyente de saberes, actividades y modos de transmisión.

Fue necesario reconocer y diferenciarse de otros operadores, psiquiatras y psicoanalistas. Esto aconteció en medio de limitaciones no sólo consuetudinarias y por tradiciones, también legales, como las que impuso la Ley Carrillo y otras conexas como las decisiones que en distintas oportunidades tomó la APA.

Frente a ellas y a la necesidad de afirmarse, los nuevos profesionales se dieron sus estrategias defensivas y su máxima representante fue la APBA, que además asumió relaciones con la Carrera y la Facultad, así como con otros organismos públicos y privados. También se dio su órgano de comunicación desde 1969, la Revista Argentina de Psicología, que tuvo la particularidad de ser la primera forma de expresión sistemática de los psicólogos, de sus ideas, de sus cuestionamientos.

La conformación de una profesión fue todo esto, fueron tendencias encarnadas en personas, transmisión de saberes e instalación de rituales. En el caso de la de los psicólogos exigió un trabajo adicional que fue la búsqueda de igualarse pero a la vez diferenciarse. Igualarse desde el contenido, diferenciarse desde el campo de operaciones. Y esto porque los primeros enseñantes no fueron psicólgos.

Hubo –y hay– quienes se atribuyen el lugar de voceros de la historia y de la generación a la que representan. Y hubo figuras relevantes que ayudaron a marcar caminos y a abrir debates. No fueron pocas. No todas tuvieron la misma trascendencia.

El recorrido por testimonios y documentos posiciona en los primeros lugares, por el impacto que produjeron, a José Bleger y a José A. Itzigsohn. Junto a ellos, figuran nombres de docentes de los primeros tiempos como los de Enrique Bernstein, Jaime Butelman, Telma Reca, Nuria Cortada de Cohan, Juan Azcoaga, David Liberman, Mauricio Goldenberg, Rafael Paz y los equipos de sus respectivas cátedras. Los dos primeros son paradigmáticos, por su juventud entonces, por la impronta que marcaron, por la amplitud de temas que abrieron y por su carisma.

Desde qué sería la psicología para los psicólogos como profesión, hasta las relaciones entre psicología y psicoanálisis, psicología y reflexología, psicología y marxismo, la cuestión de la militancia, la opción entre reforma y revolución, fueron ejes que junto a los contenidos de la disciplina estuvieron presentes en ellos y en el vínculo con sus alumnos.

El recambio generacional, que también fue profesional, marcó un viraje definitivo en la formación de los profesionales de la psicología. Por fin hubo psicólogos enseñando a psicólogos, figuras que fueron asomando desde su lugar profesional y estableciendo un modelo de identificación que fue transformándose en el tiempo.

Capítulo IV
Cómo se hizo de la Psicología una práctica

Profundizar las relaciones entre la Universidad y la sociedad.

"Mi papá se sentó un día conmigo y me dijo:
-Esta Carrera no existe. ¿Qué vas a hacer con eso después?
-No lo sé, pero algo vamos a hacer.
Y esa respuesta tenía mucho que ver con lo que después pasó.
Tenía muchas implicancias para nosotros, unidas a expec-
tativas de poder hacer algo, un granito de arena aunque
sea, que tuviese que ver con cosas comunitarias y sociales.
Muchos de nosotros trabajábamos en lo asistencial –de pin-
ches, por supuesto– o en cosas hospitalarias, no sólo psicote-
rapéuticas. Desde un principio fui varios años a Isla Maciel,
ayudando a estimular actitudes hacia el aprendizaje, hacia
la participación grupal (...) también hacía Clínica en Isla
Maciel, supervisábamos, hacíamos prácticas de todo[283]."

La preocupación por desarrollar experiencias que ar-
ticularan docencia, extensión, investigación y teoría con
práctica con sentido social en la formación de graduados
universitarios fue una marca de época. Esta propuesta
involucró a una cantidad considerable de estudiantes
y graduados, entre ellos los originarios de la Carrera de
Psicología, que asumieron roles protagónicos.

---

[283] Joselevich, E.; testimonio oral; julio 1999.

En diciembre de 1957, cuando Risieri Frondizi se hizo cargo del Rectorado de la UBA, anticipó su propuesta programática sostenida en la puesta al día de planteos de la Reforma del '18. Contemplaba la institucionalidad apoyada en la transformación del gobierno universitario junto al intento de alejar a la institución del modelo reproductor de saberes, distante de las necesidades sociales. Se inauguraba una etapa de transformaciones que atravesaron todos los estamentos de la vida universitaria, apoyada en el análisis de los principales problemas universitarios y sociales y en la búsqueda de las mejores vías para enfrentarlos. En su diagnóstico, atendiendo tanto al entorno como al lugar de los graduados –y por ende también de los estudiantes- planteaba que "el hambre, la miseria y la enfermedad que padece nuestra América confieren a la misión social [de la Universidad] una dimensión que no tienen las anteriores (...) Ésta es, sin duda, la misión más descuidada entre nosotros, aunque una de las más importantes (...) Hay miles de universitarios que no ven la necesidad de que se preste especial atención a esa tarea. Creemos exactamente lo opuesto: si la Universidad no desempeña su misión social, las tres misiones anteriores[284] pierden buena parte de su valor y sentido" (Frondizi; 2002:247).

Con ese marco, y en lo que respecta a las funciones básicas de la Universidad, se desplegaron acciones de investigación y extensión con la propuesta de impactar puertas afuera de las instituciones académicas. Se recorrerán algunas, señalando el lugar que en cada caso ocuparon estudiantes, docentes y graduados de la Carrera de Psicología. Tres de ellas tuvieron dependencia directa del Rectorado a través del Departamento de Extensión

---

[284] En referencia a lo que Risieri Frondizi consideraba las misiones específicas de la Universidad: preservación del patrimonio cultural, investigación científica y formación de profesionales.

Universitaria. Las otras dos se desarrollaron en servicios hospitalarios.

Estas experiencias sitúan prácticas en contextos, incluyendo un sentido que aparece con reiteración en los testimonios y es el de la práctica cercana a la militancia, en la proximidad entre lo académico, lo social y político. Si bien funcionaron como espacios de práctica en relación con el concepto de Extensión Universitaria[285] no todas las que aparecen bajo ese rótulo lo son genuinamente.

Las que se ajustan a la definición estatutaria y tuvieron dependencia directa del rectorado de la UBA son el Departamento de Orientación Vocacional, el Departamento de Edad Evolutiva y las experiencias que se desplegaron en Isla Maciel en concurrencia de esfuerzos con la Municipalidad de Avellaneda. Las otras fueron espacios que mantuvieron una relación informal pero intensa con la Carrera de Psicología y que funcionaron en hospitales como el de Niños –Sala XVII a cargo del Dr. Florencio Escardó– y el Aráoz Alfaro de Lanús –Servicio de Psicopatología a cargo del Dr. Mauricio Goldenberg–, que cumplieron funciones de extensión y que se constituyeron en escenarios en los que se actuó la polémica vinculación entre médicos, psiquiatras y psicoanalistas, aunque con características diferentes en cada uno.

El Departamento de Orientación Vocacional y el de Extensión Universitaria con sede en Isla Maciel, por las características específicas de las tareas desarrolladas, dieron lugar a desarrollos profesionales y de prácticas regladas por lógicas diferentes a los que estuvieron emplazados en hospitales.

---

[285] El Estatuto Universitario aprobado en 1958 establecía en el Artículo 74 "La Universidad, mediante la extensión universitaria, participa de la responsabilidad de la educación popular. Coordina tareas de extensión universitaria mediante un organismo adecuado a la función".

Los participantes reconocen la intensidad de las tareas: "todos lo días a las seis o siete de la mañana con la comida, la leche, a llevarle a los chicos de la Villa (...) con los muchachos de mantenimiento (...) Se trabajaba las 24 hs[286]". Recuperan acciones y formaciones que delimitaron espacios novedosos para la experiencia universitaria y para sus estudiantes y graduados "como la posibilidad de (...) un trabajo de tipo extracurricular, específicamente en recuperación de chicos de la Villa de Dock Sud. (...) y nosotros éramos los maestros que hacíamos el trabajo, inclusive con formación de gente de Francia para este tipo de proyecto diferencial (...) de concentrar a los chicos de la villa en un ámbito que era una escuela, Escuela Especial de Dock Sud, tutoriada por la Universidad (...) visitas a la familias, propuestas de oficios y propuestas de actividades recreativas y de reforzamiento del aprendizaje (...) Un trabajo muy interesante (...) muy duro[287]".

También es recordada por los testigos de época y sobre todo por sus protagonistas la acción que se desarrolló en la Villa de Retiro desde la cátedra que tenía a su cargo el Dr. José Bleger.

Cada uno de estos espacios se fue perfilando con características diferentes. Incidió de modo particular el impacto de su fundador o de sus primeros protagonistas y tomaron un formato que podría pensarse a imagen y semejanza de su gestor, con relación a sus características de personalidad, formación, mirada sobre la profesión propia y sobre la que se estaba iniciando, sobre los usuarios y su vínculo con la institución universitaria.

En algunos casos, el eje estuvo puesto en la prestación de un servicio asistencial, en otros en intervenciones sobre la comunidad en general, en la producción de

---

[286]   Franco, J.; testimonio oral; junio 2002.
[287]   Bertoni, E.; testimonio oral; setiembre 1999.

objetos materiales, o la combinación entre todas estas posibilidades.

Quienes se sumaron a la propuesta encarada por Frondizi –pero no solamente suya– vivían un particular clima de optimismo que "no sólo expresaba la creencia de que se estaba frente a una oportunidad histórica, sino que ese optimismo también se reforzó con las posibilidades que ofrecían los nuevos saberes de las Ciencias Sociales, pero sobre todo con la promesa transformadora que acompañaron las nuevas tecnologías de la ingeniería social" (Suasnábar; 2004:51) encarnadas en los jóvenes profesionales y en los futuros graduados. Estos no sólo se sintieron actores de un nuevo escenario de debates y acciones políticas y sociales, sino que incorporaron una nueva versión de la figura del docente, del intelectual y del "especialista", aquilatado por la centralidad que adquiría la Universidad y por la posibilidad de materializar transformaciones que se venían madurando en los últimos años, demoradas durante el gobierno peronista (Suasnábar; 2004).

La función social de la Universidad

> "La Extensión Universitaria existe porque existe la injusticia y las reparaciones no hay que hacerlas en general; hay que hacerlas en sistemas concretos (...) Como la estructura social es injusta, sólo estudian unos poquitos (...) al ser elitista se genera una situación de injusticia (...) Entonces, la Extensión sería una expresión política, una saludable respuesta moral[288]."

---

[288] de Vedia y Mitre, L.; testimonio oral; en Brusilovsky, S.; 2000; Extensión Universitaria y educación popular. *Experiencias realizadas. Debates pendientes*; EUDEBA; Buenos Aires.

A partir de 1956 comienzan a legitimarse y a regla-
mentarse en la estructura del rectorado de la UBA un conjunto de actividades que se habían ido extendiendo como
una práctica cultural emergente, no contempladas formalmente por los proyectos universitarios, promovidas
por grupos políticos y sociales de los que participaban estudiantes y graduados. Con este proceso fue abandonan-
do el carácter voluntarista de algunas de ellas y conformando una compleja organización con incidencia en las
unidades académicas.

La consideración de la función social de la Universidad
adquiría un sentido específico, el de la práctica en contacto con las necesidades del medio social y en especial con
los sectores populares, con la premisa de articular con
el saber popular y no colonizarlos (Brusilovsky; 1999).
Ese sentido asignaba una relevancia particular la acción
pedagógica considerada instrumento para la transformación de una sociedad injusta, dividida en clases con
intereses antagónicos, en la que los sectores populares
serían los destinatarios prioritarios (Brusilovsky; 1999).
Para su implementación fue una exigencia articular la
acción de un conjunto amplio de organizaciones sociales
existentes y la creación de nuevas, que condujeran a otra
forma de vida, cooperativa e integradora, ubicando a la
Universidad en el centro de la estrategia.

Desde estos presupuestos se explica la relevancia de
la creación del Departamento de Extensión Universitaria,
dependiente del Rectorado de la UBA. A partir de ella, se
organizaron actividades desarrolladas en sectores populares urbanos, que se constituyeron en un punto signifi-
cativo para el proyecto de reforma y modernización de la
universidad, sobre todo con relación a la función social
que debía cumplir y que albergó las primera experiencias
de inserción en el campo profesional de estudiantes de

casi todas las facultades, con una particular relevancia para los de las ciencias sociales.

Las acciones fueron planteadas como respuesta a las críticas que algunos hacían a la estructura universitaria de vivir fuera de la realidad argentina, cuando para otros, en ningún lugar se discutía y analizaba esa misma realidad tanto como en la Universidad.

Los debates entre el decir y el hacer ponían de manifiesto tensiones entre distintos grupos de estudiantes-militantes. Algunos se referían a la universidad enclaustrada, otros a la universidad militante y entre ambos se ubicaban los que adherían a la universidad partícipe, apoyada fundamentalmente por los defensores de los postulados reformistas.

Estos se oponían a la idea radicalizada de universidad militante, invadida por las necesidades sociales, que reproducía todos los conflictos del mundo circundante. En este contexto, sostenían, la tarea científica desaparecía. Defendían la forma de universidad partícipe, ni militante ni enclaustrada, considerando los problemas cotidianos como temas científicos (Medina Echavarría; 1963).

La nueva gestión no sólo apuntaba a la apertura con acciones que le dieran a la institución un nuevo perfil. También criticaba la relación con la sociedad desde la premisa de que no había formado los profesionales que el país necesitaba. Entonces "existía un convencimiento según el cual una de las funciones de la Universidad era la de influir en la estructura social del país del cual formaba parte y ser un órgano de cambio social. Lo dice explícitamente aquel estatuto universitario[289]. Se daban cursos y se orientaba con respecto a esas cuestiones, lo cual era

---

[289] Establece el Estatuto Universitario aprobado en la sesión de la Asamblea Universitaria el 8 de octubre de 1958 y que entró en vigencia el 23 del citado mes y año:

una actividad de los estudiantes y de los graduados, pero también se daban cursos de postgrado sobre estos temas. Había investigadores que se ocupaban de temas sociales o culturales tales como (...) Isla Maciel o sobre los libros de EUDEBA. Esa actitud también fue innovadora y nos costó cara en su momento" (Klimovsky; 2003:137).

Si la misión social consistía en ponerse al servicio del país, de las diferencias y de las carencias, la Universidad debía proponer una variedad de acciones no circunscriptas a la atención de las necesidades inmediatas, debía calar más hondo. Tenía que asumirse como factor de cambio frente a una realidad considerada dramática, aceptar una multiplicidad de requerimientos y la imposibilidad de atenderlos a todos, esclarecer el sentido y alcance de la misión social, contar con diagnósticos precisos del medio y evitar que se malgastaran energías.

V.- La Universidad, además de su tarea específica de centro de estudios y de enseñanza superior procura difundir los beneficios de su acción cultural y social directa, mediante la extensión universitaria. Bases:

Art. 4º.- Los Departamentos mantienen la cooperación científica y de material de enseñanza y de bibliografía entre las cátedras que los forman. A través de los Departamentos se coordina la enseñanza, se orienta la realización de trabajos de investigación y de seminario y se organizan cursos de extensión o perfeccionamiento. La Dirección del Departamento está sujeta a renovación periódica, en conformidad con las reglamentaciones que las Facultades proponen al Consejo Superior de la Universidad. Título I. De las Facultades, las escuelas, los Departamentos, la enseñanza y la investigación. Capítulo I.

Art. 26.- Son tareas específicas del personal docente la enseñanza, la creación intelectual y, eventualmente, la extensión universitaria y la participación en el gobierno de la Universidad y de las Facultades en conformidad con lo que prescribe el presente Estatuto. La Universidad tiende a que la dedicación exclusiva y la dedicación semiexclusiva sean el régimen normal de trabajo del personal docente. Título II. Del personal docente y de investigación. Capítulo I.

Art. 74.- La Universidad, mediante la extensión universitaria, participa de la responsabilidad de la educación popular. Coordina las tareas de la extensión universitaria mediante un organismo adecuado a esta función. Título III. De la función social de la Universidad. Capítulo único.

A partir de los datos y del alcance conceptual de la función social de la universidad, se podría pensar en la elaboración de propuestas con acciones sistemáticas, modalidades técnicas cada vez más complejas y profesionalizadas, que reemplacen a los voluntarios, sin dejar de lado la tradición del vínculo con la comunidad y sin olvidar las tareas políticas que le caben (Halperín Donghi; 1962).

Teorías y prácticas para discutir el concepto de Extensión

"Extensión formaba parte de otras experiencias todo a lo ancho de la Universidad (...) Y había algo en el país que también era un espacio constructor de este tipo de experiencias que suponen la identidad de la militancia, de gente capaz de construir cosas en situaciones adversas y una vez que las construye, no apropiárselas[290]."

La Reforma del '18 señalaba a las tareas de Extensión como una de las funciones centrales de la Universidad. Respondía a la concepción vigente respecto de la relación que los intelectuales y las instituciones académicas debían establecer con su medio, asumiendo la intervención política como una forma de actividad intelectual (Suasnábar; 2004).

En este contexto, la función de Extensión se incorporó a la práctica universitaria en la segunda mitad del siglo veinte, destacando que los valores que la orientaban eran la solidaridad con los trabajadores y la confianza en la acción emancipadora del conocimiento y en los principios

---

[290] Marín, A.; testimonio oral; en Brusilovsky, S.; 2000; *Extensión universitaria y educación popular. Experiencias realizadas.* Debates pendientes; EUDEBA; Buenos Aires.

de democratización epistemológica (Brusilovsky; 2000).
Se trataba de generar conocimiento científico y técnico
incorporando a la mayoría posible de la población en su
construcción en oposición a la parcialidad de la producción académica que excluía producciones de otros sectores sociales (Brusilovsky; 1999).

De todos modos, las ideas no eran homogéneas entre
los participantes de las experiencias, ni en cuanto a definiciones, ni a las condiciones institucionales necesarias
para el desarrollo de la Extensión, ni a los tiempos y al
ordenamiento de los procedimientos. En general, había
concurrencia en los propósitos de consolidar un formato
que se sustentara en el gobierno democrático de la institución y en la productividad de las cátedras. Mientras
algunos sostenían que primero había que organizar la docencia y la investigación y luego vincularse con el exterior,
otros planteaban que la democratización debía ir en ambas direcciones simultáneamente y sólo sobre la base de
una práctica social comprometida se podría modificar la
vida interna de la Universidad (Brusilovsky; 2000).

En cualquier caso, la articulación entre docencia,
investigación y extensión se afirmó como la piedra angu-
lar de las acciones, impulsando además la idea de que la
dedicación exclusiva al trabajo universitario era una herramienta fundamental para la consolidación de los cambios. Se procuraba instalar la certeza de que la Extensión
era un componente indispensable de la gestión universitaria, no sólo de la UBA. Es así que en abril de 1956 se
realiza en Buenos Aires la primera Reunión Nacional de
Extensión Universitaria, con la presencia de representantes de todas las Universidades del país y delegados de muchos centros de estudiantes.

Los debates destacaron los procesos de reforma y
modernización universitaria y la valoración de las prácticas académicas en relación con la transferencia del

conocimiento a la sociedad. Se discutió allí y también en los organismos de decisión y de gestión de la UBA, la tensión que se generaba entre la investigación y la transferencia de sus resultados, con el propósito de llevar los límites de la comunidad científica más allá del aula o del laboratorio, de vincular una demanda externa con el conocimiento.

Las matrices constitutivas de la práctica

"La participación del alumno tiene que venir a partir del conocimiento, no puede ser sin sustento (...) Yo creo que si uno después de 40 años recuerda estas cosas es porque son tan fuertes (...) primero la observación. Íbamos con una guía (...) Después hablábamos con la gente (...) Íbamos a ver los distintos cuadros que se habían presentado en las clases teóricas. Esto es lo que yo me acuerdo. Realmente para mí fue muy impactante. Era el comienzo[291]."

Los espacios sociales con necesidades particulares son el campo propicio para el entrenamiento práctico de saberes, de acciones y capacidades específicas. Son lugares en los que sujetos con formaciones reconocidas sobre las personas, las normas, las tradiciones y las culturas preexistentes pueden aportar y participar en la producción de cambios.

En campos recientemente establecidos o en construcción –como en el caso de los estudiantes y graduados de la Carrera de Psicología– la legitimación de los conocimientos es simultánea con los procesos de instalación y de adaptación de saberes. Las maniobras de instalación y adaptación en algunas ocasiones establecen distancias importantes entre las expectativas y la realidad,

---

[291]   Bronstein de Lapidus, R.; testimonio oral; julio 1999.

como lo señalaba Florencio Escardó en relación con el ingreso a la Villa de Isla Maciel de estudiantes y profesionales que debieron aceptar códigos y formas que no habían sido ni discutidas ni ensayadas. Un ejemplo ilustrativo lo fueron "las médicas que en ese momento iban con tacos, medias y polleras (...) `Doctora pase' Y había que entrar por los pasillos de la villa, los tacos metidos en el barro, mientras Escardó está sentado, limpiando los gusanos de los pies de los chicos (...) y los muchachos que iban con traje, con el guardapolvo blanco arriba, con la botamanga embarrada[292]".

A los estudiantes y recientes graduados de la Carrera de Psicología se les sumaron a las adaptaciones, la búsqueda de reconocimiento para un perfil profesional y ocupacional nuevo y la lucha por instalarse en lugares ocupados por otros, con quienes compartían y disputaban el campo disciplinario. Estaba en cuestión la pertinencia de las actuaciones, el ajuste entre los objetivos y las tradiciones y las posibilidades de los actores de intervenir a partir de su formación y de las expectativas propias y ajenas. La condición para el éxito fue la presencia de "gente muy aguerrida, muy de lucharla, con buenos respaldos que nos ayudaban (...) por ejemplo un Goldenberg, un Escardó, en hospitales, Telma Reca, con su línea (...) del lado de la Medicina. Lo mismo podría nombrarte del lado de Educación, gente que dio lugar (...) no estábamos los psicólogos solos. Éramos los psicólogos en una *equis* inserción (...) gente que trabajó con Goldenberg en Lanús (...) en 'el Niños' (...) la gente que hizo tanta experiencia, trabajo comunitario (...) Extensión Universitaria[293]".

La inclusión efectiva en un espacio de acción no se sostiene solamente en el conocimiento de las nece-

---

[292] Franco, J.; testimonio oral. junio 2002.
[293] Joselevich, E.; testimonio oral; junio 1999.

sidades y de la normativa. Requiere de la capacidad de crear conductas que no violen las reglas preestablecidas, se ajusten a las posibilidades de las personas y a los requerimientos del medio, que sean aceptados por anteriores habitantes. Y para ello son necesarias transmisión y práctica, la posibilidad de tomar decisiones y ponerlas a prueba, y en cada sujeto esta condición se activa de manera diversa. No alcanzaba con "crear una Carrera donde los contenidos fueran aceptados por Filosofía y Letras, cuando todavía para Filosofía y Letras, Psicología era una práctica vinculada a Filosofía[294]". Era necesaria la aceptación por parte de los usuarios o consumidores de la misma, y "la creación de las Carreras de Psicología, de Sociología y otras, aparecen en este contexto como de tremenda importancia para el proyecto reformista de la nueva Universidad[295]".

Se trataba de una combinación de pensamientos, actuaciones, percepciones y sentimientos que estructuraron, en su conjunto, condiciones materiales de existencia y disposición para conducirse en una situación particular, respuestas reflexivas y pertinentes a demandas y conseguir aprobación de los demandantes. Pero también de un canal de comunicación entre el campo académico y lo circundante, entre cómo se ve el afuera desde su interior, y cómo desde el exterior se valoran las producciones y las posibilidades de reproducir las estructuras consolidadas en otros espacios.

Para el caso de los jóvenes graduados de la Carrera de Psicología o sus estudiantes, se requería además la legitimación profesional por parte de otros ya instalados en el espacio en el que los problemas se presentaban y la búsqueda de un espacio propio y diferencial.

---

[294] Bertoni, E.; testimonio oral; setiembre 1999.
[295] Duarte, A.; testimonio oral; diciembre 2001.

En su conjunto, todas conformaron un modo de ordenamiento de sujetos y acciones que se establecieron como estructurantes hacia el futuro, hacia sucesivas experiencias y próximos ejecutores.

La inclusión en una serie

"Es una historia viva, mechada con cosas anecdóticas que no son muy importantes o son muy personales, pero interesaban para el momento. Lo que interesaba (...) en el momento, en el medio en el cual esto ocurría, era lo que estaba pasando (...) Desde la librería de enfrente (...) o el café Viamonte, donde no íbamos nosotros que éramos jóvenes, iban los más grandes de Filosofía (...)hasta el Coto, que era un café nuevo donde íbamos los jóvenes, los chicos[296]."

Hay diferentes modos de incluirse en un campo académico y de acciones. Uno más informal, no reglado, facilitado por vínculos "amigables", socializante aunque no acreditante. Y otro más formal, producto de un proyecto pedagógico, dentro de un marco institucional, con objetivos y criterios de evaluación que traen consigo la aceptación de un orden preestablecido y una normativa reguladora.

La institución educativa adquiere la doble responsabilidad de hacerse cargo de las acciones pedagógicas de capacitación y habilitación y de reproducir los *habitus* a partir de los que se ejercerán las funciones, en este caso, profesionales. La transacción entre enseñar y aprender es la garantía de la adquisición de una cultura y de un conjunto de competencias que determinarán los modos de incluirse en un campo, de actuar en él, de dejar marcas fundantes. Resignifica teorías y prácticas que se transmiten a nuevos miembros que buscan espacios de

---

[296] Bertoni, E.; testimonio oral; setiembre 1999.

despliegue y de contención en espacios ya validados. "No había uno de nosotros que no estuviera o en el Lanús o en un Centro de Salud, o en el Servicio de Telma Reca de la Universidad, o en dos de los servicios, o en el Borda. No se entendía la posibilidad de trabajar sin estar en un hospital. Era para formarse y además para servir, una vocación de servicio[297]".

La institución educativa, para las nuevas profesiones, además de capacitar debió suplir lo que en otros casos se adquiere como herencia cultural, el "pase de testimonios". Establecer una cadena de transmisión-habilitación para un desempeño, crear condiciones para la emergencia y la afirmación de un nuevo grupo en un campo ya constituido. Definir los modos de adquisición de una cultura propia y de la recuperación de huellas experienciales, al tiempo que se construyen nuevas formas operatorias. Tuvo que articular el aprendizaje por herencia con el aprendizaje por enseñanza formal, el de los usos y el de los conocimientos acreditados. El primero recupera el sentido de las prácticas, el saber acumulado frente a problemáticas específicas en un espacio y un tiempo determinado. Refiere a situaciones puntuales, a experiencias exitosas, establece una lógica propia que no necesariamente coincide con la lógica "científica" de la disciplina.

La conjunción entre ambos se encuentra en una cultura totalizadora, en la relación de teoría y práctica, entre el especialista con su objeto de estudio y quien participa de las acciones que el primero analiza, con sus urgencias y desenlaces. La dinámica de la práctica y de las actuaciones de quienes en ella participan, se comprenden desde las posiciones relativas que ocupan los distintos grupos o individuos y las relaciones que establecen entre ellos, al tiempo que conforman una subjetividad particular y situada.

---

[297]   Calvo, M.T.; testimonio oral; Archivo Oral de la UBA, octubre 1987.

En el caso de los espacios de práctica abiertos a los procedentes de la Carrera de Psicología, implicó acotar los espacios físicos y su dependencia funcional e institucional, las acciones realizadas por sus anteriores habitantes, los lugares previstos para nuevos perfiles, los intereses en juego, las demandas y las expectativas sociales, la presencia de figuras relevantes y el tipo de vínculo que establecieron con los más jóvenes.

El Departamento de Extensión Universitaria y el despliegue de sus acciones

"Funcionábamos en un lugar, que si me acuerdo bien, es bajando el puente, yendo de Capital a provincia, del lado de provincia, bajando el puente, unos metros mas allá, a la izquierda, antes de la Estación de Servicio. Eso era Extensión Universitaria en Isla Maciel. Pero no me acuerdo si esos locales eran de la Universidad o si eran del Municipio de Avellaneda y lo prestaba. Eran unas prefabricaditas[298]."

En las bases de su creación, el Departamento de Extensión Universitaria estaba destinado a direccionar los aportes de la Universidad al estudio y –en la medida de lo posible– a la solución de los problemas del medio social que la rodeaban. Comenzó su organización a partir de 1955, recuperando antecedentes desarrollados anteriormente por entidades estudiantiles.

El emprendimiento de mayor impacto fue el Centro de Desarrollo Integral de la Isla Maciel, emplazado en Avellaneda. Era una zona caracterizada por el crecimiento industrial no planificado, con una población migrante interna, con dificultades de adaptación a la vida urbana,

---

[298] Joselevich, E.; testimonio oral; julio 1999.

con falta de viviendas y de una infraestructura social continente. No trató de responder a una demanda comunitaria sino que fue un intento de materializar, desde el Rectorado, el compromiso social de la Universidad.

Las prácticas del DEU se sustentaron en las ideas vigentes respecto de la educación popular y las formas de impulso a la participación social, con antecedentes procedentes fundamentalmente de Francia y también de los Estados Unidos. Con ellas se intentó acentuar la relación universidad-sociedad y la transformación interna de la universidad como condición necesaria para producir un efecto social democratizador.

De esta manera se entroncaba la cultura social y política de la época con la tradición reformista y con los ejes que propuso durante su rectorado José Luis Romero, en cuya gestión fue creado y puesto en marcha el DEU. Desde allí se generaron espacios de trabajo político, de lucha contra algunos modelos de interpretación teórica y de acción profesional, reemplazando paradigmas de interpretación y de tecnologías sociales y profesionales por otros, a la luz del desarrollo de nuevas consideraciones sobre las ciencias sociales.

Estas posiciones encontraron enclaves en las nuevas carreras, vinculando las luchas que jóvenes estudiantes y graduados sostenían en diferentes espacios del campo intelectual como expresión de la solidaridad y del compromiso con los sectores populares marginales.

Para la Universidad y para sus protagonistas se trató de un gran desafío. Para resolver la salida de la universidad fuera de sus muros hubo que batallar contra un conjunto de obstáculos internos, entre ellos el desconocimiento de modos de operar, la carencia de docentes que actuaran como referentes experimentados, las dificultades para encontrar formas de sistematizar realizaciones y proyectos.

Entraron en confrontación los modelos participativos propuestos por el DEU con los modelos sociales predominantes, y la tensión entre dar respuesta a demandas de la comunidad y no caer en prácticas asistencialistas que el mismo proyecto criticaba desde su fundamentación (Brusilovsky; 1998).

Con los principios del compromiso de las instituciones y de los universitarios con la clase obrera y con los sectores sociales más necesitados, el DEU comienza a trabajar en pos de la superación de los conceptos de orientación y de difusión cultural propios de principios de siglo y a incorporar metodologías de trabajo que resultaran coherentes con los objetivos propuestos (Brusilosky; 2000).

El Departamento estuvo dirigido por jóvenes graduados y conformado por estudiantes, y se convirtió en uno de los núcleos ideológicos del período 1955-1966, del que participaron personas y grupos a los que genéricamente se denominó contestatarios, críticos o denuncialistas y en torno a los que se constituyó una nueva izquierda intelectual (Terán; 2000).

La Orientación Vocacional, una deuda pendiente de la Reforma Universitaria

"Estaba organizado como una cátedra. Era un centro adonde venían los chicos a buscar información. En esa época les hacíamos tests y todo ese tipo de cosas[299]."

El Departamento de Orientación Vocacional fue fundado en la Universidad de Buenos Aires en 1956 con el apoyo de UNESCO y una estructura relativamente precaria. En el transcurso del año 1958 se operaron

---

[299]   Cortada de Kohan, N.; testimonio oral; octubre 1999.

en él una serie de cambios, tanto en cuanto a criterios como a formas de funcionamiento, que finalizaron a comienzos de 1959.

El objetivo de ese período, con la gestión de Risieri Frondizi a cargo del rectorado, fue el de enmendar deficiencias en el funcionamiento y en la oferta universitaria. El punto de partida de los cambios se apoyó en la consideración de que la Universidad debía transformarse en un factor de aceleración de las transformaciones sociales, incluyendo el estudio de las necesidades de mano de obra especializada y la definición del tipo de profesionales que se requerían. Para ello era necesario orientar a la juventud hacia las carreras con sentido social, sin interponerse en la libre elección de los estudiantes y formarlos en esa dirección (Frondizi; 1971).

En la primera etapa, el Departamento estuvo bajo la dirección del Prof. Jaime Bernstein[300] y en la subdirección se desempeñaron Nicolás Tavella y Nuria Cortada de Kohan[301].

Como resultado de la difusión de sus actividades, comenzó a atender una creciente cantidad de consultas para información y asesoramiento en cada período lectivo. Al mismo tiempo, parte de sus profesionales[302] se trasladaba a los establecimientos de enseñanza media a orientar a los estudiantes que cursaban el último año. Además de la actividad de orientación a estudiantes, padres y docentes, publicó una Guía del Estudiante que muy pronto superó los cien mil ejemplares, utilizó

---

[300] A diferencia de otros servicios de Extensión Universitaria, éste es el primero no dirigido por un médico.

[301] Designados por Resolución N° 70 y N° 129 del Honorable Consejo Superior de la UBA.

[302] Fundamentalmente, asistentes educacionales y profesores de nivel medio.

la radio y la prensa escrita para divulgar información y noticias útiles sobre la especialidad.

Entonces no había otra dependencia ni en Argentina ni en Sudamérica que atendiera en forma integral y con enfoque amplio a las inquietudes de los futuros universitarios, ni alguna que pudiera servir como modelo institucional en relación con ese tipo de prestaciones. Los futuros universitarios, antes de la puesta en marcha del Departamento, si no tenían decidida su opción de carrera, debían recorrer las Facultades en busca de información, que terminaba resultando incompleta y desorganizada. Esto provocaba en muchos casos desánimo y abandono. (Frondizi; 1971). En el recorrido por las unidades académicas y dependencias administrativas, los aspirantes a ingresar a la Universidad sólo encontraban los planes de estudio que no permitían vislumbrar el futuro profesional ni la perspectiva de las diferentes disciplinas. Esto suponía que en muchos casos la elección se hiciera por influencias, prejuicios o estereotipos.

No había dónde acudir para que alguien escuchara dudas o atendiera las dificultades de un momento crucial en la vida (Cortada de Kohan; 1963). Tampoco se contaba con profesionales específicamente capacitados. La Carrera de Psicología recién se había creado y los desarrollos en Orientación Vocacional o Profesional eran muy precarios y con enfoques limitados. No existían aún instrumentos adaptados con baremos locales para pruebas psicométricas, para el estudio de aptitudes, rendimiento académico, intereses, inteligencia o actitudes, ni métodos proyectivos para facilitar un diagnóstico psicológico (Cortada de Kohan; 1963).

Esta situación planteaba dos tipos de problemas. Uno al interior de la Universidad, en relación con la distribución de la matrícula, con alta concentración en torno a las profesiones tradicionales, que desatendía las necesidades de desarrollo productivo del país para un futuro mediato, en tiempos en que se estaban operando creaciones de nuevas carreras y transformaciones en otras ya existentes. El otro, a partir de las características y deficiencias del nivel medio, considerado el ciclo más débil, no sólo en el país sino en toda Latinoamérica en cuanto a objetivos, métodos y contenidos. La enseñanza conservaba el carácter enciclopedista y memorístico, no estimulaba las iniciativas ni la creatividad (Frondizi; 1971). La intersección entre ambos problemas hacía que se distorsionara la distribución racional de los estudiantes entre las Carreras que constituían la oferta universitaria, manteniendo la corriente de alumnos hacia orientaciones y ocupaciones alejadas de las necesidades del país (Tavella; 1962).

En la búsqueda de soluciones a ambas dificultades, además de la creación del Departamento[303], el Rector Frondizi hizo un llamado a los estudiantes secundarios para que tomaran en cuenta los requerimientos de desarrollo nacional. La respuesta no se hizo esperar. En octubre de 1958 se realizó el censo universitario que señaló la primera corrección al desequilibrio de la matrícula[304] y mostró un aumento en el número de graduados de la UBA (Frondizi; 1971).

---

[303]   Otras acciones implementadas fueron el otorgamiento de becas para estudiantes –a cargo del Consejo Superior y por riguroso orden de mérito– equivalentes a un sueldo de maestro

[304]   En 1957 la Facultad de Derecho tenía 19.965 estudiantes, Agronomía y Veterinaria, 993 y Ciencias Exactas y Naturales 1.242. En 1959 la inscripción a la Facultad de Derecho fue de 9.005. "La Universidad no perdió a los 10.960 que abandonaron Derecho, sino que los ganó el país. Fueron a fortalecer las Carreras de mayor sentido social y que la Nación requería con urgencia: ciencias básicas, ingenierías especializadas (...) Sociología, Psicología, Ciencias de la Educación." En *Estadística Educativa. Comunicados para la prensa;* 1971.

A partir de la creación del Departamento, y en la relación entre la demanda y las posibilidades reales, no se pretendía organizar la asistencia vocacional a todos los estudiantes secundarios. Esta aspiración excedía las posibilidades materiales y de incumbencia institucional[305], pero a la vez se estaba señalando una necesidad impostergable en la que se debía trabajar: la preparación de técnicas e instrumentos ajustados a los requerimientos del momento, investigarlos, ensayarlos y colocarlos al servicio de la comunidad y de sus instituciones (Tavella; 1962).

Al mismo tiempo, se insistía –y los instrumentos y actividades que se propusieran iban en esa dirección– en dejar planteada la importancia de no operar en forma coercitiva, respetar las aspiraciones vocacionales de los estudiantes, señalando la responsabilidad que les cabía y la trascendencia de contar con una dependencia técnicamente competente y políticamente comprometida con el proyecto de país y de Universidad.

Sostener planes de estudio y criterios formativos que se consideraron adecuados para una etapa anterior de desarrollo de las instituciones escolares y del sistema productivo, e ignorar las consecuencias producidas y los cambios propuestos hubiera sido erróneo y deterioraría aún más la eficiencia de la escuela pública para satisfacer los fines y objetivos que la sociedad le asignaba (Tavella; 1969).

Poner en marcha estos dispositivos requería, además de proyectos, profesionales preparados técnica y metodológicamente y comprometidos ideológicamente.

---

[305] En relación con la responsabilidad y competencia de otros organismos del sistema educativo, fundamentalmente dependientes del Ministerio de Educación de la Nación y de las jurisdicciones provinciales.

Concurrencia de proyectos,
disciplinas y profesionales

"No eran sólo de Psicología. Había muchos de Sociología
y muchos de Ciencias de la Educación. Era una cosa muy
interdisciplinaria (...) porque se encontraban ahí los soció-
logos, los de Ciencias de la Educación y Psicología y los es-
tudiantes de las Carreras (...) Eso lo hizo muy bien Risieri.
Tenía mucho empuje, hizo mucho por la Universidad (...)
Se interesaba, y de repente caía por el Departamento (...) El
Rector venía mucho, siempre venía a Orientación[306]*."*

La constitución del Departamento de Orientación
Vocacional fue un catalizador de diversos procesos. Se
consolidó como un espacio específico para el desarrollo
de disciplinas y profesionales –psicólogos fundamentalmente– como lugar de formación teórica y práctica y de
afirmación para un perfil académico. Convocó aportes
originarios de diferentes campos y teorías, constituyendo
un punto de concurrencia entre experiencias dispersas[307]
y nuevos roles laborales y sociales.

En lo que hace a estudiantes y graduados de
Psicología, permitió acciones vinculadas con la aplicación de instrumentos para el diagnóstico –técnicas proyectivas y tests mentales– y el abordaje de dificultades de
aprendizaje desde una perspectiva clínica, desplazando
a docentes y médicos que hasta entonces intervenían en
forma directa sobre estos temas[308].

---

[306] Cortada de Kohan, N.; testimonio oral; octubre 1999.

[307] Además de la experiencia desarrollada por el propio Departamento,
otras desplegadas a nivel de escuelas medias, de servicios hospitalarios y de los Institutos de Orientación profesional creados durante el
anterior gobierno peronista.

[308] Además de algunas experiencias breves de formación instrumental
como la de testistas, en simultáneo con este proyecto se inauguró,
pero no prosperó una Carrera de Orientación Vocacional de dos años

Se delimitó un campo de especificidad. Serían los psicólogos y otros profesionales universitarios los capacitados y habilitados para un ejercicio, con conocimientos y formación apropiada, que llevaría a la exclusión de otros actores con intervención hasta entonces: médicos, asistentes sociales y maestros con alguna especialización[309].

Las líneas de tensión del momento podrían sintetizarse en tres direcciones: la de los saberes y la habilitación para las intervenciones –resuelta a favor de los psicólgos–, la del desplazamiento del territorio de ejecución –del sistema educativo y sobre todo el nivel medio a la Universidad– y la del contenido de la orientación –entre la vocación del estudiante y las necesidades del país–.

Llegar más a la escuela media

"Teníamos cuatro secciones. Había una de Información, donde se atendía a consultas y es allí donde se hizo la Guía. Se recababa información sobre distintas Universidades, Facultades, qué Carreras había, qué especialidades... Esa era una sección muy importante porque informaciones era lo primero que venían a buscar los alumnos[310]."

Los datos del censo universitario realizado en 1958 en la UBA y las entrevistas mantenidas con estudiantes de nivel medio en los primeros años de actividad del Departamento de Orientación Vocacional aportaron información significativa. Las elecciones vocacionales de

---

de duración en la Universidad de Cuyo, a instancias de Plácido Horas, pensada para especializar docentes.

[309] La conducción queda en manos de psicólogos, fundamentalmente a partir de 1964 y otros profesionales, entre ellos algunos médicos y sobre todo docentes en condición de auxiliares.

[310] Cortada de Kohan, N.; testimonio oral; octubre 1999.

los estudiantes mantenían tendencias que prácticamente no se modificaban desde 1918 (Tavella; 1960) aunque las necesidades sociales y las condiciones de desempeño hubieran cambiado. La oferta de estudios y títulos era escasa, en evidente contradicción con los requerimientos del país. Un número considerable de estudiantes elegía carreras para las cuales no tenían aptitud o que no representaban sus verdaderos intereses (Tavella; 1960), dejando como saldo fracasos, abandonos y cambios sin orientación y muchas veces sin éxito.

Como en décadas anteriores, el estudiantado llegaba a la Universidad en búsqueda de un título profesional, pero esperaba de ella bastante más. Pretendía una formación que lo dotara de una habilitación y que a la vez lo capacitara para mejorar la sociedad[311] y a quienes la habitan; deseaban ser útiles a las transformaciones que el país necesitaba y esperaban que la Universidad los ayudara a lograr un enfoque científico de los problemas, a penetrar en la verdad de la cosas. (Tavella; 1960).

Resolver estas y otras cuestiones obligaba a reflexionar más allá de la Orientación Vocacional. Implicaba pensar en reformulación de políticas educativas, en medidas para implementarlas, en dispositivos para evaluarlas, en estudios sobre las decisiones que se adoptaran, en revisión de las consecuencias pedagógicas. Todas acciones de orientación en sentido amplio que debían ser confiadas a organismos técnico-pedagógicos que la Universidad tenía que crear y desarrollar para el ordenamiento de su labor (Tavella; 1960).

---

[311] Uno de los argumentos para la creación de las nuevas Carreras recogidos en testimonios de estudiantes de la época tenía que ver con la posibilidad de abordar los problemas de la sociedad y de los individuos e intervenir para transformarlos.

En tanto, desde el nivel medio se trataría de "crear condiciones para atenuar el carácter selectivo de la escuela (...) Con ello se eliminaría al menos una barrera que impone el sistema educativo, dado que la imposibilidad de eliminar los impedimentos de origen económico-social no depende del sistema escolar sino de la estructura económica y relaciones de producción de un país. La selección seguiría operando por las consecuencias de esas estructuras y relaciones, pero el sistema educativo, por lo menos, no contribuiría a reforzarla en virtud de criterios que conspiran contra su verdadera democratización" (Tavella; 1969:35).

En esta dirección, y con miras a resolver algunos de los problemas señalados, ya se registraban antecedentes desde principios de siglo, en la preocupación por implantar criterios científicos en el campo de la Pedagogía, contando con precursores como Víctor Mercante[312] (Tavella;

---

[312]   Nació en Merlo, provincia de Buenos Aires, en 1870 y murió en Chile en 1934. Egresado de la Escuela Normal de Paraná, fue profesor de Pedagogía y de Práctica de la enseñanza en la Escuela Normal de San Juan entre 1890 y 1894. Más tarde fue convocado por Joaquín V. González para integrar el plantel docente de la Facultad de Ciencias Jurídicas de la Universidad Nacional de La Plata. Entre 1906 y 1914, fue el encargado de la Sección de Pedagogía de dicha institución que algunos años después, se convirtió en la Facultad de Ciencias de la Educación. En ella, entre 1902 y 1920, Mercante dictó las materias Psicopedagogía y Metodología Especial y Práctica. Algunos años después sería nombrado Decano de esa Facultad. Para entonces, ya era uno de los más destacados pedagogos argentinos con solventes conocimientos en el campo de la Filosofía, la Psicología y la Biología. Había profundizado muy especialmente sobre el positivismo y experimentalismo. Sobre esas ideas, impulsó su concepción científica de la enseñanza y de la educación. Durante la gestión del Ministro Carlos Saavedra Lamas, fue designado Inspector General de Enseñanza Secundaria, Normal y Especial del Ministerio de Justicia e Instrucción Pública de la Nación. Desde esa posición participó en un proyecto de reforma de la enseñanza secundaria, que no fue aprobado por el Congreso. Entre 1906 y 1914, Mercante dirigió Archivos de Pedagogía y Ciencias Afines y, entre 1914 y 1920, los Archivos de Ciencias de la Educación. En 1908, fue designado Presidente de la Sociedad de Psicología de Buenos Aires. A

1962) en la aplicación de procedimientos y metodologías provenientes de la Psicología Experimental al estudio de los fenómenos pedagógicos.

Por otra parte, experiencias observadas en el extranjero y analizadas a la luz de las necesidades nacionales, aconsejaban la creación de un departamento de ese tipo en las universidades. Lo más conveniente para el sistema educativo en su conjunto hubiera sido que se fundara un organismo nacional para atender las necesidades de todas las universidades del país, para ofrecer atención de orden físico y psicológico a los aspirantes al ingreso, para que no se abstuvieran de hacer consultas (Frondizi; 1971).

Ubicar a la Orientación Vocacional

"El Departamento de Orientación Vocacional funcionó en Azcuénaga. Pero antes de allí, en un piso alto de Florida, donde estaba Sociología y arriba estaba Orientación Vocacional. Florida al 500 o al 600. Allí trabajamos muchos ad honorem, como Ayudantes de Trabajos Prácticos[313]."

Como en toda actividad de orientación, en la vocacional se articulan componentes de mediciones y de establecimiento de juicios valorativos, y como toda tarea de evaluación, incluye acciones integradoras y selectivas, una bisagra entre lo psicológico y lo pedagógico. Las indagaciones realizadas por el Departamento señalaban que una considerable proporción de los estudiantes elegían las carreras universitarias sin conocimiento de sus requerimientos y de su proyección profesional, se decidían por

---

partir de 1920, Mercante abandonó la función pública y se dedicó con exclusividad a la investigación científica en Pedagogía.

[313] Bronstein de Lapidus, R.; testimonio oral; julio 1999.

alguna con la que no se sentían identificados (Orlando & Tavella; 1961). El desafío que se planteaba era cómo atenuar las funciones selectivas para que no deviniesen expulsivas y destacar las acciones integradoras. La referencia al concepto de integración alude tanto a garantizar retención al interior del sistema educativo, en las mejores condiciones para el desarrollo de cada sujeto, como a ideas diferentes acerca de la vocación, que junto a las de inteligencia o personalidad, son el resultado de concepciones más generales sobre la naturaleza del hombre y su conducta (Tavella; 1962).

Así es que la Orientación Vocacional, para ese momento, procuraría que el estudiante asuma un papel activo frente a las decisiones que determinarán su futuro ocupacional, estimularlo en el uso de recursos racionales para llegar a ellas y acompañarlo en un proceso mediante el cual adquiera conocimiento acerca de su vocación y las relaciones entre ésta y algunas de las actividades que la sociedad solicita a los universitarios para mantener su desarrollo y asegurar su progreso (Tavella; 1962). Para alcanzar estos propósitos, tanto las actividades que proveen datos como el examen psicológico y las entrevistas de orientación desempeñan un papel importante y requieren el concurso de contribuciones de varios campos del conocimiento y de diversos profesionales (Tavella; 1960) ya que decidir la carrera que se emprenderá y lograr éxito no dependerá sólo de deseos y aspiraciones sino también de las posibilidades individuales y para ello, la información debía estar disponible y en lenguaje claro y comprensible para los jóvenes (Frondizi, R.; 1971).

Como refería a un contenido, maniobras técnicas específicas y de responsabilidad futura por sus implicancias, debía estar a cargo de expertos con una formación con la que hasta ese momento no se contaba. Estas condiciones no serían suficientes para garantizar infalibilidad. Para el éxito sería necesaria la participación activa de los aspirantes ya que la decisión última corre por su cuenta (Frondizi; 1971). No se trataba de torcer inclinaciones ni de encontrar vocaciones ocultas, sino de considerar simultáneamente y en contexto aspectos subjetivos, socioeconómicos y culturales.

El Departamento sostenía la idea de que no se tiene vocación para una u otra cosa en abstracto, sino dentro de un medio concreto, y que ella es la resultante de la interrelación con ese medio. Esto cobraba especial importancia en las profesiones con sentido social (Frondizi; 1971), algunas recientemente creadas y que no contaban aún con graduados instalados en los campos específicos de trabajo.

También, desde la tarea de orientación se insistía en no reparar sólo en aspectos intelectuales, ya que las profesiones no son un simple ejercicio intelectual y que el fracaso en los estudios se podía deber, en muchos casos, a factores emotivos u otros que no tienen que ver directamente con la inteligencia. Por lo tanto, dentro de estos marcos, la atención no se limitó sólo a los aspirantes al ingreso, sino que también prestó ayuda a quienes habían errado en su elección y necesitaban asesoramiento para reorientarse, evitando más fracasos, desgranamiento y la extensión de los años de permanencia en condición de estudiantes.

La actividad central se complementó con una labor minuciosa de análisis e interpretación, individual y estadística sobre causas de deserción y fracasos y la puesta en marcha de nuevas técnicas de investigación psicológica adaptadas a los requerimientos de la población, convirtiendo a la orientación en un verdadero proceso y no en el resultado de una consulta esporádica (Frondizi; 1971).

La producción colectiva y sucesiva de directores y participantes

"Se hacían muchas, muchas investigaciones, muchas adaptaciones, muchos baremos. Los primeros fueron los del DAT[314], se hizo el del Raven[315], se hizo el del Weschler[316], de todas esas cosas hicimos mucho (...)Y cada publicación era una apuesta [317]."

El pedagogo Jaime Bernstein[318] fue el primer Director del Departamento de Orientación Vocacional, conside-

---

[314]   Forma habitual de nombrar al Test de Bennet. Es una batería de ocho tests que evalúan distintas aptitudes. Puede ser administrado en forma total o parcial, según los objetivos de la toma. Está especialmente indicado para realizar evaluaciones educacionales y/o vocacionales, ya que permite describir la capacidad del estudiante para aprender ciertos temas o destrezas y llegar a conclusiones acerca de los campos de actividad que pueden resultar más promisorios para los examinados.

[315]   Test de lógica destinado a evaluar niveles de inteligencia. Consta de 48 series de dibujos que exigen completamiento. Tiene una duración prevista de 40 minutos.

[316]   Prueba de inteligencia útil para la evaluación clínica y el perfeccionamiento de los diagnósticos diferenciales.

[317]   Cortada de Kohan, N.; testimonio oral; octubre 1999.

[318]   Nació en 1917. Graduado en Pedagogía en 1942 en la UBA, fundó en Rosario la Carrera de Psicotécnico, de dos años de duración. Organizó la primera Carrera de Psicología del país en la Facultad de Filosofía y Letras y Ciencias de la Educación de la Universidad Nacional del Litoral y fue coautor de su primer plan de estudios. Participó de los debates fundacionales de la Carrera en la UBA y fue convocado por Risieri Frondizi para participar de la constitución del primer Departamento Universitario de Orientación Vocacional en la Universidad de Buenos Aires del que fue su Director. Fue profesor de Psicología y Psicología Educacional en las Universidades del Litoral y de Buenos Aires. A cargo desde 1948, en la Dirección General de Escuelas de la provincia de Buenos Aires, organizó y dirigió la primera Dirección de Psicología Educacional y Orientación Profesional. Allí tuvo a su cargo el área de Orientación Psicopedagógica y la elaboración de materiales para evaluación diagnóstica de inteligencia y personalidad. Realizó investigaciones sobre producción psicométrica y experimentación

rado uno de los puntales[319] del proyecto de Extensión Universitaria que desde el rectorado de la UBA promovió Risieri Frondizi.

Con anterioridad, se había desempeñado en la Provincia de Buenos Aires y había tenido participación en la creación de las Carreras de Psicología en Rosario y Buenos Aires, donde fue profesor de la materia Introducción a la Psicología y luego de materias técnicas del ciclo de formación especializada. Su arribo al plantel docente de la Facultad de Filosofía y Letras de la UBA –luego de la renuncia de Marcos Victoria como primer Director de la Carrera– junto con figuras como Telma Reca y Nuria Cortada de Kohan, significó el inicio del despliegue de la psicología aplicada a prácticas concretas en la formación profesional.

Dedicó gran parte de su actividad en la Carrera a la adecuación de los baremos a las características poblacionales nacionales para tests elaborados en el extranjero, como el de Raven –inteligencia–, Goodenough[320] –figura humana–, Apercepción infantil de Bellak[321] –personalidad– y para Orientación Profesional y Psicodiagnóstico

---

pedagógica. Co-fundador en 1945, junto a Enrique Butelman, de la Editorial Paidós, en la que dirigió las series "Bibliotecas", "Psicoterapia y Educación", "Psicometría", y "Educador contemporáneo" (co-editor con Gilda L. de Romero Brest). Renunció a sus cargos universitarios en 1966. Fue miembro de la Academia Nacional de Educación constituida en 1984. Falleció el 1º de agosto de 1988.

[319] También lo fueron el Centro de Psicología y Psicopatología de la Edad Evolutiva y la experiencia desarrollada en Isla Maciel.

[320] Conocido como el test de la figura humana, permite medir el nivel mental del niño, en forma individual o colectiva. Desde su versión original de 1926, se han desarrollado formas alternativas al dibujo de un hombre, como el dibujo de una mujer y el de sí mismo.

[321] Conocido como test de apercepción –proyectivo– de personalidad para niños. A partir de una galería de láminas que en sus diferentes versiones contiene figuras humanas y animales es especialmente valioso para niños de buen nivel mental.

Clínico, junto a otros profesores de la UBA[322] y de otras Universidades[323]. No fueron estos los primeros ni los únicos actos fundacionales dentro de la disciplina que lo tuvieron como protagonista.

Ya en 1945 había participado junto a Enrique Butelman en la creación de la Editorial Paidós[324], que significó la apertura de un mercado –resultado de una gran audacia intelectual[325]– para la circulación de libros de pedagogía, psicología y sociología inexistentes hasta el momento en lengua castellana, habida cuenta de que en aquellos años no eran tópicos de gran demanda y que los materiales en existencia procedían de editoriales españolas o de extranjeras en otros idiomas. La editorial y la Carrera compartirán, sobre todo en los primeros tiempos, habitantes y conflictos. Como prueba de ello, la primera publicación de Paidós fue *Conflictos del alma infantil*, de Carl Jung, traducida por Ida Butelman y con un prólogo de Marcos Victoria. Fue el anticipo de una biblioteca destinada a la psicología infantil y a otras inquietudes socioculturales que empezaban a manifestarse, como el caso de la psicometría, el psicodiagnóstico, el psicoanálisis, la formación docente, ensayos filosóficos y temáticas de corte sociológico, económico y político.

Para dirigir o asesorar a cada una de estas colecciones fueron convocados intelectuales, muchos de los cuales estaban teniendo actuación en los procesos de consolidación de las nuevas carreras en la UBA, tal era el

---

[322] Nuria Cortada y Nicolás Tavella, quienes se desempeñan como subdirectores del Departamento durante su dirección.

[323] Plácido Horas, con desempeño en las Universidades de Cuyo y del Litoral y Oscar Oñativia en las Universidades de Tucumán, Salta y Cuyo.

[324] *Paidós*, del griego, niño, demostrativo de la preocupación por los temas de la infancia, la Psicología y la educación.

[325] Tener en cuenta que entonces tanto Bernstein como Butelman no tenían ni treinta años de edad.

caso de Gilda y Enrique Romero Brest en Educación, Gino Germani en Sociología, Tulio Halperín Donghi y Nicolás Sánchez Albornoz en Historia. Por su parte, Bernstein dirige las colecciones sobre Psicometría, Psicología Educacional, Reeducación y Psicoterapia, comparte autorías, prologa obras, anota y revisa ediciones, publica ensayos propios.

El departamento, la cátedra, las publicaciones y la presencia en escenarios de debate profesional y académico fueron espacios de consolidación disciplinaria y de divulgación que contaron con su presencia. La preocupación por difundir ideas y por fortalecer espacios de desarrollo y de ocupación para nuevos profesionales lo tuvieron como vocero en las Primeras Jornadas Argentinas de Psicoterapia en Córdoba, en 1962, organizadas a instancias de Gregorio Bermann[326], y que convocaron fundamentalmente a psiquiatras. Sus intervenciones giraron en torno al estado de las psicoterapias.

En esa ocasión, Bermann manifestó su entusiasmo por tratarse de la primera oportunidad en que se

---

[326] Nació en 1894, en una familia judía proveniente de Europa Oriental. Como estudiante de Medicina adhirió muy tempranamente a la Reforma Universitaria, en momentos en que se desempeñaba como presidente de la Federación Universitaria de Buenos Aires. Su trayectoria psiquiátrica surge de la confluencia entre la vocación médica y su preocupación por el conocimiento del enfermo con relación a su historia y a sus condiciones de vida. Desarrolló parte de su experiencia en el Hospicio de las Mercedes. Desde 1920 frecuenta la obra de Freud en su idioma original. Entre 1934 y 36 publica y dirige con Emilio Pizarro Crespo la revista *Psicoterapia*. En 1936 organiza, costea y participa de la Misión Médica Argentina que va a colaborar con la lucha de la República española contra el franquismo. Describe esa experiencia en el libro *Las neurosis en la guerra*. Entre 1921 y 1936 se desempeña en la Cátedra de Medicina Legal. Funda y dirige desde 1951 la *Revista Latinoamericana de Psiquiatría*, y promueve la creación de la Federación Argentina de Psiquiatría y de la Asociación Psiquiátrica de América Latina.

reunían psicoterapeutas de todas las escuelas y tendencias para discutir temas vinculados con la Psiquiatría, la Psicohigiene, la complejidad de los problemas sociales, las expectativas en torno al Instituto Nacional de Salud Mental (Bermann; 1964). Por su parte, Bernstein –no médico–, en la mesa referida a los conocimientos que necesita el psicoterapeuta, se refirió a la aplicación de los tests psicológicos en las psicoterapias, a sus clasificaciones y al uso de los mismos, incluyendo un lugar y un rol posible para los psicólogos, marcando una clara diferencia con la postura de Bermann y una definición respecto del lugar profesional de los recientes graduados que ya se contaban entonces, aunque en muy poca cantidad.

En la Dirección del Departamento, a Bernstein lo sucedió Nicolás Tavella[327], de sólida formación psicoestadística, que se desempeñó en la UBA y también en las Universidades de La Plata y del Litoral.

Nuria Cortada de Kohan[328] es la primera psicóloga graduada que ejerce como tal en el país. Formada

---

[327]   Nació en 1918. Se recibió como Maestro Normal Nacional e inicia –aunque no los finaliza– estudios de Filosofía y Ciencias de la Educación en la Facultad de Humanidades de la Universidad Nacional de La Plata. Fue colaborador de Telma Reca desde 1943 en la realización de exámenes psicológicos. Trabaja en la elaboración de pruebas para evaluar trastornos en el lenguaje y en la traducción y standarización de pruebas. En 1966 renuncia a las Universidades de La Plata y Buenos Aires.

[328]   Nació en 1921. A los 4 años se trasladó a Barcelona con su familia donde permanece hasta 1936 cuando comienza la Guerra Civil en España. Logra la equivalencia de los estudios cursados. Al momento de decidir los estudios universitarios, consulta con el Dr. Emilio Mira y López quien le advierte que para estudiar Psicología debe irse al extranjero. Por su parte, el Dr. Bernardo Houssay le sugiere que espere el regreso a la Universidad de Mendoza –Cuyo– post capacitación en el extranjero del Dr. Horacio Rimoldi. Con esa información inicia los cursos de Filosofía y Letras en Mendoza. A su regreso, Rimoldi funda el Instituto de Psicología Experimental al que se incorpora. Obtiene una beca del Institute of International Education para estudiar en los EE.UU., donde obtiene el Master of Arts en Psicología Clínica que la convierte en la

en el exterior, cuando es convocada para incorporarse al Departamento de Orientación Vocacional, tiene la
oportunidad de transferir las experiencias acumuladas
en el tema desde el Centro de Orientación Vocacional y
Educativa del Instituto Bernasconi y desde su desempeño como Directora de Psicometría en Sanidad Escolar[329].
Luego dirigirá esa repartición durante doce años, sucediendo a Nicolás Tavella.

Todo lo que se producía en el Departamento, recuperando lo poco realizado con anterioridad, era novedoso "porque en Orientación Vocacional no había nada, no
había habido otras cosas (…) vino Mira y López[330] y estuvo

primera psicóloga graduada que trabaja en la Argentina. Ingresa a la
UBA a instancias del Dr. Luis Felipe García de Onrubia en la cátedra de
Psicolgía II al tiempo que se inserta en el Centro de Orientación Educativa dependiente del Ministerio de Educación que primero funcionaba
en el Instituto Bernasconi y luego se tralada a Sanidad Escolar. En 1952
gana una beca para estudiar en París bajo la dirección de Pierre Pichot.
Participa como psicóloga –graduada en el exterior– del Congreso de
1954 en Tucumán, invitada por los Prof. Ricardo Moreno y Raúl Oñativia. En 1956 comienza a dictar la materia Estadística en la Facultad
de Filosofía y Letras y desde la creación de la Carrera de Psicología,
participa desde el comienzo o aún de las conversaciones previas, toma
a su cargo la Estadística para alumnos de Psicología y Sociología. En
1958 es nombrada Jefa del Departamento de Orientación Vocacional
bajo la dirección de Jaime Bernstein. En 1959 obtiene el cargo de profesora regular por concurso. Continúa hasta el día de hoy al frente de
doctorados y de cursos de postgrado.

[329] Rossi, L.; noviembre 2000. Elogio académico a Nuria Cortada de Kohan, con motivo de su distinción como Profesora Honoraria de la UBA;
en la Facultad de Psicología; UBA.

[330] Nació en Santiago de Cuba en 1896, pues ese era en ese momento el
destino laboral de su padre, como Médico Mayor de Sanidad Militar de
España. Se licenció en Medicina en la Universidad de Barcelona con
Premio Extraordinario en 1917, a los 20 años de edad, doctorándose
también con Premio Extraordinario en la Universidad de Madrid en
1923. Su papel fue decisivo en la introducción y el desarrollo en España de la moderna orientación profesional, llegando a ser el Instituto
Psicotécnico bajo su dirección famoso en toda Europa. En 1933 fue
elegido por unanimidad para ocupar la primera cátedra de Psiquiatría

sólo un año acá y nada más, así que había que hacerlo todo. Hicimos la primera *Guía del Estudiante*, los baremos, el Kuder, todo eso hicimos (...) después empezó a venir la gente de clínica, a hacer grupos de reflexión y otro tipo de cosas[331]".

El nombre y la actividad docente desarrollada por Nuria Cortada quedó también asociada a la formación de investigadores, como profesora de la materia en la que se hacían trabajos de investigación en orientación, además de standarización de pruebas y diseño de encuestas (Casullo; 1999) y como "no había prácticamente nada en castellano para psicólogos y sociólogos, se tradujo Garrett[332]. Todo era en inglés, entonces hacíamos traducciones y después nos dimos cuenta que era mejor

---

creada en la Universidad Autónoma de Barcelona, que fue, al mismo tiempo, la primera de esa especialidad en la historia universitaria española. Durante la Guerra Civil española fue Director del Instituto de Adaptación Profesional de la Mujer, dependiente de la Generalitat de Catalunya y en 1938 fue nombrado por el Ministerio de Defensa Nacional *Jefe de los Servicios Psiquiátricos del Ejército de la República Española*. En 1939 después de la derrota y de unos meses de exilio en Francia se trasladó con su familia a Londres becado por el Maudsley Hospital, donde se siguió perfeccionando. Luego de una extensa gira de conferencias por las principales Universidades de América, en 1940 se instala en la Argentina, contratado como psiquiatra consultor en un sanatorio privado y dictando cursos en diversas Facultades de la Universidad de Buenos Aires. Murió en 1964 en Brasil, después de concluir un curso intensivo sobre Psicología Médica convidado por la Facultad de Medicina de la Universidad Nacional de Cuyo. Generaciones de maestros, psicopedagogos, psicólogos, psiquiatras y psicotécnicos se formaron con sus teorías, que quedaron expuestas en cursos, conferencias y más de treinta libros. En España su nombre permaneció silenciado y difamado durante el período franquista.

[331]   Cortada de Kohan, N.; testimonio oral; octubre 1999.

[332]   Con relación tanto a obras propias como a la traducción de Jones, A; *Principios de orientación y asistencia personal al alumno*; Manuales; EUDEBA; Buenos Aires; 1964; 1º edición en inglés 1930; Traducción de la 4º edición (1951) Tavella, N; revisión técnica Cortada de Kohan, N.

que tuvieran un libro en el que pudieran ver desde el comienzo toda la materia[333]".

Otra figura que tuvo un lugar destacado fue Irene Orlando, desde el área de Entrevistas, que "había hecho la Carrera de Testista y era experta en Roscharch (...) Y era compañera de todos nosotros. En la casa de ella se reunía un grupo grande de gente que podíamos ser 16, 18 personas de Psicología. Ella se había anotado en la Carrera, primero en Rosario y después en Buenos Aires y no continuó. Pero era una especie de *alma mater* de la Carrera y del grupo que después empezó a ocupar espacios en las cátedras. Tenía mucho peso, era una persona de mucho carisma (...) No se recibió, pero era alguien de muchísimo peso en el grupo de psicólogos. Había estado en la Dirección de Orientación Vocacional (...) hizo un interinato en ese lugar cuando quedó acéfalo. Estaba muy cerca de la Carrera de Psicología aunque no formaba parte de los planteles docentes. En ese entonces el Director del Instituto (sic) de Orientación Vocacional era un rosarino, Tavella[334]".

Funcionaba un sector de Admisión, uno de Entrevistas y uno de Examen Psicológico, "donde se aplicaban los tests. Nosotros creíamos que era importante hacerle algún test a la gente, pero como no teníamos baremos, hacíamos la investigación y al mismo tiempo lo aplicábamos y hacíamos el psicodiagnóstico[335]". También "se estudió mucho cómo hacer las primeras entrevistas y después grupos de reflexión, cuando entró gente que estaba más en clínica. Yo les dejaba libertad para que hicieran (...) y estaba Rodolfo Bohoslavsky que escribió des-

---

[333] Cortada de Kohan, N.; testimonio oral; octubre 1999.
[334] Töpf, J; testimonio oral; setiembre 1999.
[335] Cortada de Kohan, N.; testimonio oral; octubre 1999.

pués un libro (...) y había mucha gente de educación[336]".
Se recogían datos sobre los estudiantes con el objetivo de
diagnóstico, de obtener la información necesaria tanto
para realizar orientación psicológica, educacional y vocacional como estadística. Estos datos estaban destinados
para su uso a especialistas que hubieran alcanzado la formación técnica necesaria para emplearlos en beneficio
de los estudiantes (Tavella; 1964).

Telma Reca y el Centro de Psicología y Psicopatología de la Edad Evolutiva

> *"Hay figuras que a primera vista –y acá hay mucho para in-
> vestigar todavía– parecen surgir de su propia autoformación,
> caso Telma Reca. Por todas las evidencias que uno recoge (...)
> se formó a sí misma, buscó (...) Uno no encuentra que detrás
> de ella haya alguien que le proporcionó una guía de ense-
> ñanza. Telma Reca en su reducto más particular (...) aparece
> como alguien reconocida por quienes se formaron con ella,
> pero no tenía en el centro de su proyecto el problema de la
> Universidad o de la formación de un grupo profesional[337]."*

Para Telma Reca[338], sostenerse un paso adelante respecto de su familia, de sus colegas y de las ideas predomi-

---

[336] Cortada de Kohan, N.; testimonio oral; octubre 1999.

[337] Vezzetti, H.; testimonio oral; marzo 2002.

[338] Nació 1904, en una familia humilde. Se recibe en 1928 de médica en la
UBA con Diploma de Honor. En 1930 obtiene el Master of Sciences del
Vassar College de Nueva York. En 1932 defiende su tesis de doctorado
sobre delincuencia juvenil. En 1934 funda el Consultorio de Higiene
Mental Infantil que en 1942 se transforma en el Centro de Psicología
y Psiquiatría. En 1937 ingresa a la cátedra de Pediatría. En 1941 se diploma como médica legista. En 1957 realiza un segundo viaje de estudios a los EE.UU. A su regreso participa del debate de la génesis de
la Carrera de Psicología. En 1958 se crea bajo su dirección el Centro
de Psicología y Psicopatología de la Edad Evolutiva. Ese mismo año

nantes en su época en la disciplina en que se desempeñaba no fue cosa sencilla. Ser mujer, de origen humilde, sin antecedentes universitarios en la familia, viajera y portadora de posiciones novedosas –enfrentada a otras posturas innovadoras[339] en expansión en ese momento– con perfecto dominio del inglés, con preocupaciones sociales y condiciones de desarrollo personal y profesional especiales, la colocaron en un lugar destacado y expuesto.

Sus saberes y propuestas respecto de la infancia dificultada, pero también de la normal, de los problemas de aprendizaje y conducta de niños aparentemente "comunes" y de aquellos con trastornos serios, resultaron funcionales a las demandas del momento. Unos no encontraban en el encierro una solución y para los otros la escuela no resultaba un espacio de contención.

Resultaba aceptable que fuese una mujer quien se ocupara de la comprensión del niño. La psiquiatría infantil no parecía una especialidad interesante para la mayoría de los psiquiatras, contaba con escasos adherentes y era vista como una disciplina menor, seguramente asociada a la edad de la población de destino. Telma Reca criticaba esta actitud cuando denunciaba que la psicología y la

---

es designada Profesora Titular de la materia Psicología de la Niñez y la Adolescencia. En 1959 participa de la reformulación del 1º plan de estudios de la Carrera de Psicología. En 1962 se hace cargo del dictado de Introducción a la Psicología, luego lo hará con Psicología Evolutiva y Clínica de Niños. Renuncia en 1966 luego de la intervención y crea el CEAM Centro de Estudios Médico Psicológicos para la Niñez y la Adolescencia. Muere en 1979 pocos días antes de recibir el premio Aníbal Ponce. Tenía ya preparado el discurso que iba a pronunciar en esa ocasión y se transformó en la autobiografía de su carrera.

[339] Mientras Reca despliega sus ideas en el trabajo hospitalario, se afirma el psicoanálisis, con más prestigio y difusión que sus posturas. Coincide el tiempo en que el servicio de Higiene Mental Infantil cambia no sólo de nombre, sino también de orientación y funciones respecto de la infancia con la fundación de la APA y el alineamiento de colegas, mayoritariamente hombres en esa dirección.

psiquiatría sólo atendieron a la "cosa hecha", al resultado final –al hombre adulto, sea normal o patológico–, y tardíamente miraron el proceso formador y condicionante de aquél: el niño.

Los estudios psicológicos sobre la infancia, campo en inicios de expansión en ese momento, estaban preocupados por la determinación de las causas de desajustes de la conducta y por la prevención. Incorporaron la necesidad de prestar atención a la raíz afectiva de los problemas y asignaron importancia al medio y a las personas que rodeaban al niño, a la familia y a la educación (Reca; 1951). Hasta entonces, había dedicación a la deficiencia mental, a los estudios de corte anatomopatológico. En cambio, en su planteo se conjugan otros factores, como las propuestas innovadoras que encuentra en su estadía en los EE.UU. en las *Child Guidance Clinic* y su postura humanística, concurrencias que se manifiestan tanto en su interés por la infancia normal como en el enfoque de su tesis de doctorado sobre delincuencia juvenil.

La infancia y los modos de abordarla, tema de mujer y de mujeres

"Telma Reca era muy radiada por mucha gente.(...) Pero al mismo tiempo una la veía trabajar. Se ponía en cuatro patas con un chiquito que sospechaba que no era un autista o no se sabía qué pasaba y era una delicia verla (...) Realmente hizo escuela, se animó y avanzó mucho en Psiquiatría Infantil, en cosas muy duras, muy difíciles. Tratando de sacar chicos adelante, y de entender bien la diferencia entre cosas orgánicas y otras cosas, cuando había mucha gente que ponía todo en la misma bolsa (...) El primer caso clínico que vi en mi vida fue con ella, en un consultorio en el hospital (...) Verla trabajar era fantástico. Yo tenía en ese momento 19 años, o 20 tal vez. Estábamos viendo a una criaturita de 4-5

años que no hablaba y se escondía abajo de las sillas o de la mesa y no había quién la saque. Estaba sola. No se sabía lo que tenía, no dejaba que nadie la revise, era una situación dura. La habían mandado para atención en Psicopatología o en Psiquiatría. Estaba todo con marcas terribles. Y no se entendía qué pasaba. Los pediatras la mandaban con una sospecha de psicosis (...) Resultó que la mamá de esta criatura, que vivía en una villa, cuando la nena se movía o tocaba o que sé yo, ponía tenedores al fuego y le ponía los tenedores en distintas partes del cuerpo, los tenedores al rojo. Entonces esa criatura no era psicótica y lejos de ser autista, tenía una situación de pánico constantemente reforzado, traumático, estaba en una situación de shock *de la que costó mucho sacarla (...) Telma Reca facilitó acercarnos, desde otras miradas, a cierto tipo de problemáticas muy severas, tratando de distinguir el aserrín del pan rallado, por así decirlo*[340]*."*

Pensar la infancia como una categoría de análisis con valor instrumental e incorporar al niño normal como objeto de estudio de la Salud Mental, y específicamente de la Psicología, son pilares que sostienen los aportes de Telma Reca (Bloch; 2004). Partía del supuesto de una mutua incidencia entre las representaciones culturales acerca de la infancia y la producción teórica respecto de ella, sin desconocer el peso que tienen las relaciones de poder para definir los modos en que esa representación es procesada, y la producción de identidades culturales y sociales. Planteaba la existencia del niño como un ser con entidad propia, acabado y con autonomía, que merecía ser escuchado y comprendido, cediendo al adulto la responsabilidad de cuidarlo sin convertirlo en su objeto, permitiéndole un papel activo y protagónico.

En el caso del niño con dificultades, insistía en no transformarlo en un ser rotulado por un diagnóstico, sino considerarlo un sujeto al que el terapeuta debe conocer

---

[340] Joselevich, E.; testimonio oral; julio 1999.

y ayudar; desdramatizando conductas que se salen de la norma, modificando los modos de interpretarlas. Pero la tarea de inscribir una nueva mirada sobre la niñez en esta época no puede quedar centrada en la figura de Telma Reca. Se complementa con los aportes de, por lo menos, otras dos mujeres, con formaciones y posturas diferentes.

Una de ellas, Carolina Tobar García[341], con una propuesta más organicista frente a la mirada más integral y clínica por parte de Reca, distante de ella tanto desde el punto de vista ideológico como práctico. La otra, Berta Braslavsky[342], más próxima en sus posiciones, comple-

---

[341] Nació en 1898 en la Provincia de San Luis. A pesar de la resistencia de su familia sigue los cursos de Magisterio en la Escuela Normal de Villa Mercedes donde se recibe en 1916. Hace sus primeras experiencias laborales en una escuela rural. En 1920 decide trasladarse a Buenos Aires para ingresar a la Carrera de Medicina, preocupada porque "los alumnos faltaban aquejados por resfríos o gripes (...) difteria, tuberculosis y sífilis". Después de rendir equivalencias en Liceo Nº 1 de Señoritas, en 1922 ingresa a la Universidad. Se gradúa en 1929. Entre 1931 y 1932 estudia becada en los EE.UU. A su regreso se desempeña en instituciones médicas y educativas. En 1939 termina su especialización como médica psiquiatra y en 1941 como médica legista. En 1942 funda la primera escuela primaria de adaptación. Defiende su tesis de doctorado en 1944 sobre higiene mental del escolar. Hasta su muerte en 1962 participa de múltiples actividades internacionales. Intenta la determinación de indicadores clínico psiquiátricos para el tratamiento del déficit y el rendimiento educacional de niños retardados.

[342] Nació en 1913 en Hasenkamp, Provincia de Entre Ríos, una de las colonias que fundó el Barón Hirsch. Allí cursó los primeros años de escolaridad primaria que terminó cuando su familia se trasladó a Buenos Aires. Se recibió de maestra con medalla en la Escuela Normal Nº 7, dirigida por docentes egresados de la Escuela Normal de Paraná fundada por Domingo F. Sarmiento. A pesar de los antecedentes como estudiante tuvo dificultades para conseguir trabajo. Accedió a su primera suplencia por intervención de Pablo Pizzurno. Continuó sus estudios en el Instituto Nacional del Profesorado en la orientación Física, del que fue expulsado a instancias del Ministro de la Torre por su militancia en el Centro de Estudiantes y en el movimiento de ayuda a la República Española. Ingresó a la Carrera de Pedagogía de reciente creación en la UBA. En 1948 se integró al Instituto de Psicobiología del Niño de

mentaria desde la formación profesional y del abordaje teórico, portadora de una propuesta pedagógica funcional a un enfoque de la medicina humanizada o de la psiquiatría socializada.

Para Telma Reca –y para las demás también– los conceptos de personalidad y de interacción son fundamentales. Y cuando se piensa en el último, a los efectos terapéuticos, el perfil del profesional que participe es fundante del tipo de vínculo que se establecerá y de los resultados que se alcancen. Aquí hay una coincidencia con Braslavsky, sobre todo en los casos de infancia "no normal" y es la importancia de un profesional no médico, no sólo asistencial, sino pedagógico y terapéutico, perfil que hasta entonces la UBA no contemplaba en su formación.

Los hallazgos resultantes de los estudios a los que Reca adhería destacaban la importancia de operar con lo que el niño tiene dentro de sí, como potenciales posibilidades de curación que se liberan y comienzan a actuar cuando se desentraña la naturaleza de los hechos que lo han desviado de su crecimiento normal. Este sería el dominio abierto por la psicología dinámica profunda, inviable para la psiquiatría clásica (Reca; 1951).

---

la Universidad de París dirigido por Henry Wallon. Interactuó con M. Prudhammeau y R. Zazzo. En 1957 se hace cargo de la cátedra paralela a la de Carolina Tobar García por pedido de los estudiantes. En 1962 publica *La querella de los métodos*, texto que reorienta las discusiones y las prácticas en relación con la enseñanza y el aprendizaje de la lengua. A partir de entonces su figura adquiere relevancia internacional. Empeñó su esfuerzo en despatologizar la educación especial, adhiriendo a los principios de normalización e integración de las personas con necesidades diferentes. Participó de los movimientos en defensa de la escuela pública junto a Luis Iglesias y Ricardo Nervi entre otros. El golpe del '76 la llevó al exilio. A su regreso fue designada en la Comisión Honoraria de Asesoramiento al Congreso Pedagógico. Sigue trabajando y produciendo en relación con su preocupación por el tema de la lectura.

La personalidad era concebida por Reca como una integridad psicobiológica y dinámica[343], articuladora entre la herencia y el medio, entre las capacidades innatas y las experiencias físicas, intelectuales y afectivas, entre lo vivido con anterioridad y las situaciones actuales. En ese sentido, el crecimiento armónico incluía la consideración de cómo se introduce el sujeto en el ambiente, asignando especial importancia a la familia y a la escuela como instituciones, a sus miembros y a los vínculos que se tejen, tanto respecto de la prevención como de la determinación de las causas de los trastornos psíquicos infantiles.

Entendía por niño sano a aquel que no se desvía en su crecimiento y desarrollo de las pautas naturales[344], que deben ser respetadas por los adultos, que a su vez deben admitir que se trata de un ser capaz de razón, con una lógica diferente a la de los sujetos maduros (Bloch; 2004). Adjudicaba

---

[343] Lo dinámico para esta concepción estaba constituido por tres áreas: externa, endopsíquica y de interrelación, atribuyendo importancia a los aspectos neurofisiológicos, psicológicos y de interacción.

[344] En este aspecto se muestra la influencia del pensamiento de Rousseau, con quien nace una línea de reflexión sobre la infancia y para quien la educación de los niños –que incluye la afectividad– es promesa de progreso siempre que se respete el desarrollo individual. El principio fundamental de la obra de Rousseau –nacido en Suiza en 1712– es que el hombre es bueno por naturaleza y que está sometido a la influencia de la sociedad y a los impactos de las desigualdades tanto por características individuales como por circunstancias sociales que van desde las relaciones amorosas hasta las institucionales. Las primeras son naturales. Las segundas deben ser atendidas ya que socavan la libertad individual. La forma de contrarrestarlas por parte del individuo es el autoconocimiento. El maestro debe intervenir lo menos posible, especialmente hasta los 12 años. Como la vida en sociedad es inevitable, la manera de garantizar el máximo de libertad es la democracia. Fue un crítico de la educación elitista y de los métodos de enseñanza de la época basados en la memorización y la repetición a los que proponía reemplazar por las experiencias directas. Sus obras más célebres, *El Contrato Social* y *Emilio*, despertaron la oposición de monárquicos y religiosos.

al ambiente y a la cultura una función clave para permitir el desarrollo de la naturaleza propia de cada infante.

Desde sus primeros trabajos, Reca propone prestar especial atención a los conflictos de raíz afectiva y al papel de la educación en la niñez, pero también en la pubertad y adolescencia, a los efectos de totalizar la vida física y moral (Reca; 1951). Destacaba el valor de la relación entre la teoría y la práctica, como elementos básicos del proceso psicoterápico que permitiría producir modificaciones constructivas en la personalidad.

Insistía en la necesidad de la comprensión dinámica del psiquismo, del establecimiento de una relación terapéutica de carácter singular y único con cada niño; de la creación de un ambiente propicio para la expresión de angustias, terrores, anhelos y sentimientos contradictorios, de la aceptación de las reacciones emocionales y de los procesos profundos e inconscientes. Sugería, sólo cuando fuera indispensable, intervenir para modificar el medio del niño, si esto ayudara a llevar a feliz término del proceso de maduración. Incluía en el estudio del infante las relaciones familiares, escolares y sociales para dimensionarlo como ser vivo en desarrollo, lleno de posibilidades y de claroscuros y no como un receptáculo de nociones (Reca; 1951). La tarea del adulto –padre, docente, terapeuta– en el caso de la presencia de dificultades, sería la de desentrañar esas oscuridades con el fin de colaborar en la comprensión de las causas que las provocan, y para ello deberán recibir una educación adecuada.

Estas ideas, punto de partida de sus intervenciones e investigaciones, fueron el resultado de "la decantación de muchas lecturas, de la observación del trabajo de colegas ilustres (...) y de la práctica y discusión con ellos de sus conceptos-guía y sus procedimientos prácticos, del análisis y crítica de mi propia experiencia y del cotejo de los protocolos de tratamiento (...) con los conocimientos y conceptos procedentes de los campos de la psicología del niño y el adolescente, la psicología analítica, profunda y existencial y la psicología clínica" (Reca; 1971:334).

La fortaleza de sus convicciones se enfrentaba con la de las críticas recibidas y daban lugar a la insistencia en la difusión de sus ideas, frente a la generalizada incomprensión para con ellas. No contaba con el apoyo de sus colegas psiquiatras y tampoco de los psicoanalistas "venía del [Hospital de] Clínicas y la novedad era que la pionera en niños era una psiquiatra infantil, no una psicoanalista (...) Y por supuesto, la odiaban. Eran espacios muy fuertes de poder[345]".

La investigación daba cuenta de que con sus posiciones, los resultados observados eran perdurables, que existía relación entre el tiempo y el esfuerzo invertidos y los beneficios obtenidos. Para lograrlos, no se apoyaba en una línea única, sino que sostenía que la psicología y la psiquiatría eran interdependientes tanto para las acciones como para la formación de profesionales. Atacaba las consideraciones respecto de la psiquiatría infantil reducida al estudio y al tratamiento de las deficiencias mentales y de la psicología restringida a la psicometría como ayudante en los diagnósticos, ideas que fortalecerá y que desarrollará mientras participa de los momentos fundacionales de la Carrera de Psicología en la UBA.

Pensar en formar profesionales para el campo *psi*

"Había que organizar la Carrera de Psicología. Y un día me habla el Dr. Germani para hacer una reunión en su casa. En la reunión estaban Germani, Bernstein, la Dra. Reca y yo (...) Hubo varias reuniones pero en esas reuniones enseguida se vio que había una gran pugna entre la Dra. Reca y

[345]   Quiroga, S.; testimonio oral; setiembre 1999.

Marcos Victoria. Marcos Victoria era antiperonista pero un hombre muy rígido, un hombre muy culto, muy capaz, pero con la Dra. Reca chocaron inmediatamente. Entonces él renunció y se fue y nunca más apareció en la Carrera, pero todos los otros seguimos[346]."

Los momentos iniciales de la Carrera de Psicología resultaron espacios de encuentro desde un proyecto que, impregnado del propósito reformista, contempló no sólo la enseñanza sino la investigación y la extensión. También fueron momentos de desencuentros respecto de posturas y orientaciones que hicieron que no todos los que se sintieron convocados participaran de la misma manera y permanecieran en el tiempo.

Las discusiones, peleas por el poder material –ocupación de cargos y cátedras– y por el poder político –definición de contenidos– generaron alianzas y exclusiones que ubicaron por momentos a Telma Reca en el centro de la escena.

Participó de encuentros primero informales[347], luego institucionales, se desempeñó como profesora[348] en varias materias sentando posiciones fuertes en lo vinculado a la Psicología Evolutiva y a la Clínica de Niños[349]. Luego, como Directora de Departamento, marcó su presencia en la primera y segunda reforma del plan de estudios (1958 y 1962).

---

[346] Cortada de Kohan, N.; testimonio oral; octubre 1999.

[347] Se encuentran referencias en testimonios orales –entre otros– de Mauricio Goldenberg, Nuria Cortada y Lucía Rossi.

[348] Por Resolución N° 297 del Honorable Consejo Superior de la UBA; Expte. 94.259/58; 8 de noviembre de 1958; es designada Profesora Titular de Psicología de la Niñez y la Adolescencia y por Resolución N° 2984; Expte. 142.574/61; 31 de marzo de 1962; se le asigna dedicación exclusiva.

[349] Hasta aquí fueron mencionadas Carolina Tobar García y a Berta Braslavsky con relación a la consideración de la infancia, de las patologías y de su tratamiento. Ambas mantienen vínculos con Reca desde mucho antes de la creación de la Carrera. A partir de la materialización de la misma toma dimensión otra figura femenina, la de Arminda Aberastury y otro posicionamiento teórico: el Psicoanálisis.

Tuvo llegada directa al Rector Risieri Frondizi y coronó su actuación con un proyecto de Extensión Universitaria en la línea asistencial, dependiente del Rectorado con sede en el Hospital de Clínicas. Portaba como antecedentes –que avalaban muchas de sus propuestas y enconaban respecto de otras– el haber sido la representante de la Psiquiatría Infantil en la Comisión Asesora de Salud Mental en 1957 y su cercanía al Partido Comunista y al sector de la Psiquiatría vinculado al mismo.

Respetada por rigurosa, pero generadora de rivalidades crecientes, propugnaba un humanismo científico que permitiera un eclecticismo teórico terapéutico con el propósito de lograr resultados concretos, evitando hipótesis que no pudieran ser avaladas por la experiencia. Aquí un punto fuerte de choque con el Psicoanálisis, de prestigio creciente y particularmente con las propuestas *kleinianas*[350] "una presencia muy fuerte la de Telma Reca,

---

[350] Melanie Klein nació en 1882 en Viena. Su padre, hijo de una familia judía muy religiosa, fue médico aunque la expectativa familiar era que fuera rabino. Ella pareció inclinada a los estudios de Medicina. Se casa, tiene varios hijos y pasa por situaciones familiares y personales que la enfrentan a depresiones por lo que en 1914 inicia su análisis con Ferenczi –quien en 1913 había fundado la Sociedad Psicoanalítica de Londres– a la vez que empieza a interesarse por los escritos de Freud acerca de los sueños. En 1918 asiste al V Congreso Psicoanalítico Internacional, con la presidencia de Ferenczi, en el que S. Freud lee "Lines of Advances in Psychoanalytic Therapy". Este Congreso realizado en tiempos de guerra causa una fuerte impresión en Klein quien manifestó que "esa impresión fortaleció mi deseo de dedicarme al Psicoanálisis". Durante el análisis con Ferenczi, éste le llamo la atención acerca de las condiciones para comprender a los niños y de mi interés en ellos y alentó mucho mi idea de dedicarme al análisis de niños". En 1919 Jones reorganiza la Sociedad Británica de Psicoánalisis. En julio de ese año Klein expone su primer trabajo, publicado en 1920, por el que es aceptada como miembro de la Sociedad Psicoanalitica Húngara, con Ferenczi en el ejercicio de la presidencia. Al poco tiempo la posición de los profesionales judíos residentes en Budapest se ve muy afectada por la situación política de posguerra. En 1920 asiste al VI Congreso Psi-

no porque se la prestigiara, sino porque los psicoanalistas querían tener algo equivalente a lo que ella tuvo en el Clínicas (...) Era un deseo de todos (...) lograr un servicio como el que tuvo ella, que no lo tuvo nadie más. Y puedo asegurar que eso es que lo querían, valoraban esa estructura. Pero desde el punto de vista del psicoanálisis Telma Reca no era una persona valorada, no era una persona prestigiada, era muy fuerte la cuestión de que si no es psicoanálisis no tiene valor. Hoy en día recién el recuerdo de Telma Reca se fue agrandando[351]".

Enseñar a los futuros psicólogos

"Como gran novedad, Telma Reca inauguraba una nueva modalidad: dar clase en el Clínicas. Y cuando entramos al Clínicas nos esperaban todos los residentes de Medicina y nos tiraron baldes de agua desde el primer piso. Entonces

---

coanalítico Internacional, en La Haya. En 1922 se convierte en miembro asociado de la Sociedad Psicoanalítica de Berlín, el mismo año en que Anna Freud se convierte en miembro de la Sociedad Psicoanalítica de Viena. Un año después pasa a ser miembro pleno de la Sociedad Psicoanalítica de Berlín. En 1924, en el VIII Congreso de Psicoanálisis Internacional, en Salszburgo, presenta su trabajo sobre *La técnica del análisis de niños pequeños* y ese mismo año, ante la Sociedad de Viena, expone los *Principios psicológicos del análisis infantil* y en la Primera Conferencia de Psicoanalistas Alemanes, en Wurzburg, *Una neurosis obsesiva en una niña de 6 años*. Sus posiciones llegan a la Sociedad Británica, en la que la posibilidad del análisis de niños era debatida con mucho interés. Allí es invitada en 1925 por tres meses a dictar una serie de conferencias. Sus posiciones alternativamente reciben apoyos y críticas severas. En 1926 se traslada a Londres. En 1927, en la Sociedad de Berlín, Anna Freud se le opone públicamente. En 1932 se publica *El Psicoanálisis de niños*, obra fundamental y en 1937 publica *Amor, odio y reparación*. Continúa una larga lista de producciones y presentaciones hasta que en 1959 aparecen traducidas al francés algunas de ellas. Muere en setiembre de 1960.

351 Grego, B.; testimonio oral; diciembre 2001.

tuvimos que volver a nuestras casas todas mojadas. Los residentes del Clínicas no querían que entraran alumnos de Psicología. Eso había sido un logro de Telma Reca, en el viejo Clínicas, en Plaza Houssay. Ella decidió que iba a empezar a dar los teóricos allí porque era médica del Clínicas. En esa época era muy 'cinco estrellas' ser residente del Clínicas. Eran los mejores promedios, eran 'la creme de la creme,' entonces, estos muchachos, en su mayoría eran varones, manifestaron así su rechazo[352].*"

Telma Reca reconocía la importancia de la presencia de profesionales no médicos en el tratamiento de la infancia y de sus afecciones mentales. Apoyada en la evolución de las investigaciones y de los desarrollos teóricos, celebraba la transformación ocurrida en las últimas décadas al interior de la disciplina, que marcaban el pasaje de criterios fundamentalmente organicistas a otros de base psicógena. Sostenía que estos últimos se habían desplegado, sobre todo, por la difusión de las teorías psicoanalíticas que incorporaba como marco de análisis, aunque con distancia.

En relación con la enseñanza dentro de la Carrera, con el tiempo, se desplaza de una materia inicial, Introducción a la Psicología[353], a otras de cursos más avanzados, como las psicologías evolutivas y Clínica de niños[354], con un enfoque psiquiátrico-fenomenológico. En el ámbito de la Facultad de Filosofía y Letras, don-

---

[352] Casullo, M.; testimonio oral; agosto 1999.

[353] Desarrolla contenidos de la Psicología como ciencia de la conducta, la fenomenología, los procesos psíquicos fundamentales, las edades evolutivas, las orientaciones social, educacional, industrial, psicopatológica, clínica y vocacional

[354] Desarrolla contenidos vinculados a la personalidad humana, las fuerzas que motivan las conductas, la importancia del contexto geo-socio-cultural, las funciones psíquicas y su relación con procesos fisiológicos y condiciones morfológicas, los conceptos de maduración, experiencia y desarrollo, aportes de la Psicopatología y la Psiquiatría, criterios para

de conviven las Carreras de Psicología y Ciencias de la Educación, que se disputan el campo conceptual y de tratamiento de la psicopedagogía y la psicopatología de la niñez y la adolescencia, se enfrenta teóricamente con Arminda Aberastury[355] señalándola como dogmática. Recibe por parte de ella la acusación organicista. Pero estas peleas incentivaron la producción creciente acerca de la problemática de la niñez (Carpintero & Vainer; 2004).

Así, la psicofarmacología y la pedagogía[356] "tradicionales" acusaban el impacto de los avances de la psicoterapia en relación con los aportes que una y otra podían ejercer sobre los cuadros patológicos, potenciando resultados en el menor tiempo y con el menor sufrimiento posible (Reca; 1937).

Telma Reca intentaba transmitir a los futuros profesionales, tal como lo explicitaba en sus programas y escritos, la necesidad de no asumir actitudes terapéuticas rígidas ni inmodificables, que tomaran en cuenta propuestas de distintos autores y escuelas que hubieran estudiado la influencia del ambiente sobre el niño y la situación

---

la elaboración de anamnesis y diagnóstico, conocimiento de técnicas terapéuticas y de rehabilitación.

[355] Nació en 1910 y murió en 1971. Fue pionera por sus aportaciones al Psicoanálisis de niños, reconocida nacional e internacionalmente. Cursó el Profesorado en Pedagogía en la Facultad de Filosofía y Letras de la UBA, aunque su deseo hubiera sido seguir la Carrera de Medicina. Inició su análisis didáctico en 1942, se incorpora como miembro adherente a la APA, desde 1950 es miembro titular y desde 1953 analista didáctica. Mantuvo intenso intercambio de correspondencia con Melanie Klein con quien supervisó personalmente material clínico y en colaboración con Elizabeth Garma tradujeron su obra *Psicoanálisis de niños*. Es profesora para la Carrera de Ciencias de la Educación, donde dicta un curso destinado a estudiantes, introduciendo las ideas de Melanie Klein, explícitamente descartadas por Telma Reca.

[356] Considerar que tradicionalmente la Pedagogía atendía a los casos normales. Pensar en propuestas pedagógicas que contemplaran los casos especiales es un notorio avance compartido con Braslavsky.

de cada uno en particular antes de elegir la técnica que podría ayudarlo a resolver sus problemas (Reca; 1937). Sostenía la necesidad de fortalecer el concepto de reeducación a partir de un diagnóstico amplio, que incluyera datos respecto de la capacidad de expresión, de características de la lectura y la escritura, de la dominancia lateral, el esquema corporal y las estructuras rítmicas. Incluía, tanto para el diagnóstico como para el tratamiento, trabajos puntuales de lectura y escritura, dejando marcas de su posicionamiento en los alumnos por estar "muy en pugna con las otras líneas. Y era un personaje, la palabra no es *severo* sino *serio* en algún sentido, radicalmente diferente de las líneas psicoanalíticas. En ese momento ya teníamos bastante psicoanálisis en nuestra formación, de distintas líneas, pero bastante psicoanálisis, más freudiano, más kleiniano, más anafreudiano (...) mucha formación y mucha práctica[357]".

En lo que respecta a la psicoterapia, ideada también como técnica que apoyaba la reeducación, sugería buscar información referida a circunstancias vitales significativas, a la autoimagen y sensaciones y sentimientos propios, a características del ambiente que rodean al paciente, a sus dificultades de aprendizaje.

La materia, la cátedra y el programa no fueron para Reca los únicos escenarios para desplegar tareas, para difundir y avanzar sobre una postura. En ese sentido, la Dirección del Departamento de Psicología y la reforma de los planes de estudio fueron proyectos que generaron movimientos institucionales, que se vieron reflejados en cambios disciplinarios y de proyecto profesional y que se legitimaron a través de actos administrativos como concursos y resoluciones.

---

[357] Joselevich, E.; testimonio oral; julio 1999.

Telma Reca fue Directora[358] del Departamento de Psicología entre 1961 y 1963. Ya desde 1958 estaba a cargo de un Proyecto de Extensión en el Departamento de Psicología y Psicopatología de la Edad Evolutiva del Hospital de Clínicas. Durante su gestión, en 1962, se aprobó una modificación al plan de estudios vigente, con el propósito de reformular el perfil de los egresados, que incluyó la formación de Psicólogos Educacionales a partir de un acuerdo con el Departamento de Ciencias de la Educación. Se establecieron además otras orientaciones como la Clínica, Vocacional y Profesional, y en Investigación Psicológica, planteando materias optativas e incluyendo los estudios de postgrado.

Ir más allá de la Carrera: la Extensión Universitaria y el Servicio del Clínicas[359]

"Telma Reca, que desde el '34 viene trabajando en el Hospital de Niños en una línea psicopatológica para niños y adolescentes, forma parte del grupo fundador de la Carrera y va a ser una maestra en toda el área de Psicología Evolutiva y Psicología Clínica de niños. Esa es una línea fundamental

---

[358]   La antecedieron Marcos Victoria, designado con la creación de la Carrera, quien es reemplazado por Enrique Butelman a quien sucede Manuel Solari. En todos los casos los Directores de Departamento tuvieron materias a cargo, promovieron cambios –totales o parciales– en los planes de estudios y tuvieron responsabilidades en el cambio del plantel docente, sea por designación o por concurso.

[359]   Resolución N° 56 del Honorable Consejo Superior de la UBA; Expte.103.051/58; 27 de diciembre de 1958. Consta que según proyecto de Telma Reca, lo informado por la Facultad de Filosofía y Letras, por la Facultad de Ciencias Médicas y la Comisión de Enseñanza se resuelve crear bajo la dependencia del Rectorado el Centro de Psicología y Psicopatología de la Edad Evolutiva, que deberá establecer relaciones con las cátedras e institutos de la Facultad de Filosofía y Letras y de Ciencias Médicas.

que se corona con un gran proyecto de Extensión Universitaria que funciona desde el Rectorado, el Centro de la Edad Evolutiva, con atención hacia la comunidad[360]*."*

En la época en que se inician las acciones del Centro de Psicología y Psiquiatría, antecedente directo del Departamento, el estudio y la práctica de la psiquiatría infantil con el enfoque de las *Child Guidance Clinics* eran prácticamente desconocidos en el país. También era notorio lo mal delineadas que estaban las intervenciones en psicopatología de la infancia y la poca difusión de procedimientos de clínica psiquiátrica infantil, así como los alcances de la psicoterapia (Reca; 1951).

Con estos antecedentes, el Departamento de Psicología y Psicopatología de la Edad Evolutiva del Hospital de Clínicas[361] se perfila como un espacio de ense-

---

[360] Rossi, L.; testimonio oral; febrero 2002.

[361] Como antecedentes a la creación del Departamento, durante la gestión del Rector Risieri Frondizi, pueden citarse el Centro de Psicología y Psiquiatría de la Cátedra de Pediatría de la Facultad de Ciencias Médicas que comienza su actividad a instancias de Telma Reca, luego de su viaje a los EE.UU. en 1930. Al regreso plantea al Dr. Mamerto Acuña, en cuya cátedra se desempeñaba como médica agregada *ad honorem*, la creación de un centro a semejanza de las Child Guidance Clinics que había visitado y en las que se había capacitado. En 1934 inicia tareas en un consultorio que se llamó de Higiene Mental Infantil, en el Instituto. Al llegar a la cátedra de Pediatría el Prof. Dr. Juan P Garraham, mostró interés por lo hecho. Con su apoyo se consiguieron mejoras edilicias y cambió de nombre: Centro de Psicología y Psiquiatría. Organizó cursos, conferencias, publicaciones, recibió becarios extranjeros y contribuyó a la enseñanza práctica de los alumnos de Medicina. En 1942, por recomendación de Houssay; la Rockefeller Fundation financió un nuevo viaje a EE.UU., donde se centró en la observación de clínicas psiquiátricas infantiles y en la enseñanza de la Psiquiatría infantil. A su regreso, a través del Agregado Cultural de la Embajada de los EE.UU. se consiguió una importante donación en libros y en tests. En 1948 se obtuvo un fondo de Fundación Rockefeller para hacer el seguimiento de niños tratados en el Centro de Psicología y Psiquiatría del Instituto de Pediatría de la Facultad de Ciencias Médicas, desde su fundación en 1934. Se analizaron y en algunos casos transcribieron 1940 historias

ñanza, y de investigación en temas de Psicología normal y sus desviaciones y de atención[362] a niños y a sus familias, integrando en su quehacer Facultades[363] y cátedras[364]. Incorporó como novedad servicios de enseñanza especializada, reeducación y ayuda psicopedagógica cuando no se encontraban insuficiencias mentales u otros trastornos con componente orgánico.

La tarea se apoyó en áreas de atención gratuita –con sentido comunitario– a pacientes de bajos recursos, acciones de docencia y servicio de controles para profesionales. Se trabajó con un concepto integrador de la personalidad entre lo biológico y lo social, alternativo al psicoanálisis, con aportes de la psicología experimental, la psicometría, del diagnóstico psiquiátrico y psicológico, del psicodrama y de las prácticas grupales con niños y madres con patologías similares.

Sostuvo como elementos que ayudaban al éxito del tratamiento, la rapidez en la admisión y la derivación, la precisión en el diagnóstico, la elección adecuada del tratamiento. Para lograrlo, destacaba el valor de la

---

clínicas, se separaron los casos posibles de ser abordados por tratamiento psicoterápico, aquellos que recibieron consejos o tratamiento, se trató de ubicar a los pacientes para seguimiento de su evolución posterior al pasaje por el centro. Se ubicaron 179, que en su mayoría "normalizaron" su desarrollo psíquico.

[362] Contaba con una sección de Asistencia o Clínica Psiquiátrica que atiende consultorios externos, internaciones breves e investigación y una sección Psicológica con subsecciones: Educacional, que se ocupa de escuela en internado psiquiátrico, jardín de infantes con niños normales y anormales y grupos educativos especiales, no contemplados por la escuela; Clínica y Diagnóstico del desarrollo; atendidas en todos los casos por equipos interdisciplinarios formados por médicos, psicopedagogos, asistentes, psicólogos y docentes especializados.

[363] Ciencias Médicas y Filosofía y Letras.

[364] Pediatría y Psiquiatría de la Facultad de Ciencias Médicas y Evolutiva I y II, Psicología Clínica de Niños I y II, Teoría y práctica de los tests mentales de la Carrera de Psicología.

observación y el requerimiento de objetividad para el terapeuta –que es posible si omite opiniones valorativas– el
establecimiento de un vínculo facilitador de experiencias
que favorecieran la expresión de conflictos y la intervención sobre los mismos (Reca; 1951).

Consideraba la misión del terapeuta como orientado-
ra tanto respecto del paciente como de sí mismo al tiempo
de decidir el tipo de tratamiento a seguir, reestablecedora
de la salud psíquica y normalizadora conductas.

Las formas de considerar y tratar el fracaso escolar
coincidían con la tarea que Berta Braslavsky venía desarrollando con enfoques paralelos desde 1944 en el IAR[365].

---

[365] El Instituto Argentino de Reeducación –IAR– fue creado en 1944 bajo la
codirección del Dr. Julio Luis Peluffo y la Prof. en Pedagogía Berta Braslavsky, en él abrevan dos líneas fundamentales, la psicológica y pedagógica, tuteladas desde la perspectiva médica. Fue uno de los primeros
establecimientos dedicados a la atención de las deficiencias mentales
y llegó a albergar hasta 200 alumnos procedentes de la Argentina y de
países limítrofes, muchos de ellos provenientes de sectores populares,
cuando pudieron establecerse convenios con las obras sociales. Allí
se desempeñaron egresados de la Facultad de Filosofía y Letras, fundamentalmente de las Carreras de Pedagogía y Filosofía. El objetivo
fundacional fue tratar los problemas de aprendizaje, de aquellos niños que no se adaptaban a la escuela común, que de alguna manera
se diferenciaban en su desarrollo. El IAR llega a esta postura desde la
visión que su conducción tiene respecto de la educación en general y
fundamentalmente de cuáles deben ser los alcances de la Pedagogía
y la Psicología. Es así que en la medida en que se detectan problemas
educativos y preocupación por abordarlos, comienza a abrirse paso
la Ortopedagogía o Pedagogía correctiva, rama de especialización
que posee una estructura compleja a la que concurren aportes de la
Medicina, la Psicología y la Pedagogía, lo que lleva a orientar la tarea
apoyándose en la categoría de débiles mentales, que se empieza a
utilizar recién cuando en Francia se promulgó la primera ley de enseñanza primaria que hacía la instrucción obligatoria y según la cual
todos los ciudadanos debían saber por lo menos leer, escribir, contar
y realizar las cuatro operaciones. Con la difusión de la ideología de la
educación común, ingresan al sistema escolar niños que manifiestan
la imposibilidad de seguir el ritmo, de adaptarse a los intereses o de
aceptar los métodos y la disciplina de trabajo que sigue la mayoría. El

Allí atendió al retardo pedagógico como un caso de inadaptación, como categoría que la pedagogía asistencial intentaba imponer sobre las prácticas psiquiátricas y que concebía posibilidades de aprendizaje a partir del diagnóstico y del diseño de acciones apropiadas, "saber qué efectos tenían los problemas [físicos y mentales] en el pensamiento, en la afectividad y en la personalidad total del individuo. Transformamos el sentido del contenido. No nos interesaba saber cómo estaba constituido el ojo, sino lo qué le pasaba al ciego" (Braslavsky, B.; 1996: 91).

Así como el enfoque y las tareas desarrolladas en servicio activa los encuentros con las posturas de Braslasky, también lo hace con los desencuentros con Carolina Tobar García. En el año 1958 se realizan las Segundas Jornadas de Extensión Universitaria, organizadas por la UBA y en las mismas se desarrolla un Simposio coordinado por Amanda Toubes, denominado "La Universidad y los problemas educacionales de su contorno social". En ese ámbito ambas expresan una vez más sus desavenencias.

Tobar García planteó que el objetivo de la Extensión Universitaria era salir de la Universidad para llevar una educación en higiene mental a las instituciones populares de la Capital y del Gran Buenos Aires. Los temas de divulgación debían referir a nociones de higiene mental, psicopatología elemental, y ser transmitidos en forma sencilla a las personas que concurrieran a esas instituciones. Para ello proponía, más que formar licenciados o doctores en la Universidad, crear institutos que dictaran carreras cortas dentro de la Facultad de Filosofía y Letras para la capacitación de profesionales que afrontaran

---

objetivo buscado por la Pedagogía correctiva y ya no diferencial como se la nominaba, que es como finalmente se caracteriza a la actividad desarrollada por el área pedagógica del IAR es la normalización de los niños para que puedan integrarse a la vida corriente.

problemas puntuales de la población escolar y de la sociedad en general (Tobar García; 1958). También sugirió que se investiguen los problemas de deserción escolar y que los alumnos y jefes de trabajos prácticos de las carreras realicen la divulgación de las medidas necesarias para solucionar esos problemas (Tobar García; 1958).

Por su parte, Telma Reca, instaba a utilizar la Extensión Universitaria para asesorar a los padres en forma sistemática, aprovechando la oportunidad para expresar sus desacuerdos respecto de establecer normas generales acerca de la vida y del desarrollo de los niños, sin que se consideraran los factores económicos y culturales como condicionantes de las dificultades. Incluía como variable con peso a tener en cuenta los "defectos" de la educación paterna y la diversidad de auditorios, destacando el hecho de que no es posible ir con las mismas palabras a todos los grupos (Reca; 1958).

Con el tiempo se fueron acercando al servicio, además de médicos, estudiantes y egresados de la Facultad de Filosofía y Letras, profesores y visitadoras de higiene y asistentes sociales.

Por lo diverso de la formación profesional, se planteó la necesidad de acordar puntos de vista básicos y compartidos, aceptar –usuarios y profesionales– nuevas prácticas y enfoques para tratar problemas de la infancia sin remedios ni inyecciones (Reca; 1951), mientras las intervenciones propias de una psicología y psiquiatría infantil con enfoque social se abrieron camino en el ámbito hospitalario y con el público que demandaba atención. Aún cuando la falta de condiciones impidiera el tratamiento psicoterapéutico, planteaba no renunciar a indicaciones y consejos relativos a la educación y la vida del niño.

Además de la atención al público, en el Departamento se dictaban clases y cursos para las cátedras de Psiquiatría Infantil del Curso Superior de Médicos Psiquiatras y de

Psicología Clínica de Niños y Adolescentes de la Carrera de Psicología.

Una posterior ampliación del espacio físico permitió incluir con mayor regularidad psicoterapias de grupo para niños y madres, grupos de orientación para madres de pacientes ambulatorios con inserción en la escolaridad común, tratamientos a pacientes con lesiones orgánicas, psicóticos o con rasgos psicóticos. Para cubrir esta gama de prestaciones, se planteó la necesidad de la formación y la práctica, que antes de actuar un nuevo integrante del equipo, comenzara su aprendizaje como observador y auxiliar de un psicólogo ya entrenado, que concurriera a las reuniones de equipo y participara de las actividades de capacitación.

Los grupos de orientación de madres eran coordinados por médicos o psicólogos y siempre contaban con un observador. Tenían una duración de seis reuniones y el programa estaba destinado a cubrir aspectos de la educación que si no surgían en el grupo, eran introducidos por el coordinador (Speier & al.; 1971). Llegaron a funcionar hasta quince equipos y su impacto y expansión no sólo fueron con relación a la comunidad, sino también a la Carrera.

Fin del servicio, fin de la actividad universitaria

"Después de la renuncia de Telma, en la época de Onganía, el Servicio se perdió para siempre. Nunca más tuvimos un Servicio hospitalario propio[366]."

Con el golpe de estado, el equipo en su conjunto y Telma Reca en particular fueron acusados de inclinaciones comunistas y expulsados de los servicios públicos en los que se desempeñaban.

---

[366] Schneider, S.; testimonio oral; noviembre 2004.

Por otra parte, los profesionales del equipo con inserción universitaria, renunciaron en agosto de 1966 a los cargos docentes.

Ella misma, preocupada por la continuidad de la experiencia y para evitar la discontinuidad de la tarea formativa en el campo psicológico y psiquiátrico de la niñez y de la adolescencia que se venía desarrollando, promueve en 1967 la creación en forma privada del Centro de Estudios y Asistencia Médico Psicológica de la Niñez y la Adolescencia –CEAM– con una triple actividad: asistencial, docente y de investigación.

Para entonces, la formación en servicio y la investigación habían adquirido carácter sistemático y resultados fructíferos y su promotora no estaba dispuesta a discontinuarlas.

El CEAM prosiguió desarrollando actividades en esa dirección hasta la muerte de su fundadora.

Por su parte, el Servicio en el hospital siguió funcionando con otras conducciones. Luego de varios cambios, se hace cargo una ex discípula de Reca que continúa hasta la actualidad. "La reconquista se da en el año '72[367]" cuando asume la dirección la Dra. Lucila Agnese.

Convergencia en Isla Maciel

"La vida en la Facultad era muy intensa, el estudio, las materias, los trabajos para Extensión. Me acuerdo de haber colaborado con los trabajos que se hacían en Isla Maciel, haber colaborado en investigaciones, o en encuestas[368]."

---

[367]　Agense, L.; testimonio oral; entrevista realizada por Rossi, L, octubre 1995.

[368]　Aisenson, D.; testimonio oral; junio 2002.

El programa desarrollado en Isla y Villa Maciel se planteó objetivos comunitarios, integrados e interdisciplinarios, y recogió aportes de variadas perspectivas, tradiciones teóricas y prácticas sociales. Estuvo dirigido desde sus comienzos por Amanda Toubes[369]. Participaron sobre todo estudiantes de Sociología, Psicología y Ciencias de la Educación, y en menor medida provenientes de las Facultades de Medicina, Ingeniería y Ciencias Económicas.

La elección del emplazamiento respondió al criterio de vincularse con un espacio representativo de las condiciones de vida de los grupos sociales más desfavorecidos. Se radicó en la zona de Avellaneda, próxima al Riachuelo, sobre una superficie aproximada de veinte manzanas. Los pobladores de Isla Maciel procedían en su gran mayoría del interior del país, instalados en terrenos que consideraban sin dueño, en los que levantaban viviendas de emergencia que adquirían carácter de permanentes construidas con chapas, maderas, cartones, lonas.

Además de realizar tareas de campo, se dedicó mucho tiempo a la capacitación de docentes en ejercicio en escuelas de adultos y de animadores y militantes de asociaciones populares, así como también de universitarios interesados en la temática Se proponía dar visibilidad, poner en acto los principios reivindicados por la Reforma Universitaria, destacando el sentido político de la experiencia, subrayando el intento de modificar situaciones de desigualdad sostenidas en relaciones de poder y avanzaba sobre el intento de formar profesionales comprometidos, capaces de generar frente a una demanda social respuestas consistentes (Brusilovsky; 1998).

---

[369] Pedagoga argentina, formada en Francia e Inglaterra. Desarrolló programas y actividades de educación de adultos y de formación de educadores para sectores populares urbanos y suburbanos.

El sostén ideológico destacaba la importancia de que los sujetos de la experiencia pudieran darse su lugar como protagonistas, incluyendo la satisfacción de necesidades psicológicas como las de comunicación, expresión, afecto, aceptación, relajación, tranquilidad, seguridad, estabilidad, pertenencia y participación. Estos objetivos proporcionaron a estudiantes y graduados de la Carrera de Psicología y también a los de Ciencias de la Educación y Sociología, un campo de investigación teórica y metodológica y una oportunidad para llevar adelante prácticas sociales (Informe; 1963).

La organización de las tareas dio lugar a una organización institucional compleja a la que se incorporaron estudiantes y profesionales originarios de los campos de Educación, Economía, Sociología, Arquitectura, Salud, Asistencia Social, Ingeniería y Psicología. Para los estudiantes y graduados de las nuevas carreras, tenía además de la intención de incidir sobre instituciones del Estado que ejecutaban políticas sociales, batallar contra los tutelajes y las relaciones asimétricas de poder[370] entre profesionales con distintas formaciones y trayectorias en la ejecución y conducción de proyectos sociales, fundamentalmente entre médicos y trabajadores del campo social.

Las formas de participación tuvieron diferentes estructuras organizativas, dependiendo de la unidad académica de procedencia, al margen de que los proyectos estuvieran centralizados. Se implementaron modelos diferenciados entre los servicios que propusieron las Facultades de Ingeniería y de Ciencias Exactas en la creación del Centro de Servicios a la Industria y la Facultad de Filosofía y Letras. La experiencia en la que intervinieron

---

[370] Esta situación aparece como una constante en la pelea por ocupar posiciones por parte de estudiantes y graduados de la Carrera de Psicología.

los estudiantes de Psicología junto a los de Ciencias de la Educación permitió elaborar y ensayar técnicas psicopedagógicas que podrían ser utilizadas luego en otros medios con las mismas características socioeconómicas. Otro tanto sucedió con las formas de organización comunitaria a las que se sumaron los originarios de la Carrera de Sociología, así como en la generación y capacitación en técnicas aplicables a niños y jóvenes considerados desadaptados escolares y sociales (Informe; 1964).

Lo que en Isla Maciel construyeron los estudiantes y jóvenes profesionales de las ciencias sociales debe ser considerado un aporte original y sustantivo a la construcción de la historia reciente de la educación y de las teorías de la educación de adultos. Esta realización marcó una diferencia con otras experiencias promovidas hacia o con los sectores populares ya que prácticamente todas –no sólo en Argentina, sino también en el resto de los países de América Latina– se plantearon su acción en relación con niños.

En cambio, las que se promovieron desde el DEU en Isla Maciel y luego con menos resonancia en otros lugares, destacaban una nueva tendencia en la educación popular de adultos, caracterizada por el hecho de que jóvenes universitarios, que además, en muchos casos, eran militantes de movimientos políticos, sociales o religiosos, trabajaran en forma profesional y voluntaria (Brusilovsky; 2000).

Los problemas de alfabetización, de retención escolar, del uso del tiempo no escolarizado, de la falta de trabajo en los jóvenes, no eran ajenos a la Universidad. El debate y las prácticas instaladas en relación con los proyectos del DEU planteaban la oposición entre salir de las aulas universitarias a enseñar a leer y a escribir o generar tecnologías sociales replicables.

Por otra parte, en tanto el analfabetismo y la inadapatación social no podían ser considerados problemas exclusivamente pedagógicos, sino fundamentalmente sociales, económicos y políticos, la universidad en su conjunto, con todas sus especialidades a disposición, debía realizar estudios y propuestas completas y proponer acciones diversas tanto hacia adentro de las comunidades con las que se interactuaba como en relación con los reclamos a los poderes públicos para que se hicieran cargo de sus responsabilidades y apoyaran las nuevas prácticas (Frondizi; 2002).

Los objetivos que el DEU se propuso, y que permitirían, por una parte, proporcionar a la población de Isla y Villa Maciel –aproximadamente de 17.000 habitantes– el impulso y el asesoramiento necesarios para que a través de la instituciones populares ya existentes, y de aquellas que se fueran creando, encararan los problemas vitales de su comunidad: sanidad, vivienda, abastecimiento, educación, empleo del tiempo libre. Por otra, incorporar a las cátedras e institutos de la UBA a un campo de investigación y de práctica que permitiría una mejor formación profesional y social del estudiante, capacitándolo para resolver los problemas de un vasto sector de la población. Por último, se planteaba en el marco de la educación para el desarrollo social, una tarea interdisciplinaria que posibilitara el perfeccionamiento de métodos de trabajo en equipo entre especialistas de diversas disciplinas; el entrenamiento de graduados de distintas carreras, la investigación de problemas impostergables del entorno social, la formación de especialistas que pudieran actuar en programas de organización de la comunidad, educación sanitaria, educación de adultos, readaptación escolar (Informe Planta Piloto; s/datar).

Muchas cátedras, unidades académicas y organismos del Estado utilizaron el Centro de Salud y otras organizaciones de Isla Maciel como lugares para la formación en terreno de sus estudiantes. Las prácticas se realizaban siempre con la presencia de los docentes y con la supervisión y el acompañamiento del personal del DEU en las especialidades de Salud Pública y Enfermería, Pediatría y Obstetricia, Trabajo Social, Educación, Psicología y Atención Comunitaria. El trabajo de campo se complementaba con cursos y seminarios teóricos con el propósito de estructurar el marco conceptual en el que estaba inscripto el Programa de Educación para el Desarrollo Social.

Los objetivos de las prácticas proponían la implementación de una metodología pedagógica y de intervención individual y social original en la Universidad y en el país (Memoria; 1963). Se planteaba introducir a los estudiantes en el análisis de una realidad social, y de los condicionamientos ambientales y culturales en áreas de bajo nivel de desarrollo. Se proponía completar la formación específica de los futuros profesionales a través de prácticas supervisadas –sobre todo para Psicología, Medicina y Salud Pública– en consultorios, dispensarios y en otras instituciones sociales, con criterios y con proyección para la adaptación y el traslado de los aprendizajes a otros contextos.

La propuesta insistía en la importancia de completar la formación integral de los futuros profesionales de las ciencias sociales a través de su participación en programas de Salud Pública dentro del Plan de Organización Comunitaria, con acciones de prevención, promoción, recuperación y de educación. Pretendía demostrar la importancia del trabajo en equipo y el rol y el impacto de los aportes de cada uno de los profesionales desde su campo específico en técnicas de trabajo social, análisis de casos, de grupos y de comunidades, en relación con salud, educación, cultura, vida familiar y vida comunitaria (Memoria; 1963).

Como se consideraba a Villa Maciel un área representativa de las villas-miseria del conurbano, se dedicaba mucha energía al relevamiento de datos y al seguimiento de los diferentes programas, atendiendo a la metodología empleada, los costos económicos, técnicos y humanos, evaluando periódicamente el rendimiento de cada uno, para formular programas replicables en áreas comparables (Informe Planta Piloto; s/datar).

El crecimiento de las propuestas y de los espacios físicos ocupados era trabajado con los participantes como indicador de éxito de la comunidad, de las posibilidades de concretar su voluntad de progreso y de suplir los aportes oficiales con el esfuerzo conjugado de universitarios y vecinos.

Las acciones desplegadas

"Teníamos muchos contactos con las escuelas del lugar. Entonces las maestras derivaban, pedían (...) y varios de los que estábamos allí teníamos una línea psicoanalítica social, aplicada, lo que era de esa época (...) Vos citabas un grupo a las 4. Todos de acuerdo. Por ahí venía el papá o venía la mamá a la entrevista, o alguien que se pudiese acercar. Y a las cuatro llegaba un chico, cuatro y cuarto llegaba tal vez otro o no llegaba nadie más. Entonces alguna gente empezó a hablar de resistencias. Nosotros íbamos a la Villa y a la Isla a cada rato. Fuimos y recorrimos para ver qué pasaba en cada una de las viviendas donde un chiquito – Pedro, Juan, María y Josefa– tenían que venir y no venían. En realidad lo primero que descubrimos es que esta gente no tenía reloj y cuando alguno tenía reloj, no es que lo mirasen todo el tiempo. Nadie juntaba ir al grupo con mirar un reloj (...) Entonces la consigna era inexistente para el patrón cultural. Un error garrafal (...) Y ahí aprendimos toda esa clase de cuestiones. Y como eso, fuimos ajustando cualquier cantidad de cosas. Eso nos ayudó enormemente a ubicarnos y aprender[371]."

---

[371]   Joselevich, E.; testimonio oral; julio 1999.

La escuela vespertina fue un modelo de funcionamiento institucional adaptado a las necesidades y a las condiciones del lugar. Estaba por fuera del sistema formal y preparaba para rendir exámenes en las escuelas de la provincia de Buenos Aires. Actuaba con autonomía, pero en relación con la escuela primaria de adultos y a otras actividades extraescolares y recreativas. Los cursos generales y la coordinación de los grupos estaban a cargo de estudiantes de Psicología y Ciencias de la Educación, en tanto que en las actividades de formación para el trabajo participaban conjuntamente profesionales y graduados de otras disciplinas.

Los cursos de corte y confección y bordado a máquina no sólo tenían por objetivo el aprendizaje de técnicas manuales, sino que se transformaron, para las mujeres, en un espacio de intercambio de los problemas cotidianos y su forma de abordarlos, con una participación muy intensa de las estudiantes de Psicología. Si bien parecía reproducir un modelo conservador de una actividad convencional de mujeres, fue una respuesta a una demanda social que se aprovechó para incluir otras propuestas. Las familias no veían con agrado ni permitían que las mujeres se incluyeran en otras actividades. Pero en este caso, éstas podían realizarse en el ámbito doméstico. Con el tiempo se sumaron taquigrafía y dactilografía, a la vez que se instaló una guardería para quienes concurrían con sus hijos.

La población de la Escuela Vespertina estaba constituida mayormente por desertores escolares, niños o adolescentes que abandonaban la escuela o no concurrían regularmente por problemas de adaptación o de aprendizaje, denunciando desajustes entre las características socio-culturales del grupo de pertenencia y la oferta educativa.

También dejaban de concurrir alumnos por la necesidad de trabajar precozmente, por la falta de útiles, por dificultades sociales de desfasaje entre el grupo familiar y la vida urbana, por falta de motivación y de comprensión de la función social de la escuela.

Incidían en este hecho, además, las aptitudes naturales, las aspiraciones de los jóvenes y las posibilidades de desplegarlas, la falta de conocimientos y habilidades requeridas para la prosecución de estudios y las dificultades de integración en las instituciones escolares o de aprendizaje (Informe; 1964).

A partir de pautas disciplinarias ajustadas a la realidad de los concurrentes y más flexibles que las que pretendía la escuela, se organizaba el trabajo con el propósito de ir eliminando "los tropiezos de aprendizaje en las materias instrumentales que son, dentro de la escuela, las causas más frecuentes de desaliento y agresividad" (Informe; 1964:8). Por la expansión de las acciones, en 1963 se organizó un Centro de Educación Integral para Adolescentes, conocido como Centro Juvenil, al que se incorporaron actividades de apoyo escolar, manuales, deportivas, recreativas y de formación general. Entre sus objetivos estaba la continuidad y el fortalecimiento de la labor de readaptación de desertores escolares realizada por la escuela vespertina desde 1956 hasta 1962[372].

El programa, espacio de desarrollo para los estudiantes de las Carreras de la Facultad de Filosofía y Letras, se centró en la actividad educativa extra escolar –peri y post primaria– que incluía tareas de orientación, capacitación laboral y recreación (Informe; 1963) y cubrió áreas no contempladas por los programas estatales existentes[373].

---

[372] El censo realizado por el DEU en la Villa en noviembre de 1962 revelaba la presencia de 150 varones entre 14 y 20 años y de 150 mujeres entre 12 y 20 años. Para ese mismo año el registro de participantes de las actividades que promovía el Centro era de 100 varones y 50 mujeres.

[373] En la zona existía una escuela primaria común con 800 alumnos y otras escuelas en un radio cercano, todas provinciales. A fines de 1957 de

Atendió no sólo a desertores escolares, sino también a niños con problemas de conducta, adolescentes desadaptados o que no hubieran terminado el ciclo primario y a adultos con relación al ciclo primario y al aprendizaje de oficios (Informe; 1964).

El DEU fijó objetivos para el Centro Juvenil que podrían resumirse en el propósito de lograr un cambio de actitud en jóvenes que hubieran tenido problemas de adaptación social, desarrollar la capacidad de actuación social cooperativa, fomentar la iniciativa personal y las aptitudes para el liderazgo democrático, apoyar el surgimiento del sentimiento de pertenencia y de responsabilidad frente a la sociedad y específicamente, frente a la comunidad local, estimular los intereses con respecto al trabajo y a la capacitación profesional proporcionando la oportunidad de iniciarse en el aprendizaje de un oficio. Para los universitarios que participaron de la experiencia, constituyó un espacio de capacitación profesional especialmente para estudiantes y egresados de Psicología y Ciencias de la Educación. El Director dedicaba una parte importante de su esfuerzo a la formación teórica y práctica del equipo en técnicas de diagnóstico, readaptación y educación de adolescentes marginales (Memoria; 1963). Las formas de incorporarlos al proyecto eran básicamente dos: atraerlos al Centro y desde allí estimularlos a acercarse a la escuela, o se iniciaban en el grupo escolar y paulatinamente se los iba integrando al resto de las actividades (Informe; 1964).

A partir de 1964 hubo un crecimiento, tanto en la asistencia diaria de jóvenes como en la variedad de actividades emprendidas, y sobre todo en la espontaneidad con que los jóvenes se iban sumando. Esta situación exigió ampliar la oferta y la capacitación de los coordinadores

inauguró un jardín de infantes de tipo asistencial, con siete horas de permanencia y comida con capacidad para cien niños.

de las acciones. Con esa intención el DEU organizó un seminario sobre técnicas de club de lecturas inspirado en los más difundidos cine-clubs. La propuesta tendía a acercar a un público no familiarizado al texto escrito, con el intento de integrarlo a su experiencia cotidiana y de favorecer el acceso a nuevas formas de comunicación y de relación entre la literatura y otros modos de expresión.

La aplicación de estas técnicas implicó un trabajo previo de elaboración de fichas de lectura y de montajes culturales que fue encarado paralelamente al seminario, y del que participaron grupos de universitarios y de la población en general.

En dirección a incrementar las comunicaciones, las posibilidades de acceso y producción de bienes, y simultáneamente de estimular el compromiso social, los estudiantes de las carreras orientadas por las Ciencias Sociales promovieron junto a los de Ciencias Económicas la organización de Cooperativas[374] de Producción y de Vivienda. Las primeras tuvieron su origen en los grupos que se originaron tanto desde la escuela vespertina como desde el centro juvenil y los clubes, en tanto que las últimas iniciaron su funcionamiento en las asociaciones vecinales. Estas últimas, con distintos niveles de organización y participación, fueron consideradas el principal punto de apoyo para el Programa de Educación para el Desarrollo Social que se proponía la promoción de líde-

---

[374] En octubre de 1957 un grupo de vecinos solicitó al DEU el asesoramiento para constituir una cooperativa de consumo que se materializó con la colaboración del Instituto de Estudios Cooperativos de la Facultad de Ciencias Económicas de la UBA. También con el apoyo del DEU, en diciembre del mismo año, se constituyó la Cooperativa de Vivienda, en 1961 se organizó la Unión Vecinal Calle Pinzón con el propósito de frenar desalojos promovidos por el ferrocarril Roca contra familias radicadas en terrenos linderos a las vías y en 1962 se conformó la Unión Vecinal Quinta Motta con el objetivo de gestionar la provisión de agua potable.

res de la comunidad para impulsar la acción de las mismas asociaciones, el desarrollo de la comunicación de los vecinos entre ellos, de los líderes con la base y de todos con los integrantes del DEU y de las reparticiones de la Municipalidad de Avellaneda vinculadas a proyectos sociales y el estímulo a la confianza en la eficacia de la acción colectiva, para intentar revertir el sentimiento de inferioridad y segregación generalizado en los habitantes de las villas miseria (Memoria; 1963).

Aproximar a la UBA a los cambios en Salud Mental. La presencia de Mauricio Goldenberg.

"Como profesional, desde que me recibí de médico, ejercí permanentemente en Psiquiatría, en el amplio espectro de la Psiquiatría, no a la manera de los años anteriores en que la Psiquiatría era una institución en algunos aspectos hasta carcelaria. Creo que fui una de las personas que cambió en nuestro país el modelo, los recursos y sobre todo la ideología de la atención a los pacientes en nuestra especialidad[375]."

Como ya se dijo, a mediados de la década del '50 se suceden transformaciones en las actividades vinculadas a la Salud Mental, que van a modificar el escenario, tanto de la formación de profesionales como de las prácticas asistenciales. Entre ellas se destacan la creación del Instituto Nacional de Salud Mental, la provisión por concurso del cargo de Director del Servicio de Psicopatología en el Hospital Aráoz Alfaro de Lanús al que accede el Dr. Mauricio Goldenberg[376] y la creación de las Carreras de Psicología en varias Universidades, entre ellas la UBA.

---

[375]   Goldenberg, M.; testimonio oral; noviembre 1995.
[376]   Nació en 1916 y murió en 2006. Se recibió en la Facultad de Medicina de la UBA en 1944 y finalizó la especialidad como médico psiquiatra en

La participación de Mauricio Goldenberg en estos acontecimientos y sobre todo la incidencia sobre estudiantes y graduados de Psicología, lo ubicaron como figura de referencia y de interrogantes.

Por otra parte, la interrelación entre los cambios producidos en el ambiente universitario y los propios de la atención a las enfermedades mentales, lo ubican en un lugar de visibilidad al decir de los testimonios de quienes lo conocieron e interactuaron con él.

Desde la perspectiva universitaria, los cambios que se vivieron en la UBA a partir del año '56 tensionaron los criterios clásicos de las cátedras de Psiquiatría condicionadas por la ideología asistencial de los hospitales psiquiátricos (Galende; 1996). A su vez, las transformaciones en el campo de la Salud Mental y en las prácticas ingresaron a la Universidad.

Aún cuando no se lograran grandes modificaciones, las que se alcanzaron crearon inquietudes en los psiquiatras jóvenes interesados en dinamizar y actualizar su profesión, diferenciando de los criterios de atención psiquiátrica que se prestaba en las instituciones asilares, manicomiales y colonias.

1946. Se reconoce discípulo de Gonzalo Bosch y de Carlos Pereyra –fenomenólogo– su padrino de tesis sobre alcoholismo a quien sucederá, en 1971, en la Dirección del Servicio de Psicopatología del Hospital Italiano. Su carrera docente fue paralela al desarrollo hospitalario. Es miembro titular de la Asociación Médica Argentina desde 1945, socio adherente de la Sociedad Argentina de Neurología, Psiquiatría y Neurocirugía desde junio de 1945 y miembro titular desde 1946. En 1948 se incorpora como vocal suplente a la Liga Argentina de Higiene Mental. Se desempeñó durante varios y en distintas posiciones en el Hospicio de las Mercedes. En 1950 viajó a Europa; participó del Congreso Mundial de Psiquiatría de París, conoció al psiquiatra infantil Julián de Ajuriaguerra, recorrió en Inglaterra establecimientos dedicados a trabajar con sobrevivientes. Antes de hacerse cargo del Servicio de Psicopatología del Hospital Aráoz Alfaro de Lanús desarrolló prácticas en el Hospital Fiorito de Avellaneda.

El Instituto Nacional de Salud Mental.
Una mirada crítica sobre el sistema.

"Los hospicios seguían con sus reiteraciones anacrónicas, aniquilando las posibilidades de cuestionamiento que habían germinado en algunos focos; y la vieja guardia psiquiátrica había logrado neutralizar la propuesta fundamentada y progresista con la que se había creado el Instituto Nacional de Salud Mental. Mauricio Goldenberg, uno de los jóvenes promotores de la propuesta ahogada, venía luchando activamente por algo más amplio que mejorar la atención de los pacientes psiquiátricos. Venía luchando por cambiar los modos de aproximación a las problemáticas y buscaba crear condiciones y mentalidades distintas en la organización de los servicios[377]."

La creación del INSM en 1956 –entidad gubernamental independiente que centralizaba los servicios públicos de Psiquiatría y de prevención– atendió a propuestas para mejorar la capacitación y la remuneración de los enfermeros y personal de apoyo, establecer servicios externos de Psicopatología en hospitales generales, el uso de nuevas técnicas terapéuticas, el incremento del presupuesto nacional para los servicios de Salud Mental y tareas de prevención y divulgación comunitarias[378]. Figuraba entre

---

[377] Barenblit, V. y Galli, V.; testimonio escrito; octubre 1996.

[378] Según una encuesta realizada por Floreal Ferrara y Milcíades Peña en 1959, 90 de cada 100 personas no nombraron a la locura entre las enfermedades más temibles de las no mortales. Tres de cada cuatro nombraron como su origen, causas físicas como lesiones cerebrales o alcoholismo. A 62 de cada 100 personas les desagradaría tener como vecino a un ex enfermo mental. La población en su mayoría desconocía a los psiquiatras. Una de cada dos personas no había tenido ocasión de conocer a alguien tratado por un psiquiatra.
En cuanto a los tratamientos conocidos, 45 de cada 100 desconocían los tratamientos psiquiátricos. Y entre los que sí conocían, 32 de cada 100 mencionaban el electroshock, 12 de cada 100 el shock insulínico. La psicoterapia y el Psicoanálisis fueron citadas por 8 de cada 100.

sus objetivos otorgar apoyo técnico y económico para la prevención de desordenes neuropsiquiátricos, la asistencia en sentido amplio a los enfermos mentales y su rehabilitación social, así como la promoción de la investigación y coordinación de las actividades de organizaciones nacionales, provinciales y municipales.

Se puede señalar la influencia sobre las prácticas de los profesionales argentinos de la medicina mental, de la psiquiatría americana e inglesa de post guerra, además de los avances con relación al desarrollo y uso de los psicotrópicos y el ingreso del psicoanálisis a espacios hasta entonces vedados, abordando los mismos fenómenos desde ángulos diferentes. Mientras el Psicoanálisis proponía que los pacientes fueran escuchados, la utilización de medicación presentaba las condiciones para que el paciente *pudiera* ser oído (Plotkin; 2003).

La aspiración del INSM[379] estaba centrada más que en una renovación o modernización de la psiquiatría, en la perspectiva de una revisión de los problemas de la salud y la enfermedad mental, de la comprensión amplia del daño psíquico, de las fragilidades subjetivas y de los factores de riesgo, a la luz de la identificación de las condiciones de vida y de la reformulación de las teorías con apertura a conceptualizaciones sociológicas, antropológicas, políticas. Desde allí la posibilidad de instrumentar nuevos servicios y prácticas con la incorporación de

---

[379] Estaba conformado por dos órganos: el Consejo Nacional de Salud Mental, integrado por cinco miembros, designados por el Poder Ejecutivo, con funciones técnico administrativas. El primero tuvo sólo tres integrantes comprometidos con la ideología "reformista": Jorge García Badaracco, Mauricio Goldenberg, Raúl Usandivaras; y la Comisión Nacional Asesora de Salud Mental, con trece miembros honorarios de la especialidad, profesores de Psiquiatría de todo el país y reconocidos profesionales de distintas disciplinas dentro de la Psiquiatría y de otras ciencias afines. La primera comisión fue integrada, entre otros, por Enrique Pichon Rivière, Telma Reca y Gino Germani.

técnicas psico-sociológicas para intervenir en ámbitos comunitarios y en función preventiva, la abolición de la institucionalización psiquiátrica como hegemónica y de sus establecimientos manicomiales para ser reemplazados por centros periféricos y equipos comunitarios y multidisciplinarios.

El hospital intenta cambiar su lógica

"En el hospital de Lanús se había reorganizado todo. Había concurso para organizar un servicio de Psiquiatría, porque todavía no existía (...) Gané el concurso y empecé a trabajar. Traje mucha gente, sobre todo de formación dinámica, algunos psicoanalistas (...) Hubo mucha gente que se interesó en ayudar porque era un servicio distinto a todos los del hospital, un servicio abierto. Fui uno de los que hizo un gran movimiento para terminar con el chaleco de fuerza. Finalmente se consiguió un decreto por el cual desde el Ministerio de Sanidad se eliminaba el uso del chaleco de fuerza[380]."

Los grandes manicomios eran el centro de la atención y la formación en Psiquiatría y estaban celosamente controlados desde la Cátedra de Psiquiatría, el curso de Psiquiatría para cursantes de Medicina y desde el curso de Graduados, con programas y contenidos de una práctica "vieja" y el sistema de clases magistrales (Carpintero & Vainer; 2004). Para Goldenberg esa psiquiatría ni siquiera podía ser considerada clásica sino residual, su enseñanza era excesivamente teórica, con exclusión de la neurofisiología, del psicoanálisis, de la psiquiatría extra manicomial y la investigación científica (Goldenberg & col.; 1958).

Los psiquiatras que se consideraban reformistas denunciaban esta situación y apoyaron la creación del INSM

---

[380] Goldenberg, M.; testimonio oral; noviembre 1995.

que, junto a otros puntos de encuentro como jornadas y congresos, se sumó a los espacios para el intercambio de ideas y experiencias.

La preocupación era identificar problemas y dar respuestas a las demandas que se presentaban en aumento, evaluar la calidad de lo que se hacía en los servicios, tanto al interior como hacia el exterior con relación a las necesidades comunitarias, "discutir las experiencias, confrontar con los visitantes nacionales y extranjeros, crear y aceptar creaciones de otros para solucionar los problemas típicos de servicios de ese tipo: las esperas en las primeras consultas y su posterior ubicación en algunas de las estructuras terapéuticas, los abandonos de los tratamientos, los tiempos posibles que se podía dedicar a cada persona o conjunto de personas, los desafíos generados por las nuevas experiencias que se producían en el Servicio y su conjunto de profesionales, las relaciones entusiastas y conflictivas entre distintas maneras de abordaje según doctrinas teóricas o empirias de peso, las incipientes cuestiones de la interprofesionalidad y de la interdisciplina[381]". Con ese marco, y con el propósito de potenciar atención y formación, Mauricio Goldenberg asumió la dirección del Servicio de Psicopatología del Policlínico de Lanús[382] en octubre de 1956, como resultado de la reestructuración de algunos hospitales de alta complejidad.

Recuerda Goldenberg que se hizo "cargo de la Jefatura, por concurso, el 1º de octubre de 1956, con la responsabilidad establecida expresamente en la reglamentación (¼) de organizar su estructura y funcionamiento como Servicio de Psiquiatría y Neurología. Contaba al principio con tres psiquiatras, un neurólogo y un electro-

---

[381] Goldenberg, M.; testimonio oral; noviembre 1995.
[382] El policlínico de Lanús se inauguró en 1952. Fue uno de los últimos construidos durante la gestión de Ramón Carrillo.

encefalografista, un consultorio externo y la posibilidad de atender en los consultorios de Medicina Interna, en las mañanas, tres veces por semana (¼), 7 camas para hombres y 7 camas para mujeres poco utilizadas en sus comienzos (...) Era necesario diferenciarse también en el nombre, ya que mi propuesta era de un modelo de trabajo institucional totalmente distinto al que predominaba en el país hasta ese momento. Por supuesto que la propuesta se fue perfeccionando y tomando formas distintas a medida que se fue construyendo e inventando[383]".

Entre 1958 y 1959 se empiezan a dictar cursos libres de la Cátedra de Psiquiatría, para quienes no podían hacerlo en su condición de alumnos regulares, "libres eran los que no podían dar regulares e iban a la provincia, como en la política (...) un Ministerio en el exterior, Lanús. Nadie quería un servicio en ese lugar[384]".

La gestión en el policlínico comenzó en un momento particular del desarrollo de las ideas psiquiátricas en la Argentina y de su enseñanza. La Psiquiatría tradicional tenía como bastión las cátedras y los hospitales psiquiátricos. Esta situación obligó a quienes "nos abríamos a cambios revolucionarios en la atención psiquiátrica y en la misma comprensión de los fundamentos de la Psiquiatría (...) a buscar otros lugares de formación para desarrollar prácticas asistenciales innovadoras y a la vez la exigencia de la búsqueda de aceptación y consenso por parte de otros equipos y servicios[385]". Al principio, la tarea de mayor envergadura era la atención en Consultorios Externos y la recorrida permanente por los otros servicios, "hablar con los médicos y los jefes, hacerles saber para qué éramos útiles; enfrentar los prejuicios contra la psiquia-

383 Goldenberg, M.; testimonio oral; noviembre 1995.
384 Kesselman, H.; testimonio oral; enero 1999
385 Goldenberg, M.; testimonio oral; noviembre 1995.

tría habitual y contra los pacientes que atendíamos. Fue permanente nuestra inquietud por lograr una completa integración de la Psiquiatría en el Hospital General, expresando la preocupación por unir aspectos médicos y psicológicos en la comprensión del hombre enfermo como totalidad[386]".

En la tarea asistencial, en la docencia y en la investigación, "incorporamos a la Psiquiatría Clínica los modernos aportes del Psicoanálisis y de la Psicología Social incluyendo terapias de pareja, familia (¼) La modificación de esquemas referenciales tradicionales que esta integración implicó, exigió a todos los integrantes del Servicio una actitud flexible pero crítica (...) Jerarquizamos así lo asistencial, al incorporar una concepción actualizada de la especialidad, lo que estimuló el ingreso de profesionales jóvenes, deseosos de formase en esta orientación (...) Lo característico de nuestra actitud fue el intento de superar las limitaciones de un mero ejercicio técnico, en el esfuerzo permanente por comprender y comprometerse con la totalidad de la condición humana. Esto se tradujo en la tarea asistencial, científica, preventiva y social[387]".

En poco tiempo, el servicio empezó a sufrir las transformaciones edilicias y profesionales exigidas por el progresivo aumento de las consultas que demandaba. Aumentó el número de médicos, jóvenes en su mayoría, que desde diferentes adscripciones teóricas –psiquiatras clínicos, psicoanalistas, reflexólogos– se incorporaron al servicio, así como algunos psicólogos, sociólogos, antropólogos y asistentes sociales (Goldenberg; 1966) y se fue convirtiendo en uno de los centros psiquiátricos más importantes del país en asistencia, investigación y docencia del país (Plotkin; 2003). Ocupaba un lugar central

---

[386] Goldenberg, M.; testimonio oral; noviembre 1995.
[387] Goldenberg, M.; testimonio oral; noviembre 1995.

en la integración con otros servicios del mismo hospital, haciendo de él un modelo para otros hospitales generales, acusando el impacto -entre otros motivos- del ingreso de profesionales de las ciencias sociales que colaboraban en la vinculación entre la psiquiatría, la psicología, la sociología y la medicina general.

Comenzó un proceso de ampliación de los espacios físicos, ganando lugares reservados a otras tareas y otros construidos con el aporte de la Asociación de Amigos del Servicio de Psicopatología del Policlínico de Lanús -ASPA- en la que participaba la esposa de Goldenberg. Reunió apoyos económicos importantes de relaciones personales y familiares[388] del propio Goldenberg "sumados a trabajar por la Salud Mental (...) por aliviar el sufrimiento humano (...) que nos contagió a todos. Muchos colaboraron con él como colegas[389], y otros porque fundamos ASPA y pusimos nuestro granito de arena para ayudarlo a ayudar (...) Ayudar, enseñar, investigar, no discriminar eran sus lemas, sus objetivos[390]".

Las necesidades económicas para incrementar la capacidad asistencial y docente eran importantes, más allá de contar con una gran parte del plantel *ad honorem*. El aporte en horas de dedicación no alcanzaba para cubrir requerimientos. El dinero era necesario, con él "se construía y se construía y se armaba y se agrandaba. Eso era

---

[388] Tanto Mauricio Goldenberg como su esposa, Isabel, que pertenecía originariamente a una familia "acomodada", tenían relaciones con sectores de cierto poder económico. Entre ellos, -por citar algún ejemplo- la familia Grañido, dueños de Chrysler y vinculados políticamente al desarrollismo; Volnovich, J. C.; testimonio oral; en Carpintero, E. y Vainer, A.; 2004.

[389] El texto completo refiere siempre a médicos. No hay ninguna mención a otros profesionales.

[390] Carballo de Fuchs, V.; testimonio oral; Integrante de ASPA, hija de una de sus presidentas; en el festejo del cumpleaños 80 de Mauricio Goldenberg; Hotel Claridge; Buenos Aires; agosto 1996.

subsidiado [por ASPA] que había sido organizada fundamentalmente por él y por sus amigos, toda gente de mucha plata y muy ligada a Frondizi. Había un proyecto fuerte. Goldenberg fue muy generoso con los psicoanalistas (...) era un Perón en chiquito: administraba lo que tenía, izquierda, derecha[391]".

Desde los inicios, el Servicio trabajó destacando la actitud del personal frente a la tarea, que configuró lo que tanto Goldenberg como sus seguidores denominaron "nuestra ideología"[392] y el ámbito en que los estudiantes de Medicina y Psicología, los residentes de Psiquiatría y otros profesionales en formación pudieron hacer experiencia clínica en contacto con una gran variedad de problemas individuales, de parejas y familias. Sostenía que "una ideología se elabora y se concreta en el trabajo. De lo contrario constituye un intelectualismo desarraigado o un activismo vacío. De esta manera el trabajo se hace más rico y apasionante. Intentábamos que cada integrante se sintiera parte de algo que hay que realizar (...) Estar en nuestro Servicio fue un compromiso humano y no sólo profesional. En él se luchó por la asistencia específica del enfermo y por el mejoramiento del hombre sano y su ámbito[393]".

---

[391] Volnovich, J. C.; testimonio oral; en Carpintero, E. y Vainer, A.; 2004.

[392] A partir de la publicación de *La Psiquiatría en el Hospital General* - Historia y estado actual del Servicio de Psiquiatría y Neurología del Policlínico Dr. Gregorio Aráoz Alfaro; en la Semana Médica; enero; 1966; en coautoría, Mauricio Goldenberg, Jefe del Servicio; Valentín Barenblit, Interconsulta; Octavio Fernández Moujan, Adolescentes; Vicente Galli, Consultorio Externo de Adultos; Hernán Kesselman, Docencia; Anatolio Muller, Neurología; Aurora Pérez, Niños; Lía Gladys Ricón, Internación; Carlos Sluzki, Investigación; y Gerardo Stein, Grupos. Con la colaboración para la redacción del trabajo, de Irene Cairo, Héctor Fiorini y Samuel Zysman.

[393] Goldenberg, M.; testimonio oral; noviembre 1995.

Goldenberg subrayó estos planteos en un relato que denominó *Mi más querida experiencia*, en el que planteó que "lo que teníamos que hacer no era solamente atender, recetar píldoras o hacer Psicoterapia, sino que teníamos que intentar de alguna manera cambiar a esta comunidad hospitalaria tal cual estaba funcionando y luego acceder al área comunitaria extra hospitalaria, importante por el número de habitantes y el tipo de población desinformada con respecto a los problemas de Salud Mental y sin acceso económico a una atención privada[394]". Así, el paciente psiquiátrico no sería "el alienado del hospicio, sino una persona, un vecino de la comunidad con problemas de relación, un niño con dificultades de aprendizaje, y así (...) incluiría desde una persona sana pero preocupada, hasta una crisis psicótica aguda[395]".

Una de las características más significativas, y que lo enorgullecía por haber sido su fundador, era "la filosofía, el comportamiento, las actitudes y, sin duda, la participación democrática de sus miembros. Obviamente, había distribución de roles y funciones en la organización institucional, pero se distinguía por un modelo y [una] ética democrática en la toma de decisiones y en la elección de los responsables. Este funcionamiento (¼) marcó a muchos profesionales, que de ese modo adquirieron no sólo formación teórica o técnica, sino una experiencia humana vivenciada día a día. La democracia era un valor que había que preservar... Y hasta que se pudo, se preservó[396]".

---

[394] Leibovich de Duarte; intervención; Mesa redonda: *Instituciones públicas y Salud Mental*; Facultad de Psicología; UBA; noviembre 1995.

[395] Goldenberg, M.; testimonio oral; noviembre 1995.

[396] Loffreda, E.; testimonio escrito; agosto 1992; en Primeras Jornadas Encuentro del Servicio de Psicopatología del Policlínico de Lanús; Buenos Aires.

Desde ese lugar se convertiría en uno de los líderes del movimiento de la modernización de la psiquiatría (Plotkin; 2003).

El Lanús de Goldenberg

"¡Cuántos caminos conducían a 'Lanús'! ¡Por cuántos lugares se filtraba la fuerza que nos empujaba a cruzar ese bache de gelatina gris que por raro capricho los porteños llamamos Riachuelo! Familiar, despectivo, se convierte en límite, en división capaz de separar en un tajo dos zonas, dos regiones semánticas (como diría un epistemólogo) donde se marca la pertenencia de los de aquí y los de allá (...) Porque a 'Lanús' había que llegar. Y había que llegar viajando por ese espacio donde procesábamos un aprendizaje que no provenía de la teoría de los libros. Lo que aprendimos en 'Lanús' lo aprendimos con las tripas; y lo que se aprende así, deja una marca para toda la vida (...) De 'Lanús' también había que volver. Pero volver era otra cosa. A la hora de irme, aunque colgara el guardapolvo, me quedaba algo pegado, algo que llevo todavía puesto y que no quiero perder. Sí, volver era otra cosa (...) Aquello era un acto que generaba un espacio para digerir la experiencia: la sorpresa de la guardia, la locura de la sala, el caos de los consultorios externos, eran capaces de poner de la nuca al más pintado[397]."

Ponerse la camiseta quería decir que había que estudiar, trabajar, tener el mayor respeto por el paciente, "una especie de diez mandamientos que todos cumplíamos[398]", una forma de pertencer y ser reconocido, una metáfora que distinguía. "¿De qué tela está hecha? ¿Qué fibras la

---

[397]   Goldenberg, M.; testimonio oral; noviembre 1995.
[398]   Barenblit, V. y Korman, V.; testimonio escrito; 1992; en Primeras Jornadas Encuentro del Servicio de Psicopatología del Policlínico de Lanús; Buenos Aires.

constituyen? ¿Qué constelación de rasgos identificatorios la conforman? He aquí preguntas que iterativamente nos aparecían. Una complicidad de asociaciones futbolísticas nos llevó desde la camiseta como signo distintivo y de identidad hasta la siguiente expresión: 'Lanús es algo más que un Servicio'[399]. Para muchos de los que se vincularon con el Servicio, y a través de él con Goldenberg o viceversa, que llegaron desde él al Servicio –y que no acusaron conflictos serios en esas relaciones– quedó instalada la idea de que fue la experiencia pionera que "Lanús era un símbolo de pertenencia. 'Muchachos –decía mientras se abría el botón de la camisa– los que estamos aquí –señalándose el pecho– tenemos la camiseta del Lanús'[400]".

En la propuesta de su titular, los participantes en el servicio señalan que hubo claridad de objetivos, de estrategias y de pasos a seguir, que se convocó a gente joven, altamente motivada, con empuje, deseosa de aprender sobre la marcha, dispuesta a trabajar responsablemente, comprometida con un proyecto novedoso e innovador, que consolidó un modelo asistencial que incluía diferentes abordajes terapéuticos y que allí estaba Goldenberg, presente en el trabajo y en la enseñanza, dispuesto a compartir, a contener, tanto a pacientes como a profesionales y a destacar que la salud en general y la salud mental en particular, eran un derecho y no sólo un privilegio[401]. En ese contexto, el servicio se transformó en un marco de referencia y de pertenencia ineludible, "un sello de origen,

---

[399] Moguillansky, R.; testimonio escrito; 1992; en Primeras Jornadas Encuentro del Servicio de Psicopatología del Policlínico de Lanús; Buenos Aires.

[400] Diamant, A.; Síntesis de testimonios y documentos citados en informe final; UBACyT P008 - Programación 1998-1999; *Psicología en la UBA: la enseñanza en los orígenes de una institución. Personas, hechos, lugares y objetos.*

[401] Leibovich de Duarte, A.; testimonio oral; noviembre 1995.

la marca identificatoria en el orillo[402]", que se plasmó en una opción de inserción laboral –asistencial y comunitaria– alternativa al modelo manicomial de reclusión y custodia del enfermo mental.

El servicio era considerado "un caldero en ebullición, una usina de ideas, de experiencias nuevas, de propuestas para mejorar la calidad de la tarea, que no siempre resultaba fácil ni exitosa, pero que planteaba el desafío de aprender a transformar obstáculos en recursos, a no sucumbir a los niveles de frustración, a bajar los niveles de omnipotencia[403]".

El trabajo interdisciplinario[404] –con los médicos como centro– no esquivó conflictos y dificultades entre los que se fue forjando la identidad grupal, el "made in Lanús" que marcó a varias generaciones de psiquiatras, psicólogos, trabajadores sociales, que se formaron no sólo como clínicos sino como agentes de salud, adscribiendo a "una ideología de respeto a la Salud Mental, un compromiso social y una ética[405]".

Con el correr del tiempo la demanda se hizo más numerosa y heterogénea, proveniente tanto de derivaciones internas del hospital como de la zona de influencia y en la medida en que el prestigio se iba extendiendo, de más lejos también. Junto a la preocupación por dar respuesta a requerimientos, se presentaba otra, la de no

---

[402]   Leibovich de Duarte, A.; testimonio oral; noviembre 1995.

[403]   En reiteradas oportunidades se hace referencia a la condición de interdisciplnario del Servicio del hospital, de la propuesta de trabajo o del enfoque teórico, pero en realidad no es estrictamente un planteo interdisciplinario sino una forma de agrupamiento, de profesionales de procedencia disciplinaria diversa, de concurrencia de corrientes teóricas, de conjunción de fundamentos o prácticas psiquiátricas con otras de enfoque diferente o complementario.

[404]   Leibovich de Duarte, A.; testimonio oral; noviembre 1995.

[405]   Barenblit, V. y Galli, V.; testimonio escrito; octubre 1996.

caer en "los peligros de dos extremos: por un lado en el enclaustramiento ortodoxo o dogmático en una teoría o una técnica, pretendiendo que es la mejor para todas las situaciones o, peor aún, que es la única, y por otro lado, en el peligro de un eclecticismo asistemático que conduce a actitudes caóticas e inefectivas, tanto a nivel clínico como docente. Por eso la perspectiva fue siempre la de articular la pasión doctrinaria con la eficacia clínica, el rigor conceptual con la elasticidad imprescindible para lograr contactos humanos adecuados a las particularidades de las personas y las situaciones en ese ámbito institucional en el cual (...) el entrecruzamiento de la Psiquiatría Clínica, la Psiquiatría Social y el Psicoanálisis no resultaron conflictivos, sino complementarios [406]".

En ese marco, puso énfasis en lo que denominaba la actitud psicoterapéutica que debía brindar el Hospital, la importancia de la psicoterapia individual y de grupo, mientras "lograba integrar también (...) la actividad asistencial con las tareas de docencia e investigación. En la tarea asistencial se privilegiaba la utilización de todos los recursos diagnósticos y terapéuticos disponibles, los aportes de la psiquiatría dinámica, la psicofarmacología, el psicoanálisis, la psicología clínica[407]".

Para dar viabilidad a la propuesta, desde el comienzo de su trabajo en el Aráoz Alfaro contrató psiquiatras jóvenes y entre ellos a diversos psicoanalistas, promovió la formación de grupos interdisciplinarios; y su servicio fue uno de los primeros en incluir psicólogos y más tarde sociólogos, antropólogos y otros cientistas sociales (Visacosky; 2002) estableciendo un marco en el que era posible poner en juego un amplio repertorio de "teoría o técnica y Goldenberg, en lugar de pisarte la cabeza, te

---

[406] Leibovich de Duarte, A.; testimonio oral; noviembre 1995.
[407] Kesselman, H.; testimonio oral; enero 1999.

daba más bibliografía y te exigía que estudiaras más. El grupo psicoanalítico se empezó a hacer fuerte cuando varios de nosotros entramos a la APA, a principios de la década del '60[408]".

La multiplicidad de marcos teóricos estimulados por Goldenberg, así como la ambigüedad atribuida a su figura, en algunos casos destacada como provechosa y en otros como confusa, es coherente con la ideología pluralista del Lanús, diferenciando el contexto histórico en el que se desarrollaron los hechos y las elaboraciones posteriores que sobre ellos se hicieron (Visacovsky; 2002).

El Goldenberg del Lanús

"Mauricio es evidentemente el hombre que plantó a la psiquiatría en un ámbito distinto del que ocupaba. Por lo pronto la sacó del hospicio, del hospital psiquiátrico y la implantó en el hospital general. Eso fue un cambio notable. Luego, gracias a su enorme conocimiento y a sus lecturas interminables, pudo unir los factores, los conocimientos de la psicología, de las psicodrogas, del psicoanálisis. Yo creo que él encarnó ese espíritu renovador de la psiquiatría, como nadie[409]."

Goldenberg se asumió como psiquiatra. Podría definirse como un psiquiatra ecléctico (Carpintero & Vainer; 2004), nutrido con perspectivas diversas. Entre ellas, los aprendizajes realizados en su primera estadía en Europa, cuando recorrió diversas unidades asistenciales y académicas y tomó contacto con autores y productores de la post guerra.

---

[408]   Etchegoyen, H.; testimonio oral; julio 1996.

[409]   Son reiteradas las menciones que hace Goldenberg al rechazo al psicoanálisis por parte de los profesores de la Facultad de Medicina de la UBA y a la necesidad de esconder sus relaciones con la teoría y con los psicoanalistas porque una y otros podrían ser un escollo para llegar a ser profesor titular de Psiquiatría.

También es necesario tener en cuenta que en el ámbito psiquiátrico porteño, desde muy temprano en el siglo XX, se constató la aproximación y reinterpretación del psicoanálisis desde perspectivas político-culturales diferenciadas. Desde la izquierda, socialistas y comunistas, entre ellos Jorge Thenon, Gregorio Bermann y Emilio Pizarro Crespo y desde el poder médico instituido con figuras como Juan Beltrán, Nerio Rojas, Gonzalo Bosch (Visacovsky; 2002). Con todos ellos Goldenberg mantenía vinculaciones. Esta apropiación psiquiátrica del psicoanálisis con fines operativos y prácticos ratifica las relaciones entre corrientes teóricas y desmentiría aquellos relatos que pretenden mostrar una resistencia de la psiquiatría al psicoanálisis. Las referencias sobre las relaciones de Goldenberg con este último son reiteradas. Más allá de sus dichos y de otras opiniones, la ubicación que en algunos casos se le atribuye como artífice de una genealogía psicoanalítica fue posterior a los años 1950 y por sus relaciones con psicoanalistas en ascenso, quedó instalado en el corazón del campo psicoanalítico (Visacovsky; 2002).

De todos modos, su formación asistemática, los vínculos informales con el psicoanálisis, su no acreditado entrenamiento psicoanalítico, y la necesidad de ocultar esas relaciones para no perder la posibilidad de avanzar en la carrera docente universitaria[410], lo ubicaron por fuera

---

[410] Son reconocidos como "Amigos de APA" personas interesadas en conocer y contribuir a la difusión del Psicoanálisis. Este grupo con funcionamiento orgánico "cerca" de la APA está reconocido desde los estatutos constitutivos de la Asociación Psicoanalítica Argentina (APA) en 1942 y funcionó como tal ininterrumpidamente hasta 1967, retomando su actividad en 1979 hasta la actualidad.
Se trató de personas que atraídas por el Psicoanálisis realizaron actividades tanto académicas como de contribución económica a su sostenimiento. Debían ser elegidos en asamblea ordinaria, pudiendo asistir solamente a las sesiones científicas que determinara la Comisión Directi-

del floreciente circuito psicoanalítico porteño. En cambio, podría considerárselo cerca de los Amigos de APA[411] (Moreau; 2005) tal como él mismo lo manifiesta en varias oportunidades, cuando afirma "yo fui amigo de la gente de la APA, pero yo era psiquiatra, no analista[412]", manteniendo así esa relación ambigua, sobre todo en el círculo de profesores de la Facultad de Medicina y que podría explicar por qué no asumió más formalmente sus vínculos con la APA. Empero se verifica un acercamiento a la obra de Freud y de otros autores en la misma línea, desde una perspectiva instrumental y práctica, con el objetivo de mejorar el sistema asistencial para las enfermedades mentales y de acortar la distancia entre el paciente y su medio (Visacovsky; 2002).

Goldenberg confirma en sus testimonios que se veía atraído hacia todo lo nuevo en el campo de la Salud Mental, que sumaba avances en función de una eficacia

---

va, sin posibilidad ni de voto ni de intervención en los debates. Desde el comienzo de su existencia se trató de un conjunto de familiares y amigos de los primeros psicoanalistas que fueron convocando nuevas y relevantes adhesiones. Con sus aportes se editaron publicaciones periódicas, se consolidó la Biblioteca de Psicoanálisis, se adquirió el inmueble donde aún funciona. Otorgaban "préstamos de honor" para financiar la formación de médicos argentinos y extranjeros. Entre las actividades que organizaban, se destacan las conferencias en el Aula Magna de la Facultad de Medicina a las que asistían en gran número estudiantes de Psicología desde 1958. "Amigos de APA" se fue consolidando como espacio de intercambio entre el Psicoanálisis y el ambiente intelectual y cultural sensible al tema, con presencia en grupos de estudio y de investigación. Estas actividades fueron señaladas como formas de apertura de los psicoanalistas hacia los no psicoanalistas o no admisibles por falta de condiciones fundamentalmente en su formación académica previa, como una actividad en los bordes de la institución y que no suspendió sus actividades durante la vigencia de la Ley Carrillo.

[411]   Goldenberg, M.; testimonio oral; noviembre 1995.

[412]   Goldenberg, M.; testimonio oral; noviembre 1995; entrevista realizada con la participación de Dora Schawarzstein.

clínica, sin pretensiones de una integración conceptual (Carpintero & Vainer; 2004).

En relación con la necesidad de aplicación de multiplicidad de líneas teóricas, creyó "siempre que lo mejor que podíamos hacer era la interdisciplina. Entonces no solamente fueron los psicólogos sino que también hubo sociólogos que trabajaron en nuestro servicio (...) Hubo un antropólogo que trabajó mucho para la experiencia que hicimos en la villa miseria. Teníamos fundamentalmente muchos psicólogos. Más bien muchas psicólogas. Porque los psicólogos masculinos eran pocos, pero fue un servicio que admitió de entrada a los psicólogos para que trabajaran en el mismo nivel que los médicos en la atención, en la internación, en la consulta externa. El equipo era un equipo interdisciplinario, de verdad. En ese sentido me anoto una condecoración, porque peleé mucho, con mucha gente, con los psiquiatras tradicionales, por ejemplo (...) Algunos psicoanalistas también tenían sus cositas. No veían con muy buenos ojos mi actitud tan abierta[413]".

Psicólogos y psicólogas en Lanús

"Los psicólogos que tuvimos el privilegio de pasar esos años por 'el Lanús' tuvimos allí un lugar muy especial para el aprendizaje y la construcción de nuestro rol profesional (...) Lanús, que nos recibió generosamente y ayudó a formarnos, permitió también llevar adelante esa construcción y consolidación activa de nuestra identidad profesional[414]."

---

[413] Leibovich de Duarte, A.; testimonio oral; noviembre 1995.

[414] Azubel, A.. y Fischman, M.; testimonio escrito; 1992; en Primeras Jornadas Encuentro del Servicio de Psicopatología del Policlínico de Lanús; Buenos Aires.

La mayoría de los psicólogos y estudiantes de Psicología que se fueron incorporando al servicio sobre finales de los '50 encontraron allí un lugar de formación y trabajo. Fue un espacio fundante en la construcción de la identidad profesional y como integrantes del campo de la Salud Mental, una experiencia con "un destino conceptual, intelectual y político más allá de (...) sus protagonistas. Y que por lo tanto trascienda el espacio de una nostalgia afectiva (...) Analizar esa experiencia. Abrirla a una mirada que tome en cuenta las marcas que podemos reconocer de la misma, para que pueda recuperar la potencia creativa[415]". Otro tanto sucedió con los médicos a los "que les gustaba trabajar con psicólogos[416]" mientras que para otros, provenientes de una y otra profesión, generó conflictos.

No sólo a Goldenberg le interesó la multiprofesionalidad; también la posibilidad de contar con profesionales jóvenes que trabajaran *ad honorem* a cambio de formación y hacer un lugar habitable para los noveles psicólogos y psicólogas. "A [García] Badaracco[417] también, le gustaban los psicólogos. Le parecía que era útil y que era importante(...) yo no me sentí nunca discriminada como psicóloga[418]".

---

[415] Kaplan, A.; testimonio oral; junio 1999.

[416] Algunas de las materias del plan de estudios se cursaban en hospitales, no sólo en Lanús. Jorge García Badaraco –que tenía en su equipo de cátedra ayudantes que pertenecían al servicio de Goldenberg– estaba en el Borda y Telma Reca en el Clínicas.

[417] Kaplan, A.; testimonio oral; junio 1999.

[418] La expansión de la obra de Goldenberg tuvo su freno a las puertas de la Facultad de Medicina y en la imposibilidad de convertirse en profesor titular regular de la materia Psiquiatría a la que había decidido dedicarse cuando inició su carrera, pero por la que temía y por ello pretendió esconder sus relaciones con psicoanalistas y con la propia teoría. "Hubiera sido demasiado para el poder manicomial, al decir de Miguel

La llegada a Lanús podía ser tanto a partir de cursar una materia *in situ* o en la sede de la Facultad con docentes del hospital, como por relaciones o requerimientos del servicio en expansión. Un ejemplo podría ser el arribo "como estudiante de Psicología, cursando la materia Psicopatología, allá por el '60. El profesor titular era el Dr. García Badaracco y los ayudantes de cátedra eran del Servicio de Psicopatología de Lanús (...) Conocí el servicio y a la gente que trabajaba allí. Mi ayudante era Carly [Sluzki] (...) me orienté hacia los adultos y entré en el Policlínico antes de recibirme de psicóloga. En ese momento era considerado un servicio modelo y aunque me quedaba mucho más lejos, quería formarme allí. Había muchas psicólogas trabajando, principalmente en el Departamento de Adolescentes, pero supongo que por mi amistad con Carly, ya fui encaminada a la Sala de Mujeres que él dirigía. Fui la primera psicóloga de la sala, lo cual era un honor y una rareza. Tuve que ir construyendo mi rol. Siempre fue de paridad con mis compañeros médicos, que eran muy respetuosos (...) y me fui integrando al equipo (...) Las relaciones del Policlínico con la Carrera de Psicología eran muy estrechas (...) las relaciones con la Facultad de Medicina, en cambio, eran muy conflictivas: había una voluntad de impedir que Goldenberg ganara el concurso de la Cátedra de Psiquiatría y eso se había convertido en una bandera para el Servicio. Fue imposible[419]. La Facultad de Medicina siempre fue retrógrada y no entendía la Psiquiatría dinámica (...) Lanús y Goldenberg daban cabida a las innovaciones y a la creatividad, siempre que tuvieran un fun-

---

Vayo, uno de los primeros residentes del servicio" en Carpintero, E. & Vainer, A.; 2004.

[419]   Schneider, R; testimonio escrito; en Primeras Jornadas Encuentro del Servicio de Psicopatología del Policlínico de Lanús; Buenos Aires

damento científico y pudieran sostenerse teóricamente.
Y siempre, por supuesto, que se hicieran con el máximo
respeto y cuidado por el paciente (...) La sala nos quedaba chica, y hasta el mismo hospital, para llevar adelante
un nuevo proyecto, el de la salud de la comunidad. Lo
llamamos de Psiquiatría Comunitaria, los equipos eran
interdisciplinarios, pero ahora con gente de las Ciencia
Sociales, pues la concepción etiopatogénica era fundamentalmente social. La sala, mis compañeros, los pacientes, me dieron para siempre la experiencia psiquiátrica, la atención a pacientes graves, el trabajo en equipo
(...) y un modelo de sostén institucional[420]".

Otra forma de "dar testimonio de una particular y
previlegiada experiencia de aprender que marcó mi camino, mi aprendizaje como psicóloga, transcurrió desde
los comienzos de mi formación como estudiante y por
varios años después en dos instituciones de orden público que comenzaban a surgir con fuerza y excelencia, la
originalmente Carrera de Psicología (...) y el Servicio de
Psicopatología del Policlínico Aráoz Alfaro de Lanús, que
desde su creación en 1956 y hasta 1972 tuvo como jefe y
mentor al Dr. Mauricio Goldenberg. Ingresé a Lanús en
1959 siendo alumna de segundo año de la Carrera de
Psicología, para entonces perteneciente a la Facultad
de Filosofía y Letras y rápidamente me incorporé como
aprendiz ávida al equipo de Adolescencia que recién
empezaba a funcionar, coordinado entonces por Dora
Romanos. Estaba formado por jóvenes médicos y médicas y algunas estudiantes, mujeres todas, de Psicología,
entre las que me contaba. Fui integrante del Servicio y del
equipo, luego Departamento de Adolescentes hasta fines
de 1965. En el interín, en 1962, formé parte de la primera

---

[420] Schneider, R.; testimonio escrito; en Primeras Jornadas Encuentro del
Servicio de Psicopatología del Policlínico de Lanús; Buenos Aires.

camada que se graduó en Psicología. Siempre seguí vinculada al Lanús y a su gente[421]".

La lejanía geográfica –muchas veces destacada– no pareció ser una traba para incorporarse y permanecer, tampoco lo fue la condición de no rentados. "Si recorrer en tren y con tres colectivos la distancia entre Florida, suburbio al norte de la Capital, hasta Lanús, suburbio al sur, sirviera como indicador de motivación (...) de lunes a sábado yo estaba desde bien temprano y hasta bien tarde al mediodía en el hospital, al igual que todos los otros integrantes del Servicio, profesionales la mayoría, los que de paso no recibían retribución salarial[422]".

La experiencia de Lanús, como institución pública con un programa de atención integral de la Salud Mental, fue paralela y contemporánea a la renovación de la universidad pública, en especial de la UBA, que se abría al compromiso social desde los programas de Extensión Universitaria, que se proponía la excelencia académica como una de sus metas, y se ocupaba de la apertura de carreras nuevas, como Sociología y Psicología. Mientras la Universidad las ponía en marcha, el hospital daba cabida a sus estudiantes primero y graduados después.

El "Lanús se nutrió de jóvenes graduados y estudiantes y proporcionó a su vez [a la Universidad] excelentes cuadros docentes empezando por el Dr. Goldenberg mismo, lugares de aprendizaje y de práctica (...) Que el trabajo en Lanús lo realizáramos en un ámbito público fue algo que los que participábamos de esa experiencia teníamos bien presente, había claridad sobre la función social del hospital público asentada en el derecho de la población a recibir la mejor asistencia posible y eso procurábamos. El Servicio de Psicopatología que comenzó con poquísimo

---

[421] Leibovich de Duarte, A.; testimonio oral; noviembre 1995.
[422] Leibovich de Duarte, A.; testimonio oral; noviembre 1995.

personal, escasísimo espacio físico y apenas un puñado de camas para internación, fue creciendo de manera sorprendente en cantidad de profesionales, en la dimensión de la demanda y en la calidad de los servicios ofrecidos (...) Se pusieron a funcionar todos los recursos terapéuticos posibles para cubrir la demanda de la población a lo largo de todo el ciclo vital, a lo largo de las ocho edades del hombre, como diría Erik Erikson. Lanús implicó el aporte superador de los enfoques clásicos asistencialistas para dar lugar, incluyendo dimensiones psicosociológicas, a un enfoque interdisciplinario centrado en la salud mental, en su promoción y prevención y en la asistencia y rehabilitación de una amplia gama de padeceres psicopatológicos. Se formaron equipos interdisciplinarios para (...) encarar muy diversas tareas tendientes a mejorar la calidad de vida de las personas y su comunidad, además de ocuparse de la internación y atención de pacientes agudos, ambulatorios y de sus familias o la interconsulta con otros servicios del hospital. Uno de los objetivos era no ser sólo un centro pasivo, admisor de enfermos –de paso siempre me molestó por la connotación selectiva que tiene que se hable de admisión y no de recepción de pacientes– sino que la propuesta del hospital, del Servicio, era salir extramuros y convertirse en un centro multiplicador de acciones de salud con equipos insertados en la comunidad[423]".

La formación recibida se refuerza con nombres propios como los de "varios psicoanalistas, Bleger, Usandivaras, De la Rosa para nombrar sólo algunos, que nos enseñaban y supervisaban nuestro trabajo asistencial con adolescentes. Pero no se trataba de practicar psicoanálisis en dosis homeopáticas, sino de buscar los modos de intervención más pertinentes y eficaces. Es así que fui-

---

[423] Leibovich de Duarte, A.; testimonio oral; noviembre 1995.

mos aprendiendo a hacer terapias breves, terapias de grupo, terapias familiares, a intervenir en crisis. Aprendimos a trabajar en equipo en el contexto de un Servicio de Psicopatología abierto, inserto en un hospital general donde se modificaron los límites entre la salud y enfermedad mental, donde se despenalizó y se desestigmatizó la enfermedad mental, donde el diagnóstico psiquiátrico dejó de ser un rótulo condenatorio, una especie de epitafio, para pasar a ser el punto de partida para elaborar estrategias de abordaje asistencial para los intrincados recorridos del padecimiento humano[424]".

Apertura y también conflictos

"En aquella época recién comenzaba la Facultad [sic] de Psicología (...) Mauricio tuvo siempre una respetuosa y valorada actuación con psicólogos y psicólogas y el Servicio fue un lugar de recepción y de posibilidades de trabajar en equipo (...) y hay una vieja historia retroactivamente leída con cierto conflicto, como si Mauricio no hubiera sido una persona absolutamente facilitadora de todo lo que a cada persona se le ocurría. Y si bien ayudó mucho a nuestra formación y a nuestro interés (...) también se peleaba con los psicoanalistas como se peleaba con los médicos psiquiatras excesivamente biologistas, con los psicólogos también se amaba y se peleaba. Había psicólogos con los que estaba en muy buena relación y había psicólogos que no le gustaban. No obstante, el servicio de Lanús llegó a tener –y para esa época era muchísimo– la mitad de profesionales médicos y la mitad de profesionales psicólogos[425]."

Se trataba de ingresar, permanecer y crear espacios. En tiempos de iniciarse la formación de los psicó-

---

[424] Leibovich de Duarte, A.; testimonio oral; noviembre 1995.

[425] Galli, V.; testimonio oral; julio 1996.

logos y de librarse la pelea por la formación y la práctica psicoanalítica, Lanús también fue un escenario propicio al que se le sumó la relación oculta del propio Goldenberg con el psicoanálisis "porque si no, sería *caput* en la cátedra[426]".

Si bien para muchos el Servicio fue el lugar permisivo, para otros no resultó tan así. "Con Goldenberg tenía conversaciones sobre el tema. Él me decía que los psicólogos no podían hacer psicoterapia[427], pero que yo sí. A mí me dejaba porque tenía formación, pero en secreto[428].Tiempo después, cuando nos reunimos las psicólogas de Lanús (...) descubrimos que a todas nos había dicho lo mismo[429]".

Hubo otros psicólogos en Lanús que no se incorporaron al Servicio de Goldenberg, lo hicieron por otros servicios y con otros referentes y no guardan tan buenos recuerdos "se enteró de mi rol, lo habló con Remolar [Director del hospital] y le dijo: 'hay que echarlo, este muchacho está equivocado, no depende de mí, es un asistente de médico como todos los psicólogos que están acá y no puede ser que trabaje independientemente y se crea que es un médico cuando es realmente un simple psicólogo'. Este tema tuve oportunidad de hablarlo con Goldenberg muchos años después, en Punta del Este, en

---

[426]   Goldenberg, M.; testimonio oral; noviembre 1995.

[427]   Que los psicólogos hicieran psicoterapia fue una reivindicación desde la carrera primero y desde la Asociación de Psicólogos –creada en 1962– luego. En 1966 se realiza en Mar del Plata la *X Conferencia Argentina de Salud Mental* en la que Rosalía Schneider presenta un trabajo titulado "El psicólogo y la Psicoterapia" donde deja sentada esta posición.

[428]   Son reiterados los relatos de Goldenberg respecto de ocultamientos y secretos. Frente a los profesores de Psiquiatría no dar a conocer su vínculo con el Psicoanálisis, con Pichon Rivière caminar escondido entre los árboles de los jardines del hospicio, por señalar algunos.

[429]   Schneider, R.; testimonio escrito; en Primeras Jornadas Encuentro del Servicio de Psicopatología del Policlínico de Lanús; Buenos Aires.

una reunión. Le dije: 'Mirá Mauricio, yo tengo con vos un tema que quiero aclarar porque me parece lamentable. Tu rol fue deplorable, fuiste un tipo absolutamente indigno con los psicólogos. ¿No te lo dijeron nunca? Bueno, es lamentable. Eso que vos decías de ayudar a los psicólogos a crecer se vivía en condiciones muy jodidas y yo pagué el precio también de esas condiciones. Así que realmente tengo una imagen de m- - - - de vos. Quiero que lo sepas para siempre' (...) Fueron años en los que no se nos dejaba (...) y si bien yo no estaba en la labor clínica, sí estaba interesado como psicólogo de la Carrera (...) Fueron años de lucha, de lucha gremial, profesional, de alguna forma. Los kinesiólogos tenían en esa época mucho más claro el rol y mucho más jerarquizado que los psicólogos y tenían mucha más fortaleza y mucho más poder[430]".

Del Lanús a la Carrera, a enseñar

"Risieri nos llama. No sé por qué camino me conocía. Ahí lo conocí yo a él. Después fuimos bastante amigos, inclusive en Caracas estuvo en nuestra casa muchas veces. Entonces, nos llama, a la Dra. Telma Reca, a mí y a Butelman (...) No sé si ellos antes habían hablado. Lo que sé es que él me pidió y yo fui con mucho gusto y nos dijo (...) que se reestructuraba la Universidad y que iba a haber una Carrera (...) en Filosofía y Letras (...) que tenemos que cambiar, hacer Escuelas (...) y, me gustaría mucho que se haga una Escuela de Psicología ¿Qué les parece a Uds.? Para que haya psicólogos, y otros que sean sociólogos, y otros que sean... porque eran como 6 ó 7 proposiciones. Con Telma Reca, que teníamos muy buena relación, con Butelman era muy poca, pero ahí convinimos en que estábamos de acuerdo. Nos encargó que empezáramos ya a organizar lo que iba a ser un Departa-

---

[430] Bertoni, E.; testimonio oral; setiembre 1999.

mento de Psicología, una Escuela de Psicología, para que no se perdiera un año (...) No me acuerdo bien qué título le pusimos a la materia, porque era muy de apuro el asunto, tenía un nombre largo...Fisiología Aplicada a la Clínica Psicológica[431] *(...) No me acuerdo si la idea fue totalmente mía o de Butelman o de Telma porque hablábamos mucho*[432]*.*"

Son notorios los saltos en el tiempo. Si bien el relato alude a momentos fundacionales de la Carrera, se sabe que no fue en ese período en el que Goldenberg se incorpora al plantel docente, sino más tardíamente[433]. Más allá de la participación real, se puede registrar el impacto de su presencia entre estudiantes y docentes de la época. Otro tanto sucede en relación con el tiempo de permanencia en el plantel de enseñantes, "dos años. La verdad es que yo trabajé poco, delegué bastante en la gente que me rodeaba. Carly Sluzky fue uno de los primeros en trabajar (...) Estaba deseando irme. Hablé con Frondizi al poco tiempo y le dije: 'mire Doctor, ya le aviso, yo estoy muy ocupado porque tengo que vivir de mi consultorio, estoy en un hospital muy importante, el Lanús' (...) porque además ya era profesor de la Facultad de Medicina (...) El lo entendió muy bien Y yo terminé muy bien, bien con toda la gente. Fue muy interesante[434]".

Llama la atención un comentario sobre el cambio de nombre a la materia que dictaba, ya que en la documentación respaldada tanto en la Facultad de Filosofía y Letras como en archivos propios no se encuentra ninguna refe-

---

[431] En el programa elaborado para dictar la materia el primer cuatrimestre de 1961 figura como Fisiopatología aplicada a la Clínica Psicológica.

[432] Goldenberg, M.; testimonio oral; noviembre 1995.

[433] En la planilla del legajo personal del Ministerio de Trabajo y Previsión, figura como fecha para el alta en la Facultad de Filosofía y Letras, el 29 de julio de 1960.

[434] Goldenberg, M.; testimonio oral; noviembre 1995; entrevista realizada con la participación de Dora Schawarzstein.

rencia. "Después le cambiamos el nombre (...) era algo así como Introducción a la Psicología[435]. Ahí llamamos a mucha gente, José Bleger[436] nos ayudó[437]". En realidad es este último quien figura a cargo de la materia.

Hay otros relatos que describen el arribo de Goldenberg y de sus colaboradores a la Carrera, pero con un itinerario un poco distinto "los estudiantes de Psicología le pedimos a Goldenberg que dictara Psicopatología aplicada a la Psicología Clínica".

Más allá de cómo y cuándo se produce su llegada, quienes fueron discípulos –y sobre todo cuando mantuvieron vínculos posteriores– conservan recuerdos gratos y de reconocimiento. "Mauricio Goldenberg fue profesor mío en la Universidad de Buenos Aires, pertenecí a su Servicio de Lanús durante 10 años y trabajé con él en el Departamento de Salud Mental de la Secretaría de Salud Pública de la Municipalidad de Buenos Aires. Es a él a quien debo todos mis conocimientos de Clínica y Semiología Psiquiátricas (...) no ha sido un Jefe de Servicio como los demás. Dirigía

---

[435] La materia Introducción a la Psicología figura desde el primer plan de estudios y desde el año 1959 parecen dos cátedras, una a cargo de Marcos Victoria y otra a cargo de José Bleger; en Rossi, L. y col.; 1995; *Psicología: secuencias instituyentes de una profesión* (entorno de transmisión); Secretaría de Cultura; Facultad de Psicología; Serie Materiales de Cátedra; Buenos Aires.

[436] En la planilla del legajo personal del Ministerio de Trabajo y Previsión figura como fecha para el alta en la Facultad de Filosofía y Letras, el 30 de octubre de 1959 y en planilla de relación de cargos figura como primer nombramiento, ese mismo año, el cargo de Profesor Asociado Interino para la cátedra de Psicología de la Personalidad. En 1960 es designado Profesor Titular Interino para la orientación en Introducción a la Psicología.

[437] Wolf, L.; testimonio pronunciado en el homenaje al Profesor Doctor Mauricio Goldenberg en el Centre Hospitalier Specialisé; Servicio del Dr. Roland Broca; Prémontré, Departamento de l´Aisne; Picardie; Francia; febrero 1988. Lucy Wolf se matriculó para cursar la Carrera de Psicología en la primea cohorte, 1957.

un equipo joven, luchador, rico en sus intercambios. El hecho de la coexistencia de diferentes posiciones teóricas y clínicas de los miembros del equipo ha contribuido a esta riqueza, que por momentos no era para nada evidente ni estaba exenta de conflictos (...) Estas singularidades eran fundamentalmente respetadas y estimuladas. Todo proyecto fundamentado (...) podía realizarse. Sociólogos, antropólogos y otros trabajadores de las Ciencias Sociales pudieron llevar a cabo sus investigaciones (...) estaba abierto a la comunidad científica en general (...) toda una generación de jóvenes psicólogos, psiquiatras, psicoanalistas y otros profesionales del equipo interdisciplinario que trabajaba en Lanús aprendió de Mauricio Goldenberg la fineza de una Clínica Psiquiátrica que sólo él sabía transmitir (...) Yo tuve el privilegio de ser parte de esa generación[438]".

Los vínculos entre la Carrera y el Servicio del Lanús, mediados por su presencia o la de sus colaboradores, parecieron muy fluidos, aunque registraron también algunas dificultades "durante la Carrera, si se necesitaban ayudantes, ¿de dónde los iban a sacar? Lo mismo que si Goldenberg necesitaba gente, psicólogos de niños, ¿de dónde los iba a sacar? Él trajo gente de Medicina, me acuerdo de que trajo a Aurora Pérez, que estaba terminando la Carrera, no la había terminado todavía y después vinimos nosotros [los psicólogos]. Por supuesto que cuando había que elegir el coordinador de todo era un coordinador médico. Se respetaba la legalidad. Pero si había que tratar a alguien, ahí por abajo, nos mandaban a nosotros. No es que se respetara totalmente. Se sabía que tarde o temprano el tema de la posibilidad de hacer Psicoterapia salía. Salía de hecho porque la estábamos haciendo en hospitales. Lo que pasa que al hacerlo en hospitales todo el mundo tenía algún psiquiatra, o había un médico que se hacía responsable. Nosotros

---

[438] En referencia a los servicios de Niños y Adolescentes.

necesitábamos la legalidad (...) y Goldenberg les dio la jefatura del Servicio[439]. Después, por ejemplo, en Grupos estábamos Aurora Pérez y yo[440]".

Del Servicio a la Extensión

> *"Empezamos a trabajar en la comunidad y la primera expe*
> *riencia fue hecha en una villa miseria próxima al hospital*
> *(...) y a una serie de edificios que había hecho el peronismo,*
> *donde vivía gente obrera (...). La idea fue primero un estu*
> *dio estadístico, un trabajo epidemiológico para decidir qué*
> *había que hacer. Se limpiaron las calles, se hicieron pozos*
> *para inodoros. Trabajamos mucho con la escuela, con las*
> *maestras (...) que se ocuparan de los chicos que tenían difi*
> *cultades (...) con las mujeres a las que se les dio una especie*
> *de nombramiento para que se jerarquizara su actividad (...)*
> *¿Y esto es Salud Mental? Sí. Es Salud Mental. Porque para*
> *tener Salud Mental, hay que tener en primer lugar salud[441]."*

La necesidad de llegar a la comunidad, de penetrar sus
problemas y ofrecer alternativas de mejora "tenía mucho
que ver con la Extensión Universitaria (...) y en la idea del
Servicio de Lanús estaba implícita la Extensión, doblemente: en cuanto a llegar al pueblo, porque tuvo incidencia en
el pueblo y también lo que la Reforma Universitaria llamaba Extensión Universitaria: poner al servicio del pueblo
los conocimientos de la Universidad[442]". Esta función se vio
materializada en el Servicio que dirigía Goldenberg, por
lo menos por dos caminos, "desde la prevención a través
del trabajo comunitario y desde la asistencia a través del

---

[439] Kaplan, A.; testimonio oral; junio 1999.
[440] Goldenberg, M.; testimonio oral; noviembre 1995.
[441] Etchegoyen, H; testimonio oral; julio 1996.
[442] Calvo, M. T.; testimonio oral; Archivo de Historia Oral de la UBA; octubre; 1987. Transcripción poco legible.

trabajo hospitalario. No había uno de nosotros que no estuviese en el Lanús, o en un centro de salud o en el Servicio de Telma Reca o en el Borda. (...) o en Isla Maciel. No se entendía otra posibilidad de trabajar[443]".

Hacer Extensión era una forma de aprender y de enseñar. Y si "enseñar es una tarea compleja y permanente, que no se reduce de ningún modo a momentos específicos que se llamarían actos de enseñanza (...) Mauricio enseñaba permanentemente, porque, al ser un gran hablador, un hablador entretenido, siempre tenía, a propósito de una situación que se presentaba, alguna anécdota o alguna descripción (...) no tenía el corte de la época de los profesores académicos, no hacía mostraciones[444]" podría pensarse que hacía demostraciones en el campo concreto. Y "si lo más destacable de un maestro es la generación de actitudes nuevas que pasen a formar parte de la existencia de los que aprenden, Goldenberg lo logró plenamente por la congruencia entre sus enseñanzas y su vida, por la transmisión de entusiasmo y la exigencia de buscar soluciones para lo que parece no tenerlas[445]".

Mientras para unos contemporáneos la coherencia y el compromiso son factores a destacar, para otros, los esfuerzos de amplitud, tanto teórica como de perfiles profesionales con que Goldenberg interactuó, producto de la ambigüedad con que operaron, quedó registrada como difusa en el "desarrollo de diferentes ortodoxias, entre ellas la psiquiátrico-farmacológica y la psicoanalítica, pero que no llegó a oficializarse ninguna de ellas[446]".

---

[443]   Galli, V.; testimonio oral; julio 1996.

[444]   Barenblit, V. y Galli, V.; testimonio escrito; octubre 1996.

[445]   Azubel, A. y Fischman, M.; testimonio escrito; 1992; en Primeras Jornadas Encuentro del Servicio de Psicopatología del Policlínico de Lanús; Buenos Aires.

[446]   Prácticamente, en todos los testimonios y en la gran mayoría de los documentos, Escardó refiere en femenino a la presencia de estudiantes y

En cuanto a la incorporación de psicólogos al Servicio, como forma de generar inserción y vínculo con otros profesionales –fundamentalmente con médicos– Goldenberg efectivamente planteaba que los primeros estaban en condiciones de hacer Psicoterapia, pero cuando el médico lo indicara (Visacovky; 2002), al tiempo que sostenía que los espacios más propicios para su desarrollo serían la atención a niños, a familias tanto dentro como fuera del hospital.

Florencio Escardó: la psicología –y las psicólogas[447]– en la lucha contra múltiples prejuicios

"Prefiero contar tres historias como docente. En la primera clase, cuando era profesor de Pediatría, tenía que explicarles a los estudiantes qué era un chico. Imposible. Entonces se me ocurrió una idea genial. Pararme en el escritorio. Di toda la clase parado allí. Los tipos tenían que mirar para arriba. Les dije: los chicos siempre miran así a los grandes. Eso es un chico (…) La otra historia es muy curiosa. Esta vez la clase era sobre los abscesos de cuello de los chicos. Quería explicarles a los estudiantes que hay que hacer una incisión paralela al pliegue. Nunca hay que cortar donde le conviene a uno, sino de modo que la cicatriz quede disimulada en el pliegue. Estalló un aplauso tremendo en la clase. Entonces salí al jardín y me puse a llorar. Soy un sinvergüenza. ¿Cómo yo, que tengo que transmitir la emoción del enfermo me hago aplaudir? (…) La tercera es que llevé a los estudiantes a una villa miseria. Los muchachos estaban asombrados de ir allí, pero es donde están los chicos, los problemas y la gente. El lenguaje es diferente[448]."

---

graduadas de Psicología.

[447]   Escardó, F.; testimonio oral; agosto 1991.

[448]   La idea de comunidad que se autoorganiza aparece en reiteradas ocasiones en los testimonios y en los escritos de Florencio Escardó, así

El hospital, como cualquier espacio social, puede ser pensado como una réplica reducida de las condiciones de vida y de las ideas y costumbres instaladas fuera de sus fronteras. La escuela, la casa, las familias, también el hospital, serían ejemplos de comunidades que se organizan[449] y los prejuicios, algunos de sus ejes estructurantes, muchas veces asociados al desconocimiento.

Para Escardó[450], los cruces entre los lugares "por donde pasa la vida" y "la enseñanza como forma de convivencia[451]" y los prejuicios, fueron motivo de pelea con el objetivo de desarticularlos, "con dialéctica, con humorismo, utilizando el ridículo y no la negociación de lobby[452]". Entre ellos, la distancia entre la Universidad y la comunidad, la ajenitud de la enseñanza, la deshumanización de la medicina, la monosexualidad escolar, el lugar de la mujer, las relaciones familiares, los mensajes de los medios de comunicación.

---

como la referencia a la escuela y a la enseñanza.

[449] Escardó, F.; testimonio oral; agosto 1991.

[450] Giberti, E.; testimonio oral; julio 1993.

[451] Escardó, F.; (1969). Clase de despedida. Con relación a su pasaje por la Universidad, dice el propio Escardó: "He sido profesor titular, he sido decano y por consiguiente consejero, he sido miembro del Consejo Superior, he sido dos veces Vicerrector de la Universidad (...) Ingresé a la Universidad de Buenos Aires a los 12 años de edad, como alumno del Colegio Nacional de Buenos Aires, tantas veces histórico; egreso de ella 53 años después (...) La dejo sin pena, aunque no sin inevitable tristura, porque la llevo adentro, pero muy adentro (...) siento, con todas las veras de mi alma que mi futuro es mi pasado del que he venido hoy a dar cuenta (...) en 1945, al ser avasallada la Universidad, se iniciaron nueve años de exilio universitario y hospitalario. Muchas veces he pensado si no fue mi deber quedarme a resistir la ola desde adentro; pero también he comprendido que no pude hacer otra cosa; los argentinos estábamos divididos a fondo y había que elegir. Yo tomé el camino que mi civismo me señaló (...) Pero si la depresión cívica duró mucho, la depresión docente duró muy poco. Cuando se ha nacido para enseñar, la tribuna es lo de menos, se enseña lo mismo en un paraninfo que en una mesa de café".

[452] Fue responsable del Departamento de Extensión Universitaria a partir de 1958

La distancia entre la Universidad y la comunidad

"Puedo decir que he cumplido como pocos, tal vez como ninguno (...) el postulado de Extensión Universitaria que tiñó de filantrópico romanticismo los inicios de la Reforma Universitaria del '18 (...) Pudimos hacer de ello una realidad militante (...) ¿Cómo no sentirme y proclamarme hombre de la Reforma si he dedicado mi vida entera a realizar exactamente lo que proclamaron los reformistas? (...) Saqué en cuanto me fue posible el aprendizaje del aula y del hospital, durante más de 10 años la cátedra trabajó con el Departamento de Extensión Universitaria de la Universidad de Buenos Aires, en la comunidad de la Isla Maciel [453]*."*

Escardó pretendió consolidar, tanto para la asistencia como para la formación, equipos con profesionales de procedencias diversas. Incluyó asistentes sociales en ambas tareas, para abordar contenidos que les eran propios y mostrar cómo operaban. "Allí Nora Murphy[454] trabajaba mano a mano con los estudiantes, porque una cosa son los chicos en el hospital y otra cosa son los chicos en el ecosistema, en su villa, en su área, con las vecinas, tener que revisarlo en el rancho, atenderlo en el Centro de Salud. No es lo mismo que la mamá trasplantada con el chico al hospital. Los estudiantes decían que ninguna otra cátedra les mostraba esta realidad. Juntar distintas realidades que podían tener que ver con el grado de enfermedad de los chicos, las variables psicológicas, la carencia, el hambre, la moral[455]".

Los estudiantes hicieron en el Centro de Salud de Isla Maciel y en los domicilios gran parte de su entrenamiento, "visitaron además escuelas, jardines de infantes, tambos

---

[453] Giberti, E.; testimonio oral; julio 1993.
[454] Fue responsable del Departamento de Extensión Universitaria a partir de 1958.
[455] Giberti, E.; testimonio oral; julio 1993.

y establecimientos fabriles de productos alimenticios[456]; sistemáticamente hicimos con cada grupo excursiones al campo, lo que le dio a la enseñanza un tono de particular intimidad (...) En todo momento los alumnos vieron actuar juntos al médico, al psicólogo y a la psicopedagoga como un hecho integrativo inexcusable y ello, sin duda alguna, enriqueció su visión del ser humano y tal vez su visión de sí mismos" (Escardó; 1969:23).

A partir del análisis que Escardó hacía de los problemas sociales, marcó una línea en la enseñanza de la Medicina y de disciplinas conexas, en el convencimiento de que "la enseñanza es un modo de convivir y nada más[457]", que la comunidad es agente de cambio, y que las cátedras tenían la responsabilidad de poner a punto, con una concepción científica, cada problema social, desde aspectos altamente complejos hasta situaciones prácticas.

Como ejemplo de desajuste proponía el calendario académico que "se cumplía tradicionalmente, de abril a noviembre, mientras los niños se morían de diarreas, también tradicionalmente de noviembre a abril (...) por el más grande drama del niño sudamericano, las diarreas de verano (...) una masacre pacífica" (Escardó; 1969:23).

Insistía en la necesidad de resolver en el contexto del domicilio particular cada caso singular, hecho aceptado de buen grado por los vecinos y en muchos casos ironizado por los representantes de la pediatría tradicional.

Sostuvo que la comunidad debía estar informada de cada hecho que se incorporaba o se modificaba y de sus consecuencias. Para ello usó todos los medios de difusión

---

[456]   Sobre todo le interesó una aproximación al procesamiento de la leche porque estaba preocupado por la diarrea infantil, al tiempo que fue un ferviente denunciante de la mortalidad infantil por este tema y de la responsabilidad de las autoridades sanitarias.

[457]   Escardó, F.; testimonio oral; agosto 1991.

a su alcance "las revistas, los diarios, la radio, el cine, el disco y la televisión, (...) libros de educación familiar[458] (...) clases, conferencias y coloquios en clubes, escuelas grandes, menos grandes y pequeñas, jardines de infantes, gremios, centros, bibliotecas, agrupaciones[459]" incorporando a la tarea a jóvenes profesionales de diversas disciplinas: médicos, abogados, psicólogos y psicopedagogos.

El resultado de estas acciones y convicciones fueron calificadas por él mismo y por sus seguidores "como una doctrina sólida y probada y una expansiva militancia" (Escardó; 1969:27) revindicando los saberes de la gente común en materia de infancia y de necesidades. Con el mismo marco ideológico, atención-enseñanza-extensión, pero en relación con otros grupos sociales, dejó validada la experiencia de la *Escuela para Padres*[460], reconocida por la Facultad de Medicina[461] e incorporada a la Federación Internacional de Escuelas para Padres[462], como un modelo para tratar temas familiares y culturales, no sólo técnicos, con criterio y lenguaje universitario (Escardó; 1958).

También con el criterio de acortar distancias, pero en este caso al interior de la Facultad, consiguió unificar el juramento de los graduados, poniendo énfasis en las responsabilidades profesionales y sociales, desactivando el hecho de que mientras "unos juran por la patria, otros

---

[458] En 1962 se publicó por primera vez *Escuela para Padres*, en tres volúmenes, en coautoría con Eva Giberti y prólogo de Florencio Escardó, alcanzando 30 ediciones.

[459] Escardó, F.; testimonio oral; agosto 1991.

[460] "La *Escuela para padres* es una creación mía, él la avaló y prestó el aula, fue profesor, colaboró para que los padres, pero sobre todo las madres de los internos del hospital concurran, fue un movimiento social creación de una mujer". Giberti, E.; testimonio oral; julio 1993.

[461] A partir de 1966, dependiente del decanato de la Facultad de Medicina.

[462] Institución internacional, asesora de la OEA y de UNESCO, con sede en Francia, Sèvres.

por la palabra de honor, otros por Dios ¿Cómo se va a dividir por las religiones a los que han estudiado juntos? (...) Había una Biblia grande, magnífica. Ahí se ponía un estudiante y los demás le ponían la mano en el hombro. Entonces, los católicos, que eran una larga fila, juraban. Después venían los que juraban por la patria y por la palabra de honor que decían que eran los comunistas. Cuando unifiqué el juramento, mandé la Biblia a la biblioteca. Por eso soy el decano del anticristo (...) Había un cura que no nombro, de la iglesia del Salvador, que decía que yo era el decano del anticristo[463]".

Las madres en las salas de internación

"El Hospital de Niños pertenecía a la Sociedad de Beneficencia (...) [y se] encontró que los practicantes no tenían el mínimo de materias dadas para ser practicantes, ni menores, ni mayores. Tuvo que llamar a concurso. Y nos presentamos. Era la primera vez que un judío entraba al Hospital de Niños: Rascovsky. Esto da la idea de lo que era el Hospital. Gané el concurso. Era sábado. Fuimos a ver al secretario, a preguntarle si teníamos que ir el domingo. El secretario nos contestó: los niños también están enfermos los domingos. Fue muy impresionante para mí. No se me había ocurrido. [El domingo] no había nadie, ni jefe de sala. Había quince chicos de un lado y quince chicos del otro. En el fondo había una enfermera que le daba la mamadera un chico. Para los demás, había dispositivos de alambre que sujetaban la mamadera. Cada tanto, embocaban. Fue en 1929. Fue decisivo en mi vida[464]. Y me prometí terminar con eso. Tardé treinta y dos años en conseguir que las madres entraran al Hospital de Niños ¡treinta

---

[463]   Escardó, F.; testimonio oral; agosto 1991.

[464]   El contacto con el niño enfermo y en esas condiciones, tuvo un "efecto traspasante" que hizo las veces de compromiso, sólo ser médico de niños; Escardó, F.; 35 años de médico; op cit.

y dos años! La madre sabe de Pediatría (...) porque hay un montón de úteros hasta llegar a ese chico: la madre, la abuela, la tía. Parir es un tema de mujeres (...) los parteros no deben ser hombres, no saben nada de lo que es parir, no pueden saberlo, orgánicamente no pueden saberlo[465]."

Siendo Jefe de Sala[466], Profesor de Pediatría[467] y Decano de la Facultad, hizo "una trampa genial[468]". Cedió en una maniobra inteligente, la Sala XVII del Hospital de Niños a la Facultad de Medicina. El Hospital, desde el punto de vista presupuestario, se seguía ocupando de la provisión de comida, de enfermeras, de los gastos de funcionamiento, de luz, de agua. Al mismo tiempo, como Decano de la Facultad, tenía el poder –y así usó de él– y la posibilidad de manejo de dinero que le permitió comprar sillas de playa, ponerlas al lado de las camas e instalar a las madres con sus hijos en la sala, reivindicando un derecho que consideraba natural y era el del chico a estar con su madre.

Esto sucedió en simultáneo con dos acontecimientos. Uno nacional, el inicio de la epidemia de poliomielitis infantil, y otro internacional, el despliegue, fundamentalmente en Francia y también desde la Organización Panamericana de

---

465 Escardó, F.; testimonio oral; agosto 1991.

466 "El 25 de setiembre de 1959 gané por concurso la jefatura de la Sala XVII del Hospital de Niños [jefatura que ya ejercía interinamente] (...) Por un decreto especial del Ministro Martínez, el Pabellón fue cedido a la Facultad para sede de la cátedra" en Escardó, F.; testimonio oral; agosto 1991.

467 "Gané por concurso mi grado de profesor titular el 28 de diciembre de 1956, día de los Santos Inocentes; recibí como único bien a mi cargo cuatro pediómetros y media docena de libros sin actualidad que estaban depositados en la cátedra de Microbiología" en Escardó, F.; testimonio oral; agosto 1991.

468 Escardó, F.; testimonio oral; agosto 1991. La experiencia quedó registrada en una película –en blanco y negro– titulada *Los abandonados*, realizada por Mabel Itzcovich.

la Salud, de obras e informes que llegaron a la Argentina, denunciando las secuelas del hospitalismo y el institucionalis-
mo, "ejercidos en la casi totalidad de los hospitales de niños
del mundo, (...) un cotidiano filicidio y si se lo mira con rigor
extremo, una forma de genocidio" (Escardó; 1974:12).

Estos temas se incorporaron, no sin dificultad, a los tópicos de capacitación de médicos, psicólogos y asistentes
sociales, demostrando estadísticamente cómo bajaban los
días promedio de internación de 45 a 15, cuando los niños
estaban acompañados por sus madres. "Tenía que sedu-
cir a la madre para decidirla a formar conmigo el equipo
agente de la curación (...) aquí me encontré solo, inmensa-
mente solo, las palabras solidarias venían de muy lejos y a
menudo en idiomas extraños: Weiczaker[469], (...) Spitz[470 471]".

----

[469] Víctor von Weizsaecker sugiere que la tarea del médico consiste en
       acercarse, no sólo a lo que el paciente necesita en el sentido objetivo de
       la ciencia natural, sino fundamentalmente de lo subjetivo, en procura
       del encuentro entre dos personas –médico y paciente- a fin de abordar
       no sólo la enfermedad sino el significado o sentido de la misma, desta-
       cando como propuesta metodológica el comprender observando.

[470] René Spitz publicó en 1965 "El primer año de vida del niño" Interna-
       tional Universities Press, Inc. N. York), en el cual relata cómo llegó a
       descubrir que la falta de cuidados maternos, de ternura, de relaciones
       interpersonales, de comunicación humana, eran la principal causa de
       mortalidad entre los niños criados en instituciones, aunque sus nece-
       sidades materiales estuvieran totalmente satisfechas. Describe la pro-
       funda depresión que sufren los niños al ser separados de sus madres o
       sustitutos maternos permanentes. Llamó hospitalismo al efecto depre-
       sivo que producen las separaciones bruscas y prolongadas de los niños
       y sus madres o la falta de amor, dado que como patología se observa
       también en niños criados en sus propios hogares por madres depresi-
       vas, por aquéllas que no deseaban tener un hijo o por madres "dema-
       siado ocupadas". Observó y describió una secuencia que va desde el
       niño abandonado que llora, pero busca contacto con gente, pasando
       por el lloriqueo continuo que se va tornando en lamentos y gemidos
       con pérdida de peso y detención del desarrollo, hasta el rechazo al
       contacto humano, acompañado por insomnio, tendencia a contraer
       enfermedades infecciosas, retardo motriz generalizado y rigidez facial.

[471] Escardó, F.; testimonio oral; 1991.

Con la implementación del acompañamiento a los internados, debieron ponerse en funcionamiento dispositivos de capacitación para las madres, enseñarles a lavarse las manos, a que no fueran de la cama de su chico a la de otro para que no se produjesen contagios, a que no se presten juguetes y también acciones "para que no estuvieran ociosas, que no hubiera peleas entre ellas[472]". Cuando salían de alta, lo hacían sabiendo de diarreas, de higiene, de alimentación, con respuestas a interrogantes y consultas acerca de sí mismas y de sus otros hijos.

Por estos actos, fue llamado por algunos de sus detractores, "el pediatra de lo obvio[473]", a lo que respondía que no le desagradaba esa calificación ya que lo que hacía era "imponer en las conciencias algunas evidencias elementales (Escardó; 1992) que contrariaban la postura médica de que "una vez internado el enfermo pertenece al hospital, desgajado de toda conexión activa con su medio social inmediato[474]". Planteaba que esas posturas debían ser revisadas con criterio moral más que médico, así como defendía prestar especial atención a síntomas que parecían no tener trascendencia pero que repercutían en el ánimo del paciente, entre ellas, las maniobras agresivas practicadas sin preparación por parte de quien iba a recibirlas (Escardó; 1964).

Con el paso del tiempo, la forma de funcionamiento de la sala se fue difundiendo por transmisión de las propias madres, que al llegar al hospital exigían ir a la XVII. Esto llegó a generar algunos tumultos en la puerta de entrada –hasta amenazas de incendio a la sala por parte de sus detractores– problemas administrativos, de

---

[472] Giberti, E.; testimonio oral; julio 1993.
[473] Escardó, F.; testimonio oral; agosto 1991.
[474] Escardó, F.; testimonio oral; 1964.

rivalidad con otros jefes y con el Director por temas de funcionamiento, morales y médicos.

Se instaló el criterio de que ninguna maniobra podía ser realizada sin testigos o por lo menos sin ser anunciada a los acompañantes, hasta la necesidad de garantizar alimentación y condiciones sanitarias para los adultos.

Los opositores, al interior del cuerpo profesional, operaron con amenazas y ataques como el que se generó cuando "el Dr. García Díaz, un gran caballero y un gran médico, Director del hospital, citó un día a todos los Jefes de Sala, para que yo les explicara por qué internaba a los chicos con las madres (...) Yo lo voy a decir: es porque ustedes tiene dos morales, una para el chico rico y otra para el chico pobre. Si el chico es rico, lo internan en La Pequeña Compañía[475], con el padre, la madre, el amante de la madre, el tío, el abuelo y toda la familia... si es pobre, dejan a la madre en la puerta y puede venir dos horas los jueves y tres horas los domingos. Yo tengo una sola moral[476]".

Escardó y sus seguidores fueron más allá del tratamiento propio de cada patología para insistir en "la brutal realidad del hospitalismo como amputación institucional de la familia y (...) el asilo como un crimen social sistematizado. Fuimos así documentando los distintos y numerosos síntomas del abandono que van desde las convulsiones y la fiebre (...) hasta el marasmo psicógeno[477] (...) y emprendimos una lucha frontal contra el hospitalismo; para ello la cátedra asumió dos innovaciones que las gentes de hoy ven como fenómenos cotidianos, que han sucedido desde siempre: la internación sistemática del niño

---

[475]   Clínica privada de atención médica para familias de altos recursos económicos.

[476]   Escardó, F.; testimonio oral; agosto 1991.

[477]   Citado en términos de denuncia en reiteradas oportunidades en los trabajos de R. Spitz.

con su madre y el establecimiento de las residencias en el Hospital de Niños (...) nos pareció elemental que un niño full time necesita una madre full time, que un enfermo full time requiere un médico full time[478]" y que "curar (...) sin atender a la reestructuración del conjunto (...) convierte al médico en el conservador de la enfermedad[479]".

Los medios de comunicación

> *"Decidí actuar sobre la comunidad como agentes de cambio y consciente de los riesgos prácticos, asumí esa tarea (...) con los grupos de la cátedra poníamos a punto la dinámica científica de cada problema y yo me aplicaba a comunicar a la comunidad sus consecuencias concretas. Me dediqué a ello con energía que no vacilo en calificar de pasional, usé todos los medios que estuvieron a mi alcance (...) Y lo hice convencido de que la enseñanza a estudiantes y graduados es tan sólo una parte de la enseñanza a que se obliga un profesor (...) Al principio fui horriblemente criticado. Se dijo, entre otras cosas, que lo hacía buscando clientela (...) Poco a poco fui ganando para la tarea a jóvenes colegas sensibles a los nuevos tiempos[480]."*

Cuando eligió divulgar conocimientos técnicos por televisión no ignoraba que se colocaba en el ojo de la tormenta que desatarían quienes todavía pensaban que los profesionales sólo debían aportar sus conocimientos en la intimidad de los consultorios, en la jerarquización de congresos y ateneos (Escardó; 1969).

Desbordó los cauces convencionales de la Medicina, mientras fermentaba "una crisis que día a día se fue

---

[478]   Escardó, F.; testimonio oral; 1969.
[479]   Escardó, F.; testimonio oral; 1969.
[480]   Escardó, F.; testimonio oral; Clase de despedida; 1969.

haciendo más profunda y cargándose cada vez de mayores potencialidades: la Medicina, tal como la veía (...) se tornó casi incomprensible[481]" y "simplemente porque es el hijo de Perogrullo, porque es mortal decir perogrulladas, porque Piolín de Macramé veía las pioladas y las bordaba cada mañana, porque es creador ser militante del sentido común (...) esto sirvió para que lo tildaran de demagogo y poco serio" (Bonasso; 1967:1) y también para obligarse a estudiar, para fortalecer sus argumentos "y entrar en puntas de pie en los campos de la Antropología y la Sociología. La Psicología tardaría todavía algunos años en entrar" (Escardó; 1969:2).

Un lugar para la psicología, las psicólogas y... ¿los psicólogos?

"Las estudiantes de Psicología aprendían en libros y daban exámenes muy buenos. Entonces las traje al hospital. En el hospital encontraron la Psicología porque la única fuente de enseñanza es la comunidad. Lo demás son teorías (...) las psicólogas no podían aprender Psicología sólo en los libros. Entonces hice que los estudiantes de Psicología y las psicólogas vinieran a la sala. Y ahí encontraron la Psicología: las madres rebeldes, las madres enojadas, las madres fastidiosas, las madres ansiosas... esa es la Psicología. Lo demás es Freud, es Jung, es Adler[482]."

En palabras del propio Escardó y las de contemporáneos y seguidores, parece haber un acuerdo: antes de su gestión, no había lugar para la Psicología[483] en el Hospital

---

[481]   Escardó, F.; testimonio oral; 1991.

[482]   Escardó, F.; testimonio oral; agosto 1991.

[483]   Tener en cuenta que los primeros estudiantes de Psicología recién se matriculan en 1957 y que no hay graduados de la Carrera hasta los primeros años de la década del ´60. Por lo tanto las críticas a la no pre-

de Niños y "puesto que no había nada, todo cuanto hay ha sido creado por la cátedra" (Escardó; 1969:1). En ese tiempo, en "muchas salas hospitalarias se comienza a solicitar la opinión de los psicólogos y algunos profesores introducen conceptos psicológicos en su enseñanza" (Escardó; 1965:8) apoyados en la idea de que la salud es un bien común del que el médico no tiene por qué ser el único administrador.

Años más tarde, al momento de retirarse del Servicio, quedaron instaladas "dos aulas cómodas y modernas, un centro audiovisual (...) un pabellón de Psicología con ocho cubículos y una sala de grupo (...) dos Residencias en pleno funcionamiento, una de Clínica Pediátrica (...) y otra de Psicología Clínica (...) novedad notable en nuestro medio (...), Centros Especializados en el estudio de niños sanos, de adolescentes (...) y para niños con problemas psicológicos y sus familias, así como un Centro Especializado en Problemas Escolares y Psicopedagógicos (...) [y] un Departamento de Psicología y Psicohigiene con tareas de docencia y asistencia en higiene mental institucional en el que trabajaban 12 médicos y 30 psicólogos" (Escardó; 1970:20). El tránsito de la inexistencia de lugares y profesionales al establecimiento de los mismos a partir de la demanda en algunas salas hospitalarias, de la escucha a la opinión de los psicólogos y de la introducción por parte de algunos profesores de conceptos psicológicos no se realizó sin escollos ni debates.

La pediatría hasta entonces había sido considerada espacio exclusivo de la Medicina.

Ahora se sumaban las psicólogas[484], siempre en femenino, ya que en los comienzos sólo se visualizaba que se

---

sencia, podrían pensarse como críticas a la ausencia de una formación específica en el área.

[484] Entre ellas Eva Giberti fue alumna de Escardó y de las primeras psicólogas –además de Asistente Social– que se incluyó en la actividad

trataba de mujeres y jóvenes "interesadas en la niñez, que, además, habíamos cursado una Carrera universitaria con escaso –o ningún– prestigio entre los médicos" (Giberti; 1987:3). Lo que se ponía en cuestión era ya no sólo el lugar del profesional acreditado, sino también el concepto de infancia y de los requerimientos para su atención, el impacto de los aportes de otras disciplinas, el sentido de aceptar "que la pediatría, a pesar de su raíz etimológica, tenía poco o muy poco que ver con la medicina, porque el niño pertenece vitalmente a la antropología y a la sociología. Lo que se llamaba pediatría es (...) el muy reducido aporte de la Medicina al estudio del chico enfermo" (Escardó; 1979:29) desconociendo el enfoque de la pediatría social y el reconocimiento del niño sano o enfermo como ser biológico y social, incluyendo los afectos en la consideración de la salud y la enfermedad.

Estas transformaciones pudieron materializarse, "un trabajo sistemático que hubiera sido imposible sin la introducción de psicólogos y psicólogas en el quehacer diario (...) pudimos hacer del afecto (y en consecuencia del desafecto) una entidad clínica y una sustancia terapéutica concreta, tangible, dosificable y manejable como el alimento y las vitaminas" (Escardó; 1970:32).

---

hospitalaria. Fue coautora de algunos trabajos publicados y con él compartió proyectos laborales. En aquellos tiempos mantenía con él una relación que ella misma caracterizó en una entrevista (1993) como "de entre claro-oscuros" y que luego legitimó como su pareja durante 17 años. "No era muy difícil enamorarse de este profesor, era un seductor, lo fue toda su vida y hasta último momento. Fui su alumna a los 18 años. Terminé el Magisterio y tuve que hacer un trabajo práctico en el Hospital de Niños. Ahí tomé contacto con él, pero no pasó absolutamente nada. Recién a los 27 años retomo contacto por otro trabajo para la Carrera de Asistente Social. "Fue un profesor que disponía de humoradas rápidas, escuchaba a los alumnos. Le gustaba que lo estimasen, lo admirase, le gustaba asombrar, eso era parte de su personalidad".

Las tensiones que se manifestaron con el arribo al hospital de profesionales de disciplinas no médicas se actuaron en el campo de unos –médicos, habitantes originarios– y de otras –psicólogas y estudiantes de Psicología–, en respuesta a dos lógicas, ambas universitarias: la que remitiría a conflictos de intereses y la que se concentraba en conflictos de valores (Giberti; 1987). Los médicos evaluaban a las psicólogas desde un etnocentrismo cultural y corporativo. Las psicólogas peleaban contra la consideración patrimonial del campo, atribuido a los pediatras, al quehacer médico y reconocido como práctica científica (Giberti, 1987).

A pesar de las resistencias, que despertaron en los pediatras conductas defensivas, en la práctica, las psicólogas que se fueron incorporando a los Consultorios Externos y a la Residencia, "pasaron sala" junto a los médicos, coordinaron grupos de niños, de orientación a padres e intervinieron haciendo señalamientos en lo atinente a temas de Psicohigiene y de apoyo a las madres que tenían hijos internados (Giberti; 1969).

Esta inclusión no relevó las dificultades de reconocimiento vividas por las participantes, en dos sentidos, uno simbólico –el valor del encuadre teórico y de las tradiciones al estudiar e intervenir sobre el paciente según se tratara de psicólogas o médicos– y otro material –el espacio físico asignado a las prácticas que desarrollaban las psicólogas–.

Testimonian ellas el diálogo "con los padres mientras caminábamos por los jardines del hospital, y durante el invierno nos refugiábamos en las escaleras que unían la planta baja con el primer piso (entrada de la calle Paraguay). Más tarde conseguimos que nos facilitaran los sótanos que estaban situados debajo de la sala y allí tramitábamos nuestras entrevistas, acompañadas por la multitud de gatos que, igual que nosotras, encontraban cobijo junto a las calderas encendidas. Por fin logramos ascender, cuando en el primer piso nos concedieron unos cuchitriles a los que denominaban consultorios. Estaban separados de los consultorios que utilizaban los pediatras por frágiles tabiques de algo semejante a la madera terciada; de modo que tanto el llanto de bebés cuanto las conversaciones con las madres (...) ingresaban en nuestros minúsculos territorios[485]". Con el tiempo[486], algunas actividades fueron cambiando de dirección y la edad abordada por las psicólogas se fue desplazando de la infancia a la adolescencia, en cuanto a atención y a docencia hacia los médicos, quienes recibieron clases y presenciaron entrevistas en el Consultorio para Adolescentes (Giberti & Ehrembock; 1971). También se fueron incorporando a otros espacios, más allá de diagnóstico y atención a partir de técnicas operativas, psicoterapéuticas y psicoprofilácticas. Se sumaron a intervenciones en situaciones de urgencias y de apoyo a la incorporación de las madres a la internación de sus hijos (Giberti & col.; 1969) y a buscar respuestas a por qué tienen que abandonar a su hijo a la puerta del hospital y resignarse a ir a buscarlo curado o muerto y a por qué se ha de tratar al niño aislado del conjunto familiar, como un niño artificial, un objeto de estudio (Bonasso; 1967).

Las técnicas psicológicas aplicadas se orientaban a realizar diagnósticos de personalidad de niños en atención en consultorios externos y en internación y de sus madres, intervenciones psicoprofilácticas sobre las relaciones madre-hijo y sobre situaciones familiares (Giberti & col.; 1969). Si bien, a la vista de los observadores, estos avances podrían ser interpretados como de la disciplina, no puede dejar de considerase el peso que tuvo la autoridad de Escardó como introductor de profesionales no provenientes del área de las ciencias médicas, que finalmente se instalaron respaldados por un saber médico.

---

[485]　Giberti, E.; testimonio oral; 1993.
[486]　Actividades realizadas entre 1960 y 1966.

¿Cómo se hizo de la Psicología una práctica?

Hacer de la Psicología una práctica implicó un complejo proceso con múltiples transposiciones. La primera, hacer del contenido académico, en muchos casos teórico, dispositivos prácticos, respetando los marcos conceptuales a la vez que se le hacen ajustes que surgen de la lectura y de la interpretación de la realidad. Hubo que hacer, de los conocimientos, prácticas en contexto.

Para los estudiantes y graduados de la Carrera de Psicología, no había precedencias, antecedentes que pudieran funcionar como inclusores. Hubo que construirlos tanto en cuanto a los espacios físicos como a la legitimación de las acciones y a la aceptación por parte de beneficiarios. El encuentro entre teorías, prácticas y sujetos sin antecedentes, exigió la composición de una cultura de la necesidad y de las posibilidades. Hubo que encontrar una dinámica entre diagnóstico, perfiles profesionales, incumbencias y recursos.

Para que la Psicología como campo del conocimiento, encarnado en sujetos investidos para operar con él ocupara espacios y se ocupara de cuestiones sociales concretas, fueron necesarias maniobras de constitución y ajuste de un rol que, a medida que se iba definiendo, se iba modificando. Hubo que ajustar sobre la marcha la formación en el grado y en el postgrado. Fue necesario encontrar –y no siempre resultó sencillo– lugares en la sociedad y en las instituciones que fueran permeables a nuevas ofertas, negociar con los profesionales ya establecidos en ellos, espacios para desarrollar sus saberes. Hubo que contar con la voluntad de los otros y de lo contrario con la fuerza y el convencimiento propio para ofrecer pelea y resistencia.

La propuesta política universitaria del momento fue una pieza clave para lograr condiciones propicias de desarrollo. La UBA se mostraba preocupada por identificar espacios sociales con necesidades especiales y por abordarlos. Los propósitos de la extensión universitaria como una de sus funciones centrales así lo proclamaban. El momento histórico fue favorecedor en tanto reivindicaba la reposición de postulados básicos establecidos por la Reforma, la relación entre la academia y la sociedad. Hubo muchos lugares y no pocos conflictos. Hubo que iniciar una tradición y hubo que ratificarla en la práctica.

Aquí se presentaron sólo algunos ejemplos, representativos de otros más.

El Departamento de Orientación Vocacional materializó el encuentro entre una propuesta político-académica universitaria y una necesidad del sistema educativo en su conjunto, a la luz del análisis de sus necesidades, los aportes de disciplinas y autores hasta entonces no llevados a la práctica y el concepto en boga del planeamiento y la planificación.

En el Departamento de Psicología y Psicopatología de la Edad Evolutiva del Hospital de Clínicas, inserto en la dinámica de un hospital universitario, no sólo actuó hacia adentro del mismo, sino que llevó sus propuestas a distintos espacios comunitarios. En él y a través de sus acciones se intentó reconceptualizar a la infancia normal y a la que no lo era, a las relaciones con el aprendizaje y con la escuela, reconociendo la necesidad de las tareas que podían desarrollar nuevos profesionales. Esto quedó atravesado por dos tensiones: la que planteaba la relación entre médicos y no médicos y la que ponía en cuestión las prácticas sostenidas por teorías no psicoanalíticas, consideradas entonces poco valiosas por muchos profesionales y docentes.

En el Centro de Desarrollo Integral de la Isla Maciel, emplazado en Avellaneda, se desplegaron propuestas para penetrar una realidad social compleja, reconocerla en todas sus facetas e intentar modificarlas. Allí se discutieron y actuaron las diferencias conceptuales y prácticas entre extensión y asistencialismo, así como las responsabilidades de diferentes organismos del Estado. Fue un modelo –no sin conflictos– de encuentro entre disciplinas y estudiantes y graduados originarios de diversas unidades académicas. Con los aportes de todos y cada uno de ellos se discurrió por ejes tan diversos como educación, salud, trabajo y género.

Estos tres espacios de inclusión respondieron a la conducción del Rectorado de la UBA desde el Departamento de Extensión Universitaria.

También se desplegaron otras acciones imbuidas de los mismos propósitos, en relación estrecha con la Carrera de Psicología. Sólo son dos ejemplos, citados por el impacto que tuvieron y por cómo trascendieron a partir de los recuerdos de quienes en ellos participaron. Pero no fueron los únicos.

El Servicio de Psicopatología del Hospital de Lanús incorporó muy tempranamente estudiantes y graduados en sus diferentes áreas. La figura de su conductor, Mauricio Goldenberg, es recuperada con fuerza por quienes lo conocieron, pero eso no lo libera de situaciones ambivalentes, como la de su propia relación con el Psicoanálisis y la de la permisividad para que los psicólogos llevaran adelante prácticas psicoterapéuticas.

La Sala XVII del Hospital de Niños bajo la supervisión de Florencio Escardó significó la posibilidad para interactuar con pacientes y sus familias dentro del ámbito institucional, pero también para llevar sus acciones hacia fuera, al entorno de vida de los usuarios.

Las experiencias realizadas en estos dos hospitales quedaron signadas con fuerza por la personalidad de sus responsables quienes, además, en concordancia con la política universitaria, aprovecharon una cierta autonomía para darle matices propios a ambos desarrollos.

En su conjunto, los espacios de prácticas presentados y también los demás que ofrecieron lugares a los estudiantes y graduados de la Carrera de Psicología, resultaron escenarios para probar e instalar actuaciones y para afirmar las posibilidades de un perfil académico y profesional en construcción.

Capítulo V
Cómo la Carrera y la profesión
buscaron su continuidad

El post '66, contexto y debate

*"El 29 de mayo de 1966 era el Día del Ejército y éste inten-
tó hacer un homenaje a Roca frente a su estatua, en Perú
y Diagonal Sur, justo al lado de donde funcionaba Exactas
en ese entonces. Desde ahí los estudiantes los insultaron, los
abuchearon y les impidieron prácticamente hacer el acto.
Esto explica en parte la saña con la que entraron muy poco
después, cuando se intervino la Universidad en aquella noche conocida como 'La de los bastones largos.' En Filosofía
y Letras ocurrió otra cosa, uno o dos días después. Ya sabíamos qué había ocurrido en Exactas. En la Facultad se
realizaban asambleas multitudinarias. Ya estábamos en Independencia. Abajo estaban los estudiantes y en otros pisos
había asambleas de profesores y de APADIFYL. Sabíamos
que iban a venir por nosotros y la discusión tenía que ver
con qué hacer. Si resistir, si no oponer resistencia, si irnos. Ya
estaba planteado el tema de las renuncias[487]."*

La noche de los bastones largos y la decisión de renunciar a los cargos docentes puede ser entendida como
un factor de aglutinamiento, de unificación de ideas y de
acciones. También como la instancia que marcó una división profunda entre quienes pensaban que en la UBA
no había lugar para seguir desarrollándose y quienes con-

---

[487] Schneider, S.; testimonio oral; junio 2002.

sideraban que no se debían abandonar los espacios que tanto había costado ganar.

En relación con la decisión de renunciar, se encuentran vestigios de otra disputa. Se trata de la que se libró entre algunos profesores –convencidos de la renuncia– y docentes –no tan seguros de que eso era lo más conveniente– que no dudaban en el planteo de enfrentar a la intervención desde adentro, ofreciendo resistencia frente a la potencia que podría adquirir la represión. Fue, con independencia de las posiciones, un evento que marcó un punto de inflexión al interior de la Universidad y en el proceso de legitimación de la Carrera de Psicología en la UBA.

Quedaban expuestas y desprotegidas las posiciones que trabajosamente habían ocupado los primeros graduados, sobre todo en relación con la enseñanza. En ese momento se estaba afirmando la figura del estudiante avanzado o psicólogo reciente como auxiliar docente. En el año '65 se habían celebrado los primeros concursos de "antecedentes y oposición escrita y oral (...) Era una norma, así como se realizaron los concursos de profesores, en el Departamento de Psicología de la Facultad de Filosofía y Letras, se hicieron después concursos para auxiliares para la docencia[488]". Se estaba poniendo en relación, mediada por la enseñanza, por primera vez, a noveles graduados o próximos a serlo, con estudiantes, se estaban ocupando posiciones en las cátedras que antes habían estado ocupadas por no-psicólogos. La experiencia abortó rápidamente, duró un solo cuatrimestre y "renunciamos casi todos, muy pocos quedaron en la Facultad (...) Y renunciamos en consonancia con la gente de Exactas, con la que había cierta afinidad ideológica. Pensemos que estaba Rolando García como Decano

---

[488] Slapak, S.; testimonio oral; noviembre 2001.

de Exactas y Emilia Ferreiro, graduada de la Facultad de Psicología como representante en el Consejo Superior, por el claustro de graduados[489]".

Más allá de las consideraciones respecto de cuántos eran los que estaban genuinamente convencidos de la medida de abandonar la Facultad, el hecho es que una gran cantidad de materias quedaron deshabitadas y fueron ocupadas por nuevos equipos que no representaban ideológicamente a la conducción ni de los profesores ni de los miembros de APADIFYL[490]. La UBA en general, y la Facultad de Filosofía y Letras en particular, que había sido vivida hasta ese momento con un especial optimismo como campo propicio para prácticas académicas, políticas y sociales, para la batalla de ideas, para las formas abiertas de expresión y de protesta, mutó hacia la violencia, el autoritarismo y la proscripción.

La dimensión cultural, que había sido un factor de cohesión de grupos y organizadora de prácticas individuales y colectivas, se vio violentada. Obligó a un reagrupamiento en los planteles docentes según la posición que cada uno había adoptado. Unos habían renunciado, a otros que hubieran elegido continuar no se les renovaron los contratos, algunos se quedaron, hubo quienes se dispersaron o se recluyeron en instituciones[491] de alternativa y quienes partieron al exilio.

La defensa de los espacios profesionales trabajosamente ganados fue asumida por la Asociación de Psicólogos de Buenos Aires que hasta ese momento había tenido una relación intensa con la Carrera y que

---

[489] Slapak, S.; testimonio oral; noviembre 2001.
[490] Asociación de profesores, auxiliares docentes y de investigación de la Facultad de Filosofía y Letras.
[491] Entre ellas el Instituto Torcuato Di Tella, la Fundación Bariloche, instituciones de la colectividad judía, organizaciones privadas.

había surgido como respuesta a la necesidad corporativa de afianzar la disciplina, definir el rol profesional, generar espacios de intercambio y discusión, de enseñanza y de aprendizaje por fuera de la institución universitaria. Desde su creación, se había consolidado como un ámbito de contención para los graduados. Desplegó actividades de asistencia y prevención psicológica a la comunidad, investigaciones, publicaciones, jornadas y congresos con el objetivo del intercambio, la profundización científica y la participación en proyectos propiciados por los Ministerios y Secretarías de Educación, Salud, e Interior. Abordó cuestiones referidas a incumbencias profesionales, políticas y planes de Salud Mental; formación de residentes hospitalarios, políticas y legislación en minoridad (Feld; 2004).

Con el advenimiento de la dictadura del Gral. Onganía se instaló, también allí, la discusión entre el repliegue y la continuidad en la ocupación de espacios en la Carrera.

La decisión mayoritaria de los profesores había sido la de renunciar para no convalidar el régimen de facto. Las posiciones de los docentes auxiliares también renunciantes no eran tan definidas. Se discutió sobre las posibilidades de volver o dejar descubiertos los espacios ganados con esfuerzo, ocupar o no lugares genuinamente habidos y la desasosegada sensación de cederlos a quienes no serían sus habitantes legítimos.

Se estaba transitando por una experiencia novedosa. Por primera vez, en la formación de psicólogos, estaban operando psicólogos, desde los puestos de docentes auxiliares, formados en la propia casa. Si bien la conducción de las cátedras estaba en manos de médicos, filósofos y muy pocos psicólogos graduados en otras unidades académicas –Rosario, en el caso nacional, y del exterior– en el contacto directo con los estudiantes estaban los jóvenes graduados o aquellos pronto a serlo.

Se había generado un espacio físico y simbólico con límites claros. Se había ocupado ese territorio con acciones y funciones nuevas y desafiantes. Se había consolidado un proyecto caro y claro a sus participantes. Pero no todos sentían que tenían el mismo lugar, ni las mismas responsabilidades ni la misma fuerza para sostenerlo. Entonces abandonarlo o no, en una primera instancia y luego retornar o no, no tenía para todos el mismo impulso.

La diferencia de posturas planteó un escenario particular. Retornar después de las renuncias podía ser interpretado en términos de discutirle –y pelearle– a los referentes no psicólogos el lugar de la enseñanza de la Psicología, pero también era la oportunidad de respaldar un nuevo perfil en el ejercicio profesional y de la docencia, otros espacios y modalidades de transmisión en la formación de futuros psicólogos y de negociación institucional (Diamant; 2002). Esta posición se afirmó con otras decisiones, como la de editar, más adelante, una revista[492], la RAP, que en poco tiempo se constituyó en un referente teórico de importancia para la consulta y también para el debate (Vezzetti; 2002).

Publicar era un imperativo de época (Gilman; 2003), como impulso –a través de distintos géneros

---

[492] El primer número de la Revista Argentina de Psicología se publica en 1969 y a partir de entonces se transforma en vocero de opinión de los primeros graduados, pero también de sus formadores. Es de resaltar la importancia que ocupa, tanto con relación a la producción profesional, como a la información a los asociados, a la reflexión conceptual y epistemológica a partir de las opiniones de los jóvenes profesionales que la dirigen y/o escriben. Como texto central de este número, se reseña una mesa redonda celebrada el 12 de diciembre de 1968 acerca de "El quehacer del psicólogo en la Argentina de hoy". Allí se sintetizan las intervenciones de Isabel Calvo, Ricardo Malfé, Diana Averbuj y Osvaldo Devries.

Publican en sucesivas ediciones, entre otros, autores como Enrique Pichon Rivière –que nunca enseñó en la Carrera– León Ostrov –profesor– y los graduados Roberto Harari, Sara Paín, Ricardo Malfé, Diana Aisenson, Emma Kestelboim, Sara Slapak, Isabel Calvo, M.T. Calvo.

discursivos– hacia la visibilidad pública, la comunicación identitaria y la difusión de producciones de los nuevos profesionales. Fue un recurso de intervención en la coyuntura política y cultural con voluntad de cambio (Gilman; 2003), que debe ser considerada además en una secuencia de intenciones por dar a conocer lo que estaba pasando en el campo específico de la Psicología.

La línea de publicaciones temáticas se había iniciado en 1958 con la aparición de la revista *Psiqué* bajo la dirección de Ángel Garma, a la que sucedieron en 1961 la *Revista de Psicología y Psicoterapia de Grupo*, en 1963 la *Revista de Psicología de la Universidad de La Plata* y en 1964 *Acta Psiquiátrica y Psicológica de América Latina*.

Un escenario institucional con fuertes protagonismos que se quiebra

"En el '66 estábamos realmente en un momento de alza cuando vino la dictadura de Onganía (...) Yo lo recuerdo como de trabajo, de unión, de entrega (...) Se fue creando una trama verdaderamente importante (...) en el momento en que irrumpe Onganía, para nosotros significaba la imposibilidad de seguir en ese proyecto. (...) La vuelta fue muy conflictiva. Se gestionó desde el Colegio [sic] de Psicólogos. En ese momento yo era presidente y... era muy conflictivo para todos volver. Volver con un régimen que por supuesto no apoyábamos ni nada por el estilo pero al mismo tiempo, en última instancia, los damnificados eran los alumnos que tenían unos profesores y unas formas de enseñanza y una ideología realmente tremenda y entonces es que ahí yo di como un vuelco y salí un poco de 'yo no me puedo meter allí' y pensé: nos metemos (...) no puede ser uno, tiene que ser un grupo de profesores...[493]*."*

---

[493]   Siquier, M.L. (Pichona Ocampo); testimonio oral; agosto 1999.

Entre 1957 y 1966, la Carrera de Psicología vivió un proceso de crecimiento cualitativo y numérico resaltado con entusiasmo por sus hacedores. El fin forzado del proyecto renovador se manifestó en el éxodo –forzado o "voluntario"– de un gran número de profesores que lo habían conducido, en persecución a estudiantes, en cambios en la estructura curricular y en el clima de la Facultad.

En ese período había quedado consolidado un espacio disciplinario, el de la psicología profesional y los primeros graduados habilitados para ocuparlo, para hacer ejercicio legítimo de las incumbencias para las que se habían preparado y para enseñar. La violencia ejercida desde afuera encontró resistencia en dos direcciones: en los intentos por frenar el avance de la represión y en el debate por la vigencia y continuidad de un proyecto y de sus actores, en el sentido de dejar asentado que el pasado inmediato no estaba clausurado, que tenía vigencia.

El tema de las renuncias de los profesores y docentes impregnó el panorama. De un lado quedan quienes argumentan que en esa UBA el proyecto ya no tiene lugar, por lo tanto tampoco ellos. Del otro, quienes afirman y se afirman en la validez del mismo y por lo tanto plantean continuidad para defenderlo. Los argumentos a favor o en contra de la continuidad se actualizan en 1967, al momento de debatir la participación en la negociación entre el Interventor de la Carrera de Psicología, Dr. Juan José Ipar y la APBA por la cobertura de un tercio[494] de los cargos docentes en las materias que se estaban dictando. Esto sucede al tiempo que el Dr. Luis Bottet, Rector Interventor de la UBA, ordena un ajuste de los planes de estudio, que a propuesta de una Comisión Asesora encar-

---

[494] El Dr. Ipar divide la totalidad de las cátedras en tercios, asignando un tercio a médicos psiquiatras, un tercio a psicoanalistas y otro tercio a psicólogos.

gada de elaborar un anteproyecto de ley universitaria, redujo materias y detuvo las investigaciones que se estaban realizando en Psicología, tanto en la Carrera como en los hospitales.

Hasta entonces era Director del Departamento el Dr. José A. Itzigsohn, quien había escuchado, entre otros pedidos, el de la cátedra de Biología[495], sobre la necesidad de tener un laboratorio. Llamó a "una licitación para comprar instrumentos. Se compró un electroencefalógrafo, una cámara de 16 mm porque no había video, las luces correspondientes, 12 microscopios, un fotomicroscopio, un microscopio de proyección, un osciloscopio de rayos catódicos, un polígrafo y unas cuantas máquinas de escribir. Total 15.000 dólares. (...) Estamos hablando del año '63. Las cosas se adjudicaron en el '64 y en el primer semestre del '66 empezaron a llegar. Coincidió con el Congreso Internacional de Psicología que se hizo en Moscú. Fueron Itzigsohn, Telma (...) Cuando intervienen la Universidad, renunciamos. Yo estaba en el partido de no renuncia, Klimovsky estaba en el partido de renuncia. Y me acuerdo que nos enfrentamos muchísimas veces. Yo era secretario de la Asociación de Profesores de Filosofía y Letras (...) pensábamos que no renunciar significaba un gran gasto político para la dictadura, porque iba a tener que ir sacando gente (...) Y se estaban desembalando, en ese momento, el electroencefalógrafo, el osciloscospio (...) y yo quedé ahí sólo, con mi guardapolvo blanco desde julio a setiembre, mirando (...) Todo estaba vacío, no había nadie. Yo me paseaba como un fantasma, cuidando las cosas, hasta que llegó el interventor. Era setiembre. `Cómo sufrirá Ud.,

---

495   Julio Aranovich era el Profesor Titular mientras que Juan Azcoaga era su adjunto.

dejar todo esto. La verdad que sí, porque fueron tres años esperando (...) y ahora había que largar todo[496]".

En la APBA se discutió acaloradamente entre quienes entendieron que regresar era una oportunidad –una refundación– para retornar y reconstruir, y quienes pensaban que se trataba de una capitulación. En 1967 se renovó la Comisión Directiva con "una lista de unidad. En esa lista de unidad estaba Pichona Ocampo como presidente (...) La Facultad no estaba en nuestras manos (...) Pero los alumnos seguían cursando (...) y el Rector en ese momento en la Universidad que le ofrece a Ipar, un viejo psiquiatra radical del hospicio, que reabra el Departamento de Psicología (...) Ipar, un sujeto muy hábil políticamente, decidió que (...) nuestra Carrera [en cuanto a docentes] tenía que estar constituida en un tercio por la Asociación de Psicólogos, un tercio de cátedras para los psicoanalistas[497] y otro tercio para los psiquiatras amigos de él, del hospicio, que eran todos fenomenólogos, medio 'fachistoides' (...) Nosotros recibimos ese pedido y hacemos asambleas que eran terribles porque mucha gente estaba por no volver. Y nosotros consideramos que era nuestra oportunidad de volver y ocupar los cargos (...) La asamblea de la Asociación nos autoriza volver. Fue una época terrible, terrible, la gente nos atacaba, nos decía que nos dejábamos tocar el culo, que pertenecíamos a Onganía[498]".

Finalmente, se decidió el retorno a través de un llamado a concurso para la cobertura de los puestos que habían quedado vacantes, que "todos los que quisieran

---

496 Azcoaga, J.; testimonio oral; setiembre 1999.
497 Otros testimonios señalan que la distribución propuesta por Ipar asignaba un tercio a los psicólogos, un tercio a psiquiatras y otro tercio a profesores de otras disciplinas; en Mazzuca, R.; testimonio oral; mayo 2002.
498 Cheja, R.; testimonio oral; octubre 2001.

tomar las cátedras, tenían que traer su currículum y había comisiones para evaluar los antecedentes (...) había veedores y Sally Schneider fue una de las veedoras (...) con mucha seriedad, con puntaje, con todo, con lo cual decidimos entregarle todo ese informe a Ipar (...) y entonces, la Carrera se reabre. Se reabre con un porcentaje de psicólogos, un porcentaje de psicoanalistas y un porcentaje de psiquiatras. Y a nosotros Ipar nos decía 'las chicas'. Porque éramos las psicólogas, jóvenes (...) hasta el día de hoy sostengo que fue una postura política fundamental, porque si no hubiéramos entrado hubiéramos perdido esos lugares. Y eso permitió ir tomando posiciones[499]". Ese mismo año se sancionó la ley 17.132 limitando el ejercicio de la Psicología a la categoría de auxiliar de la medicina, a pesar de tratarse de una Carrera mayor en el ámbito universitario.

Entre la formación académica y las áreas de incumbencia profesional

"Yo me desvinculo de la Facultad en el año '62...'63 y durante ese período no hago docencia en la Facultad, hago docencia afuera. Y cuando se arma el primer concurso de profesores adjuntos y titulares (...) esta gente no estaba en la Facultad, estaba afuera, de la Asociación de Psicólogos me llaman –yo fui miembro fundador Nº 3– y me dicen 'queremos que te presentes en el concurso que estamos coordinando.' Me pareció interesante y presenté antecedentes en ése y ahí ingreso en la Facultad como Adjunto a cargo de la materia[500]."

---

[499]   Cheja, R.; testimonio oral; octubre 2001.

[500]   Bertoni, E.; testimonio oral; setiembre 1999.

Hasta el momento en que la APBA convoca a los concursos, se habían puesto en marcha tres planes de estudio, uno aprobado en 1957, el siguiente en 1958 y por último el de 1962 que estará en vigencia hasta 1967. Los dos primeros no incluyeron especializaciones con relación a campos laborales. Se trató de propuestas académicas y no profesionalizantes. Entonces resulta llamativa la distribución de materias otorgadas a la APBA para sustanciar los concursos ya que se trató, justamente, de las áreas para las que no se había recibido formación específica. En el mejor de los casos, un curso de un cuatrimestre.

También es cierto que se trataba de áreas de incumbencia específica para los psicólogos y no para médicos psiquiatras o psicoanalistas. A ellos tampoco les interesaban. Formaron parte del llamado las cátedras de Orientación Vocacional, Psicología Educacional, Institucional, del Trabajo, Relaciones del Trabajo, Humanas, Técnicas Proyectivas, Psicometría, Investigación y Publicidad e Historia de la Psicología.

La falta de experiencia y la ausencia de modelos con los que identificarse conformaron un nuevo desafío. Hubo que definir el ámbito y construir el perfil y aunque no en todos los casos la situación era la misma, la sensación de soledad fue compartida por muchos, así como la vacancia, motivo por el cual "la Facultad pide ayuda a la Asociación para acercar gente que estaba lejos de la Facultad en ese momento, para las especialidades nuevas, que eran básicamente Psicología Organizacional y Laboral, Criminología, Investigación de Mercado y no sé si Educación[501]".

La *Revista de Psicología*, órgano de difusión de la APBA, también fue un espacio para la construcción de

---

[501] Bertoni, E.; testimonio oral; setiembre 1999.

definiciones que, aunque un poco posteriores, reflejan el pensamiento del momento.

El Departamento de Orientación Vocacional, por su parte, había sido un lugar de inserción –lo que en lenguaje actual podría considerarse formación en servicio– para muchos estudiantes y graduados, también para Diana Aisenson y Sara Slapak que se hacen cargo del dictado de la materia[502].

En Psicología Institucional se posicionó en primer lugar Ricardo Malfé[503], con el desafío de configurar su tarea, entre las modalidades personales de pensar y jugar los roles institucionales y las exigencias grupales y formales (Pravas & Troya; 1969).

Relaciones Humanas quedó a cargo de Emilio Bertoni[504], formado y ejercitado en esa dirección, con herramientas para la práctica, interesado en conceptualizar sobre el tema, como se lo manifestó al Dr. Ipar ante el comentario de que se trataba de "una pantalla en blanco. `Dele un contenido.' Entonces con el Adjunto y la Jefa de Trabajos Prácticos hicimos reuniones y definimos un poco el contenido (...) Después fue cambiando y terminó siendo una materia de Epistemología en realidad, muy interesante[505]".

En Psicología Educacional se desempeñó Sara Pain[506], con la preocupación puesta en el aprendizaje y en el conocimiento de la organización del sistema educativo y de la escuela, de los factores que colaboran a crear el clima

---

[502] Según consta en el Acta elaborada por la APBA, el primer lugar se lo adjudicó Rodolfo Bohoslavsky, pero el Dr. Ipar lo dejó a cargo de Psicología Fundamental.

[503] Acompañado por Gustavo Etkin y Paula Wajman.

[504] Bertoni, E.; testimonio oral; setiembre 1999.

[505] Acompañada por Reyna Cheja y Graciela Canessa.

[506] A cargo de Pichona Ocampo, acompañada por Elsa Grassano y Mary Schust.

institucional en el que se incluirá el psicólogo (Roitman & Saragosi; 1969).

Técnicas proyectivas[507], Psicometría[508], Psicología Fundamental[509] e Historia de la Psicología[510] tuvieron a su favor la experiencia de haber sido enseñadas desde los primeros planes de estudio, pero a su vez la necesidad de ser "reconstruidas" para una versión a cargo de psicólogos.

¿Volver o no volver? Esa era la cuestión.

"Volver a la Universidad implicaba, de algún modo, un apoyo al gobierno militar de ese momento y un apoyo a la intervención de la Universidad; pero por otra parte (...) dejar la Carrera librada a sus propios medios. En general había muchos que pensábamos que era muy importante cuidar la continuidad de una Carrera que había producido sus primeros graduados (...) había quienes sostenían las dos posiciones. Efectivamente, tenían fundamentos sólidos. Elegir entonces entre lo que significaba vida democrática o gobierno militar, intervención de la Universidad o darle una continuidad a la Carrera, lo cual era también una continuidad a la profesión (...) En el '67 la profesión del psicólogo no era ni por lejos lo que es hoy en día; era una profesión incipiente, que apenas estaba empezando a ser reconocida, y había sido muy cuestionada, sobre todo el ejercicio de la Clínica por los psicólogos, con leyes emanadas de este gobierno militar... y bueno, fue un gran debate que fue conducido acertadamente en la Asociación de Psicólogos, de manera

---

[507]   A cargo de Sara Pain acompañada por Friedrich Kaufman.

[508]   La terna quedó constituida por Rodolfo Bohoslavsky, Sergio Snopik y Roberto Harari, pero por objeciones presentadas por el Dr. Ipar, quedó conformada por Rodolfo Bohoslavsky, Marta Berlín y Roberto Harari.

[509]   La terna quedó constituida por Roberto Mazzuca, Susana Quiroga y Mabel Allerand. Roberto Mazzuca renunció por motivos personales.

[510]   Mazzucca, R.; testimonio oral; mayo 2002.

que cada cual pudo tomar su decisión (...) hubo gente que decidió no apoyar la nueva Carrera que se iba a reabrir, y quedó fuera de la Carrera sin intervenir hasta mucho tiempo después, algunos hasta la normalización del '84, y otros que aceptamos esta invitación. Creo que esto fue decisivo para que tengamos la Carrera que hoy conocemos[511]*."*

La decisión implicaba mucho más que el retorno. Incluía la conducción de las cátedras, que habían estado vedadas para los psicólogos y suponía internarse en una zona de conflicto con los hasta entonces responsables, médicos, psiquiatras, filósofos.

Se presentaron dos niveles de discusión, el que se generó entre pares y el que los enfrentó con sus referentes. Para los nuevos profesionales, comprometidos con la formación académica y con la continuidad de la formación profesional, se trataba de un desafío al que no sólo no estaban dispuestos a renunciar, sino que estaban decididos a profundizar, situación que compartían con graduados de otras carreras, como Sociología.

El debate era político y los posicionamientos que también lo eran incluían lo académico, lo profesional, lo corporativo, la evaluación de las condiciones de permanencia y las posibilidades de la resistencia y no estaba limitado ni a la Facultad de Filosofía y Letras ni a la Carrera de Psicología. La proximidad con la de Sociología hizo que se compartieran asambleas, posiciones y decisiones.

Algunos estaban efectivamente convencidos de que si renunciaban todos, caía Onganía. Otros fueron partidarios de una especie de "desobediencia civil (...) bastante activos de la otra posición (...) de quedarse a pelear. Nosotros nos quedamos a pelear y la prueba de que la pelea no era tan fácil es que a los seis meses nos echaron (...) había mucha cuestión discutida con la gente de los

---

[511]   Murmis, M.; testimonio oral; abril 2005.

partidos políticos. Que era una buena obra hacer volar a ese gobierno militar, nadie lo va a negar. Visto desde el día de hoy, si se hubiera podido llevar una lucha en serio dentro de la Universidad yo creo que era una alternativa bastante interesante, porque la otra no era que vos renunciabas a la Universidad y entonces organizabas los comités de lucha, renunciabas a la Universidad y te ibas (...) Otra cosa era luchar adentro como hacíamos nosotros que éramos cinco, seis tipos. Yo iba todos los días a la Facultad a hacerle denuncias al decano interventor, que por otra parte había sido mi profesor en el secundario, así que se divertía mucho, me decía: `Miguelito, vos siempre haciendo problemas'(...) tampoco eran todas renuncias que iban en una única dirección, aún en los que renunciaron había diferencias[512]".

La movilización estudiantil se agudizó a partir de 1968. Al momento de hacerse efectiva la ocupación de los cargos ganados en los concursos convocados por la APBA, estaba próximo el estallido del "mayo francés" y las arengas de quienes fueron jefes de la protesta europea se hacían escuchar en el Río de la Plata.

Las opiniones respetadas de Sartre y Garaudy llegaban desde el otro lado del Atlántico y se combinaban con las nativas particularmente violentas, "nos acusaban a todos los profesores de colaboracionistas. Fueron momentos difíciles desde el '69 en adelante[513]".

---

[512] Mazzuca, R.; testimonio oral; mayo 2002.

[513] Pocos meses después, en mayo de 1969, obreros y estudiantes cordobeses y de otras provincias salieron unidos a las calles. Ante la magnitud de la movilización, Onganía ordenó que las Fuerzas Armadas se hicieran cargo de la represión. La protesta, si bien tuvo su epicentro en la ciudad de Córdoba se expandió rápidamente. Rosario fue declarada zona de emergencia y colocada bajo jurisdicción militar. También se profundizaron los conflictos en la provincia de Tucumán. En Buenos

A las dificultades del retorno, de hacerse cargo de las responsabilidades de las cátedras, se le adicionaban los enfrentamientos que jaqueaban el dictado de las clases por parte de la militancia estudiantil, focalizados en la crítica a la organización, a los contenidos y a las prácticas de la enseñanza, reivindicando la vigencia de algunos de los argumentos centrales del movimiento reformista. Lo distintivo fue la radicalización de los planteos y el inicio de medidas de acción directa en muchas cátedras y facultades, contra los profesores que eran considerados los representantes de la dictadura en lo académico.

El *cordobazo*[514] estaba en plena gestación cuando los docentes concursados a través de la APBA retornan a la Facultad. La *"contestation"*, término representativo de la cultura de época, cuestionaba no sólo al gobierno, ni sólo al régimen ni sólo al sistema, sino a la civilización[515] y los lugares que ocuparían quienes retornaban podían ser leídos como sosteniendo alguna de esas posiciones.

La Universidad, la Facultad, la Carrera, fueron –a pesar de las dificultades– un campo para la batalla de ideas, con un tono de perspectiva optimista desde la óptica de los protagonistas, con una impronta juvenil y rebelde, con confianza en las herramientas académicas y culturales como elementos favorecedores de transformaciones sociales. Los estudiantes y los jóvenes graduados, en un gran número, se asumieron como agentes de cambio y la academia parecía ser un lugar de privilegio para experimentarlo, para poner en jaque el status de las disciplinas (Rubinich; 2003), para resignificar el lugar de los referentes y de las tradiciones científicas.

Aires, la protestas y la represión adquieren particulares niveles de violencia.

[514]   Malraux, A.; testimonio oral; París, 21 de junio de 1968.

[515]   Aisenson, D.; testimonio oral; junio 2002.

Hubo más espacios para la reparación

"Realmente fue muy importante. Creo que una de las ex-
periencias más hermosas de mi trayectoria profesional...
Laboratorio de Relaciones Sociales diría ahora. En aquel
momento se llamó Laboratorio de Relaciones Humanas.
No conocíamos todo ni todos los marcos teóricos, y fue pa-
ralelo a un curso tradicional [de ingreso] a Psicología (...)
para 800 alumnos, funcionó durante un cuatrimestre con
60 grupos y donde construimos una estructura de cuasi
laboratorio (...) había clases de orientación, grupos de re-
flexión semanales, grupos de discusión lo llamábamos en
ese momento, con construcción de un acta que se pasaba
en la Secretaría y al mes de funcionamiento, introdujimos
los boletines informativos (...) que era un elemento con el
que pensábamos que podíamos resolver muchos de los ru-
mores que circulaban ante la falta de información y en un
contexto muy complicado donde había una intervención
universitaria, donde el Centro de Estudiantes no estaba de
acuerdo con las autoridades de la Universidad, donde no
sabían exactamente qué íbamos a hacer nosotros, si iban a
estar de acuerdo o no con nosotros[516]."

Como resultado de los concursos internos realizados
por acuerdo entre el Interventor Ipar y la APBA, quedan
a cargo de la cátedra de Orientación Vocacional Diana
Aisenson y Sara Slapak, quienes presentaron en el primer
cuatrimestre de 1968 junto a Emma Kestelboim[517] un proyecto de Laboratorio de Relaciones Humanas a desarrollar con alumnos ingresantes a la Carrera. Sus fundamentos planteaban que si bien cursar estudios universitarios
y ejercer una profesión era difícil, la tarea más ardua era
ingresar a la Universidad e iniciarse en el aprendizaje de

---

[516]   También graduada de la Carrera de Psicología, había participado y ga-
        nado el concurso, pero para la materia Psicología Institucional.

[517]   Aisenson, D.; testimonio oral; junio 2002.

una disciplina (Aisenson, Kestelboim & Slapak; 1970). Los aspectos dinámicos tenían como antecedente una experiencia que había coordinado Fernando Ulloa –antes de su renuncia en el '66– desde la cátedra de Clínica de Adultos, de la que era profesor titular y de la que había participado Diana Aisenson en su carácter de auxiliar.

El Laboratorio, con sus condiciones de funcionamiento, intentó brindar seguridad psicológica en un marco de confianza, estabilidad y respeto desde la inclusión comprometida tanto de los estudiantes como de las coordinadoras. Ellas se presentaban como psicólogas interesadas en ofrecer asistencia y funcionaron durante el segundo cuatrimestre de 1968 en paralelo con el curso de ingreso. Constituyeron un continente para un grupo numeroso de estudiantes para trabajar temores, desconfianzas, dudas (Aisenson, Kestelboim & Slapak; 1970).

La estructura incluyó clases de orientación sobre la psicología como disciplina, el rol profesional y social del psicólogo, el pasaje de la escuela secundaria, las motivaciones para la elección de una carrera, el plan de estudios, las posibles especialidades. Contempló la formación de 60 grupos integrados por 15 personas con una duración de una hora y media y con un coordinador psicólogo. En algunos de ellos se incorporó la figura de un observador. Se trabajaba sobre la información recibida en las clases de orientación, en la instrumentación de técnicas grupales con el objetivo de un aprendizaje vivencial y no meramente intelectual, apuntando al logro de actitudes reflexivas (Aisenson, Kestelboim & Slapak; 1970).

Había una especial preocupación por garantizar una fluida comunicación de los aspectos formales del funcionamiento institucional, de los contenidos de la disciplina y por la retroalimentación de la tarea realizada. Con esa finalidad se implementaron, desde el momento de la inscripción, circulares, boletines, síntesis informativas y actas de reuniones con referencias al clima emocional y las dificultades de los grupos.

Las coordinadoras defendían la idea de que la participación debía ser voluntaria, no obligatoria, pero eso no se condijo con las opiniones de la intervención que exigía la toma de asistencia. La forma de zanjar la diferencia "fue plantear ante los alumnos en los grupos que entre nosotros pensábamos que la participación tenía que ser libre (...) pero dado que esto funcionaba paralelamente a un curso de ingreso (...) dentro de una estructura académica, y las condiciones eran que debía que tomarse lista (...) se iba a pasar lista pero ellos tenían la libertad de hablar o no hablar (...) y nunca se pusieron nombres en las actas[518]".

Los protagonistas, tanto participantes como coordinadores, coinciden en atribuir a la experiencia características únicas, valiosas e irrepetibles. Única porque en la Carrera no se volvió a repetir una situación de convivencia entre docentes y alumnos de tal envergadura y magnitud. Valiosa porque posibilitó un ámbito de libertad, reflexión y contención, en un contexto desfavorable. Irrepetible porque se intentó reiterarla al año siguiente sin sus autoras y fracasó (Feld, J.; 2003). Para los docentes –jóvenes profesionales– significó la posibilidad de aunar teoría y práctica en relación con la formación profesional, consolidar saberes en una suerte de banco de pruebas, ejercitar en la construcción de una identidad y rol profesional.

Entonces todo era creación "muy pensado, muy armado, muy organizado, por eso creo que pudo funcionar muy bien, realmente funcionó muy bien[519]" y fue objeto de registro para su análisis y reelaboración "me emocionó (...) haber encontrado un cuaderno, donde anotaba las supervisiones que hacíamos de las situaciones que se

---

518 Aisenson, D.; testimonio oral; junio 2002.
519 Aisenson, D.; testimonio oral; junio 2002.

planteaban en los grupos y me acuerdo también haber encontrado otro cuaderno, que había preparado para el entrenamiento inicial, con las técnicas que se iban a utilizar en el laboratorio, grupo, orientación[520]".

La novedad tuvo también su faceta complicada por los problemas que se fueron presentando durante el desarrollo y que desafiaron soluciones de diverso tipo. Los hubo de carácter teórico, en la relación entre los objetivos a los que debía responder la asistencia psicológica a futuros estudiantes universitarios de Psicología y los que se proponía el laboratorio como una oportunidad de una microexperiencia psicológica para el intercambio de ideas, la confrontación de fantasías y expectativas sobre la inclusión en la Universidad, en la Carrera y en la futura profesión (Aisenson, Kestelboim & Slapak; 1970).

Todo esto sucedía, para la mayoría de los participantes, en coincidencia con la crisis adolescente y la salida de la escuela secundaria, a la que en muchos casos se le sumaban cambios de carrera por indefiniciones o fracasos previos. Se trataba de esclarecer motivaciones para la elección de la Carrera, las particularidades de la opción por la singularidad del objeto de estudio, la proximidad entre sujeto y objeto de conocimiento, y la preocupación porque no quedara "pegada" la idea de la elección vocacional-profesional con la de autoconocimiento.

En lo que hizo a recursos metodológicos, se buscó la combinación entre técnicas instrumentales para cumplir con los objetivos y a la vez brindar información sobre planes de estudio, orientaciones y modalidades de trabajo desconocidas y en proceso de consolidación frente a otras profesiones que contaban con imágenes definidas y tradiciones instaladas.

---

[520]   Aisenson, D.; testimonio oral; junio 2002.

Desde el punto de vista institucional se cuestionaban las condiciones de inserción de una estructura asistencial –novedad de la propuesta– dentro de una estructura académica.

Las coordinadoras –también atravesadas por la novedad y la juventud– no quedaron exentas de cuestionamientos autoreferenciados, entre ellos las ansiedades que les generaba la evocación de lo que le pasaba a los estudiantes, los interrogantes acerca de la identidad del psicólogo, la preocupación por lograr ser figura de identificación, transmitir una imagen real y coherente de la profesión, la proximidad generacional y de formación, el despliegue de una tarea asistencial en el ámbito que había sido de aprendizaje (Aisenson, Kestelboim & Slapak; 1970).

Se trabajaba con la hipótesis de que lo que a ellas les sucedía podía considerarse una versión de la situación que generaba tanto el Laboratorio como el Curso de Ingreso.

Esto presuponía la posibilidad de anticipar las sensaciones de los coordinadores de los grupos, comprender mejor sus dificultades y estar en condiciones de ayudarlos a encararlas y resolverlas. Se buscó internalizar un modelo para la coordinación de los grupos de alumnos apoyado en la idea de que debían ser ayudados pero no usados como proyección de sus propios conflictos. Para ello, se decodificaban mensajes, se recreaba el objeto de conocimiento con el que se vinculaban.

Esta recreación significó un aprendizaje vivencial, que permitió integrar marcos teóricos con imágenes de las situaciones por las que atravesaban los alumnos. Resultó a la vez un desafío y una oportunidad para afirmar el rol y la idea de estar aplicando un modelo psicoanalítico y al tiempo de aceptar el lugar de coordinadores de grupos, de delegar tareas, de admitir que otros realizaran acciones asistenciales con los alumnos.

Fue una actividad que así como había tenido un comienzo de expectativas y de producción, tuvo un final abrupto. Después de aquel cuatrimestre, "a nosotras no nos contrataron más y además (...) llegamos a la conclusión de que no habría otra experiencia así, como esa, que había sido tan importante (...) Nos hubiera gustado seguir monitoreándola o que continuara, pero se hizo cargo Ipar de reformularla y ya no fue igual[521]". Un nuevo corte, un nuevo abandono de un lugar apreciado dejaba un doble saldo: el de una experiencia de crecimiento y afirmación y el del cuestionamiento por la continuidad institucional y profesional.

Era un tiempo en el que ya se podían contabilizar profesionales definidos, orientados e instalados en el campo laboral a la vez que decididos a seguir dando batalla por la continuidad de su formación y en la búsqueda de lugares donde realizarla, que no sería por un tiempo la institución universitaria.

La posición profesional y social

"Habíamos elegido Psicología un poco como una aventura, porque nadie sabía definir bien cuál iba a ser nuestro perfil profesional. Es más, me quedaron grabadas las palabras de Tavella, que dictaba Orientación Vocacional y cuando le preguntamos 'Profesor, ¿cuál va a ser nuestro proyecto profesional?' Dijo 'Nadie sabe, porque nadie sabe qué va a pasar con los psicólogos'[522]."

---

[521]   Bronstein de Lapidus, R.; testimonio oral; julio 1999.
[522]   Bronstein de Lapidus, R.; testimonio oral; julio 1999.

Cuando los primeros psicólogos se afirmaron en posiciones académicas y puestos de trabajo, la situación de la Carrera en la que se habían formado, de la Facultad que los había cobijado y la del propio país, era caótica y algunas de las premisas que habían regido los tiempos de estudiantes y los comienzos como graduados demostraban que su validez no había sido tal. La idea del psicólogo como agente de cambio, presente en el contenido y en la bibliografía de algunas materias cursadas, repetida por profesores y docentes e instalada en muchas de las experiencias que los fueron incluyendo, comenzaba a desvanecerse y a denunciar la tensión entre aquella primera omnipotencia y la realidad (Averbuj; 1969).

La necesidad de cuestionar la práctica cotidiana y los referentes ideológicos con que se habían abordado los distintos campos de trabajo se hacía impostergable, sobre todo en los ámbitos institucionales y comunitarios. Seguía vigente la idea de no renunciar a trabajar integrados a la comunidad, a las instituciones, fueran públicas o privadas, a los organismos gubernamentales. Pero estas ya no eran las mismas que habían operado durante la formación. Algunas experiencias eran leídas y traducidas en términos de fracaso, más allá de la posibilidad teórica de considerar los cambios que se habían producido en diferentes niveles, ámbitos y momentos como manifestaciones de la vida misma, de la sociedad, del grupo familiar, de las personas (Danis; 1969).

Los psicólogos compartían con las demás profesiones no-tradicionales la ambigüedad sobre los criterios de evaluación profesional, de las demandas y de un auditorio que no siempre tenía claro qué se podía esperar de sus posibilidades y sus servicios y de las tareas que les tocara realizar (Litvinoff; 1970). No era el psicólogo quien promovía los cambios, pero era el que estaba capacitado y habilitado para asistirlos, comprenderlos, ayudar a resolver conflictos identitarios, Para el caso de la profesión y de los profesionales de la psicología, debía proteger una autoestima tambaleante por ser joven, inseguro por la desconfianza de los demás, atravesados por duelos (Danis; 1969).

Se imponía, con este contexto de fondo, encontrar otros espacios que permitieran la reflexión, las revisiones ideológicas, el redimensionamiento de las experiencias. Se trataba de una nueva toma de conciencia respecto de lugares y posibilidades que sólo el estudio y la participación como ciudadanos y como profesionales podía hacer de utilidad. Se empezaba a saber quiénes y cuántos eran. Al tiempo en que los concursos en la APBA y el Laboratorio de Relaciones Humanas se desplegaban, se empezaban a conocer datos que trascendían los que emanaban de los registros universitarios y componían el panorama de los psicólogos en acción a partir de una indagación sobre una muestra de 85 casos que encargó la APBA (Litvinoff; 1970).

Más allá de las prevenciones sobre las características que tuvo la recolección de esta información, fue un primer acercamiento descriptivo. Las restricciones de la muestra consideraban que no se tomaría en cuenta información sobre no asociados a la APBA, con lo que quedaba sesgada hacia profesionales con tendencia corporativa, a la vez que mostraba restricciones respecto de la representatividad numérica.

El instrumento se constituyó como un cuestionario autoadministrado que desde el punto de vista técnico no resultaba tan confiable como el que podría aplicar un encuestador. A pesar de todos estos señalamientos, los datos permitieron inferir significatividad tanto a los fines descriptivos como exploratorios, con el subrayado de que se trató de la primera experiencia de conteo y categorización.

Se pudo constatar que el 75% de los graduados contemplados era femenino y tenía menos de 30 años, que entre los años 1961 y 1966 había egresado el 54% mientras que entre los años 1967 y 1968 lo había hecho el 46%.

Las áreas de inserción laboral entre las que se distribuían, consideraban que el 66% se orientaba hacia la Psicología Clínica, hacia la docencia lo hacía el 20%, a la Psicología Educacional se dedicaba el 15%; en el campo de la Psicología Laboral se ubicaba el 12%, mientras que a la Orientación Vocacional se inclinaba el 7%.

Estos datos permitían asegurar que dos de cada tres psicólogos hacían clínica y que las tareas relacionadas con el aprendizaje y la infancia eran una importante fuente de trabajo, considerando la integración de los datos de Educacional, Vocacional y Docencia.

Cuando estos mismos profesionales fueron consultados respecto de cuál considerarían la tarea ideal, las respuestas marcaron como tendencia mayoritaria Planificación, Psicohigiene, Psicología Comunitaria, Institucional en un 40% y luego Psicología Clínica en un 20%, Psicología Educacional, Orientación Vocacional otro tanto, mientras que hacia las actividades docentes y la Psicología Laboral se inclinaría el 10% en cada caso. Por otra parte, cuatro de cada 10 desearían trabajar en áreas no tradicionales e interdisciplinarias (Litvinoff; 1970).

Estos datos permitieron explicar la búsqueda de opciones de formación y la aparición de alternativas por fuera del sistema universitario. Sólo por citar algunas, las que convocaron en una primera instancia un buen número de graduados, se hará una breve referencia a tres de ellas.

Los amigos de la APA y la compleja relación con el psicoanálisis

"La Facultad, la Carrera de Psicología, se convirtió en una especie de ámbito de divulgación, más bien avanzado, pero que no tenía espacio ni en la APA ni en los círculos psiquiátricos. Creo que eso le dio también a la Carrera ese estilo contestatario que tuvo (...) porque frente a una APA que no lo admite, y frente a un ejercicio profesional que no es legítimo puesto que no ha hecho análisis didáctico, puesto que no ha hecho los seminarios, resulta que no tengo un marco institucional que me reconoce como psicoanalista[523]."

En esa época, muchos psicólogos se enfrentaron –por adscripción o por distancia– con el problema de su relación con el psicoanálisis. Esto podría explicar la necesidad de muchos de aproximar al saber psicoanalítico y a las prácticas asociadas a él.

Colaboraron con la satisfacción de estas expectativas la tarea de divulgación propiciada por Amigos de APA y la creación, por parte de psicoanalistas, de asociaciones y escuelas de formación que convocaron a psicólogos que buscaban su identidad en una modalidad de trabajo profesional, que podía ser vista como afín y a la vez diferente de la labor psicoanalítica (Danis; 1969), en tiempos de limitaciones que condicionaron el ejercicio profesional de los psicólogos en relación al psicoanálisis y su acceso a la Asociación Psicoanalítica Argentina (Moreau; 2005).

La APBA también desarrolló tareas de formación en esta línea a partir de 1962 al tiempo en que en la Carrera se producía la sustitución de los profesores psicoanalistas por psicólogos con formación psicoanalítica, generando conflictos para unos y para otros, configurando una gama de sentimientos que recorrieron desde la

---

[523] Töpf, J.; testimonio oral; setiembre 1999.

idealización hasta la envidia y desde la competencia hasta la gratitud (Danis; 1969).

No puede evadirse en este análisis una consideración respecto de la profesión y del campo disciplinario, en relación con la contemporaneidad de desarrollos, ya que tanto el psicoanálisis como la profesión de psicólogo son productos del mismo siglo, recientes, sujetos a críticas, con un desarrollo rápido y sorprendente (Danis; 1969).

Hay que recordar que ya con anterioridad a los acontecimientos que se desarrollaron a partir de 1966, entre los grupos de clase media –sobre todo porteña– cultural y políticamente orientados hacia la izquierda, circulaba con cierta fluidez un saber psicoanalítico promovido desde el periodismo, revistas con consultorios sentimentales[524] e historietas como "Darío Malbrán, psicoanalista" en la revista *Idilio*[525] y también con la publicación, en distintas versiones –entre científicas y de divulgación– de la obra de Freud.

Para los jóvenes psicólogos, que querían dedicarse a la clínica psicoanalítica, el tema se complicaba por las limitaciones en sus incumbencias. Debían asumir simultáneamente su identidad personal y profesional y diferenciarse de otras profesiones (Danis; 1969).

En este contexto y particularmente en los largos períodos en los que la APA no admitió la incorporación de psicólogos, adquieren importancia las actividades promovidas por los Amigos de APA[526].

---

[524] Algunas a cargo de reconocidos profesionales que respondían a supuestas consultas de lectores bajo seudónimos.

[525] El contenido era escrito por Gino Germani y Enrique Butelman bajo el seudónimo de Richard Rest.

[526] En 1948 la APA reformula los requisitos de admisión, estableciendo la necesidad del título de médico para quienes aspiraran a trabajar con adultos y el título pedagógico para quienes pretendían dedicarse al análisis de niños. En 1952 nuevas modificaciones reglamentan la

Este grupo, constituido con anterioridad, en la década del '60 intensificó su participación en movimientos de divulgación, grupos de estudio, de investigación y cursos con la presencia de importantes psicoanalistas formados en APA. Sus actividades podrían ser reconocidas como una forma de apertura de los psicoanalistas que llevaban a cabo acciones por fuera de la propia institución psicoanalítica y como una intención de captar candidatos tanto para su análisis como para su formación. También pueden considerarse reflejo de los vaivenes que vincularon a psicólogos con psicoanalistas, en los que la APA fue tomando decisiones respecto de formación, incumbencias profesionales y posibilidades laborales mientras los Amigos de APA actuaron como un espacio permisivo para la aproximación al psicoanálisis, aunque no legitimante.

Los psicólogos, que de todos modos aspiraban a la formación y al ejercicio psicoanalítico, optaron por avanzar en esta línea participando de grupos de estudio que coordinaban destacados analistas, algunos de los cuales habían pasado por las aulas de la Carrera.

En 1967, el Decreto Ley 17.132 reafirmó la tendencia prevista por la "Ley Carrillo" estableciendo para el

admisión a la institución y las condiciones para el ejercicio del psicoanálisis. Se establece que tanto pueden ser médicos como no médicos, pero para el caso de estos últimos, se requiere haber finalizado una carrera universitaria mayor vinculada a los estudios del hombre, limitando su actividad a la readaptación de personas psicosocialmente desadaptadas. Se les exige mantenerse en contacto permanente con un psicoanalista médico para aconsejarse con él. Cuando en 1954 entra en vigencia la llamada "Ley Carrillo" que restringía la práctica de la psicoterapia y el ejercicio del psicoanálisis sólo a médicos, la Comisión Directiva de la APA conservó a sus miembros y candidatos médicos y no médicos que ya habían sido aceptados para su formación, pero cerró las puertas a nuevos aspirantes que no cumplieran con la nueva normativa.

psicólogo la posibilidad de hacer psicodiagnósticos e investigación con la supervisión de un especialista en psiquiatría, dejando de lado competencias y experiencias acumuladas en los ámbitos laborales, educacionales, jurídicos y comunitarios ya instaladas.

Las apetencias de los psicólogos se vieron aún más limitadas cuando desde el gobierno llega a la APA la amenaza de cerrar la institución si seguían fomentando el ejercicio ilegal de la Medicina. Es entonces que se introducen cambios en los criterios para la selección de aspirantes y coincidentemente la Asociación de Amigos suspende sus actividades[527].

Quienes no las suspenden son los analistas –muchos de ellos didácticos– que en forma privada siguieron tomando pacientes en análisis terapéutico y en grupos de estudio por fuera de lo institucional, creando un verdadero circuito paralelo al de las instituciones tanto públicas como privadas de formación en el campo *psi*.

Mientras tanto, se fueron fortaleciendo otras alternativas institucionales a partir de psicoanalistas miembros o no de la APA y de profesionales de otras orientaciones, con un cierto paternalismo sobre los psicólogos y sus conflictos, como la Asociación de Psicología y Psicoterapia de Grupos fundada en 1954, aún antes de la creación de la Carrera, la Escuela de Psiquiatría Dinámica, abierta en 1959, la Escuela Privada de Psicología Social IADES que inicia sus actividades en 1960, la Escuela de Psicoterapia para Graduados y el Centro de Investigación y Orientación "Enrique Racker" con objetivos de promover la investigación, profundizar el estudio y dirigir tareas asistenciales hacia la comunidad.

---

[527] Las actividades de la Asociación de Amigos de la APA se reabren en 1979.

Nuevas opciones para pensar la infancia

"En el momento en que irrumpe Onganía(...) Ahora es fácil analizar todos esos hechos. Pero para nosotros significaba la imposibilidad de seguir en ese proyecto (...) en mi caso, renunciar a Buenos Aires y renunciar a las dos cátedras en donde era adjunta, que eran las de Clínica de Niños y de Adultos (...) Fue una pérdida y un dolor tremendo pero, hay una cosa importante que uno valoriza tanto a lo largo de la vida, de nosotros, los argentinos, y es la capacidad de recuperación. Porque en lugar de quedarnos ahí llorando la pérdida, que fue una pérdida realmente importantísima, un grupo de gente de Psicología fundamos una Escuela de Psicología Clínica para Niños, con lo cual empezamos a estudiar. Primero fuimos alumnas (...) y enseguida pasamos a trabajar como profesores[528]."

En 1966, con la intervención a la universidad, abortan muchos proyectos. Algunos fueron reformulados y trasladados fuera del ámbito académico, como la Escuela de Psicología Clínica de Niños[529] inaugurada en 1968. El proyecto original había sido el de un posible post grado que la intervención y la gestión del Dr. Ipar hacen inviable. Ese contratiempo no hace bajar los brazos a las autoras, quienes intentan ponerla bajo la égida de la APBA.

Los debates al interior de la Asociación y sobre todo los que referían a la orientación teórica –a la luz de las discusiones por la delimitación del campo entre psicólogos y psicoanalistas– tampoco les son favorables y deciden avanzar con el objetivo de garantizar la formación psicoanalítica en forma privada. "Hubo mucha gente que abrió camino. Nosotros hicimos un pequeño centro privado de asesoramiento para escuelas. Porque ninguna escuela

---

[528]   Siquier, M.L. (Pichona Ocampo); testimonio oral; agosto 1999.

[529]   Creada por cuatro egresadas: Estrella Joselevich, Alba Kaplan, María Rosa Glasserman y Hebe Friedenthal, formada en Rosario.

tenía gabinete psicológico o psicopedagógico, tal vez alguna, pero muy excepcionalmente. Y lo que hicimos fue tocar timbre en las escuelas, pedir reuniones, explicar... Eso nos implicó recorrer una cantidad de instituciones y en muchas de ellas hicimos como un trabajito de hormiga (...) y armamos un posgrado clínico para ofrecer a la Facultad, que no pudimos hacer porque fue La Noche de los Bastones Largos, Onganía y todo eso. Y así fue como nació posteriormente la Escuela de Psicología Clínica de Niños, que nació como un proyecto que queríamos incluir en la Facultad y cuando vimos cómo venía la mano, decidimos dejarlo afuera. Pero se pensó, se escribió inclusive como un proyecto para hacerlo dentro de la Facultad[530]".

Ya en ese tiempo, algunas graduadas –entre las que se contaban las iniciadoras de la "escuelita", como se la conocía en ese momento– y también estudiantes, estaban haciendo su experiencia de formación y de práctica con niños. El Hospital de Niños[531], el de Lanús[532] y el Rawson[533] fueron algunos de los espacios que permitieron estas posibilidades, tanto en relación con pacientes internos como externos y en la preparación prequirúrgica. Incursionan en las escuelas para asesorar, formar gabinetes psicológicos, buscar un campo de acción para los psicólogos de niños.

Además del recorte de población al que estaba dirigida y de quienes habían gestado la idea, mantenía otras diferencias con la Escuela de Psicoterapia para Graduados, que también concitaba mucho interés en los flamantes psicólogos.

---

[530] Joselevich, E.; testimonio oral; julio 1999.
[531] A cargo del Dr. Florencio Escardó.
[532] A cargo del Dr. Mauricio Goldenberg.
[533] A cargo del Dr. Mauricio Knobel.

La "escuelita"[534] estaba organizada por psicólogos y presentaba una formación rigurosa de tres años. Los alumnos debían cursar tres veces por semana, rendir parciales y finales. Sus mismas fundadoras formaron parte de la primera promoción de graduados.

Mientras tanto, la Escuela de Psicoterapia para Graduados, fundada por Garma y otros psicoanalistas de la APA, funcionaba a modo de grupos de estudio en los consultorios de los docentes psicoanalistas y no había exigencia de presentación de trabajos o evaluación final.

En los inicios, contrataron profesores del exterior y, más adelante, los mismos egresados de la Carrera de Psicología se incluyeron como docentes, constituyendo en paralelo con lo que sucedía al interior de la Carrera, una experiencia fundante de cohorte. Sus actividades cesaron a comienzos de la década del '70 cuando muchas de sus promotoras y docentes debieron exilarse por razones políticas.

Más creaciones y también fracturas

"El CDI[535] es una experiencia importantísima. En 1971, en un ambiente muy politizado, con las instituciones estatales muy despedazadas por lo político –y esto no era ajeno a lo que sucedía en la institución psicoanalítica– un grupo muy grande nos fuimos de la institución oficial[536]. Inscribimos los esfuerzos nuestros y organizamos una coordinadora de

---

[534] Forma habitual de nominar a la Escuela de Psicología Clínica de Niños en la época de su creación.

[535] Centro de Docencia e Investigación. Estaba ubicado en una vieja casa sobre la calle Thames. Fue allanado con la excusa de la búsqueda del cadáver de Aramburu. En esa oportunidad, quienes estaban en la institución fueron detenidos.

[536] En referencia a la Asociación Psicoanalítica Argentina.

trabajadores sociales, de los trabajadores de la salud men-tal[537]*, de diferentes formaciones universitarias y creamos el CDI para docentes, profesionales y gente de salud de diferente procedencia universitaria. Era una institución relacionada con la FAP*[538]*, que tenía su escuela de estudios, que dictaba cursos. Esto era el CDI. Cuando se cerró la Facultad, mucha gente de Psicología fue a parar al CDI*[539]*."*

Es un período en el que las tensiones, tanto en el interior de la Carrera como en las instituciones cercanas, no están ausentes. Hacia adentro, la disputa no es sólo por los cargos; lo es, fundamentalmente, por la hegemonía ideológica y teórica. Por fuera de la Facultad de Filosofía y Letras otras instituciones señeras también entran en crisis, lo actúan de diversas maneras y su repercusión también es diferente.

Seguramente el caso más resonante es el que se manifiesta en la APA entre los años 1970 y 1971, que se expresa con la escisión de un grupo de sus renombrados integrantes liderados por Marie Langer, entre los que se encontraba Fernando Ulloa, Enrique Pichon Rivière, Emilio Rodrigué y Diego García Reinoso, nucleados en los grupos "Plataforma Argentina" y "Documento". Estos agrupamientos criticaban las actitudes verticalistas de poder y el monopolio de los analistas didácticos y expresaron sus opiniones en un conjunto de documentos datados desde 1962 agrupados parcialmente en la publicación "Cuestionamos" (Langer; 1971) en "un ambiente muy politizado, las instituciones estatales muy despedazadas por lo político y esto no era ajeno a lo que sucedía en la institución psicoanalítica[540]".

---

[537]   En referencia a la Coordinadora de Trabajadores de Salud Mental, organizada como federación, integrada, entre otras organizaciones por la FAP, la APBA.

[538]   Federación Argentina de Psiquiatras.

[539]   Ulloa, F.; testimonio oral; noviembre 1991.

[540]   Ulloa, F.; testimonio oral; noviembre 1991.

En 1971, luego de la fractura de la APA, un conjunto de psicoanalistas disidentes organiza la Coordinadora de Trabajadores de Salud Mental, a la que concurren la Federación Argentina de Psiquiatras –FAP– espacio de enrolamiento para muchos de los que se excluyen de la APA, la Asociación de Psicólogos –APBA– y grupos de menor impacto constituido por otros profesionales como "psicopedagogas y terapistas ocupacionales que tenían una presencia mucho más reducida[541]", "trabajadores sociales, trabajadores de la Salud Mental y quienquiera, de diferentes formaciones universitarias[542]". En realidad, "el grueso de los participantes en las actividades de la Coordinadora eran psicólogos (...) y está fuertemente alimentado por psicoanalistas que habían roto con la APA y que eran los que tenían el capital simbólico, el prestigio (...) y que además tenían los recursos (...) Incorporan algunos intelectuales que no eran psicoanalistas, entre los cuales estaban Sciarreta, Oscar Landi[543]".

Con el objetivo de continuar algunas de las tareas académicas de formación e investigación a docentes, profesionales en general, la rama psicoanalítica de la FAP crea el Centro de Docencia e Investigación (Schenquermann; 2001) –CDI–, que convocó a un número importante de graduados y estudiantes de Psicología, sobre todo en períodos en los que la Carrera permanece cerrada y que continuó con sus actividades hasta 1973, momento en que fue allanado con la excusa de buscar el cadáver de Aramburu (Moreau; 2002). La enseñanza se había organizado en tres áreas: Filosofía y Epistemología; cursos específicos –que eran básicamente de Psicoanálisis– y un espacio de discusión con referencia a intervenciones

---

[541] Vezzetti, H.; testimonio oral; abril 2002.
[542] Ulloa, F.; testimonio oral; noviembre 1991.
[543] Vezzetti, H.; testimonio oral; abril 2002.

y a prácticas[544] en el que se ponían en juego saberes que combinaban psicoanálisis, teoría psicológica y el análisis de las herramientas teóricas provenientes del marxismo (Moreau; 2002).

Las clases se grababan y se vendían, con lo que se generaban ingresos importantes por la cantidad de alumnos que concurrían "centenares de estudiantes (...) la gente se anotaba masivamente (...) en realidad, venía a cubrir una necesidad de formación y al mismo tiempo esto se cuestionaba, desde la izquierda, porque en parte venía a conformarse como una suerte de APA paralela pero, para muchos, sobre todo psicólogos que nunca habían podido ingresar a la APA, era la idea de que podían acceder a un conocimiento que, si no, les estaba vedado[545]" ya que la única condición de ingreso era estar afiliados a alguna de las asociaciones que conformaban la Coordinadora.

Fue una institución que nació al calor de la discusión más política que teórica, un lugar de militancia, una opción de pertenencia en el marco de un escenario institucional caótico, en el que había "no sé si 30 ó 40 fracciones políticas enfrentadas. El fraccionismo político es uno de los dramas del país, (...) grandes sectores estaban enfrentados (...) entonces había que crear condiciones de coincidencia, de concordancia (...) fue una experiencia extraordinaria[546]". Sus actividades finalizaron abruptamente tras un allanamiento de su sede[547] y por la persecución hacia alguno de sus miembros por parte de "las tres A".

---

[544] Área a cargo de psicólogos jóvenes, generalmente muy comprometidos con la militancia social.

[545] Vezzetti, H.; testimonio oral; abril 2002.

[546] Ulloa, F.; testimonio oral; noviembre 1991.

[547] La excusa del allanamiento fue una supuesta denuncia de que en su sótano se encotraban las manos del cadáver de Aramburu.

¿Cómo la Carrera y la profesión buscaron su continuidad?

Hacer de la psicología una carrera, una profesión y una práctica exigió una compleja construcción en un breve tiempo que se cerró abruptamente. Con ese corte quedaron congeladas etapas de un proceso, proyectos, ilusiones, entusiasmo.

Atravesado el momento de impacto se retomaron discusiones y acciones, pero ya nada fue igual. El convencimiento de que un futuro mejor era posible y estaba próximo abortó ante las evidencias de la intervención que trajo consigo, además de la desactivación de espacios de producción académicos, gremiales y políticos, renuncias y cesantías.

Las discusiones produjeron alineamientos que no sólo no unieron fuerzas que ofrecieran resistencia, sino que debilitaron posturas y acciones. Entre quienes eligieron irse o quedarse en lugares valorados y deseados, se estableció una brecha profunda. Ambos grupos tenían argumentos que consideraban fuertes para sostener sus posiciones y para desacreditar a sus opositores. Irse podía ser visto como una forma de abandonar aquello que tanto había costado construir o de manifestar la decisión de no pactar con las nuevas condiciones de vida universitaria y nacional. Quedarse podía ser entendido como un acuerdo con la nueva situación o una forma de resistencia. Y entre los extremos, posiciones que tomaron argumentos de unos y de otros.

El tiempo hizo su trabajo y las definiciones en algunos casos fueron revisadas. Muchos de los que habían renunciado en el '66 aceptaron el regreso en el convencimiento de que algo se podía recuperar, que no todo se debía regalar.

No todos –ni quienes se fueron ni quienes se quedaron– sostenían los mismos argumentos. Los intereses en juego eran muy diversos y las situaciones también lo eran. Entre profesionales que además enseñaban y docentes "puros" había diferencias en juego no sólo en relación con sus fuentes de trabajo y dedicaciones, sino también económicas. Entre profesores y auxiliares se ponía en cuestión la legitimidad del desempeño en la enseñanza en relación con su carrera de procedencia.

Los primeros no eran psicólogos, los últimos estaban debutando en la labor profesional y docente. Muchos de ellos acababan de concursar –por primera vez lo hacían los originarios del campo *psi*– y sólo llegaron a desempeñarse en su condición de regulares un cuatrimestre. La intervención los puso en situación de definir la continuidad en un lugar que había resultado costoso y que era vivido con orgullo.

Las organizaciones gremiales dentro de la facultad –APADIFYL– y fuera de ella –APBA– asumieron roles protagónicos de defensa de las conquistas obtenidas por los nuevos profesionales insertos en campos ocupacionales variados, al tiempo que se contactaban con otras corporaciones y recibían las influencias de movimientos nacionales e internacionales. El Mayo Francés y el Cordobazo estaban en gestación.

Las nuevas formas de alineamientos que incorporaron a los psicólogos a partir del '66 pueden categorizarse en diferentes maneras, según sus objetivos y su conducción. En relación con los primeros se destacan organizaciones que plantearon cuestiones reivindicativas y otras de formación. De acuerdo a las últimas, se perfilaron instituciones de psicólogos para psicólogos y de no psicólogos para psicólogos. Y también las hay que abordan ambos propósitos.

Como formas de defensa de los espacios profesionales propios se materializan los concursos convocados por la APBA en acuerdo con la intervención y el desarrollo del Laboratorio de Relaciones Humanas. Como instancias de capacitación, los psicólogos son convocados por la misma ABPA, pero también por la Escuela de Psicología Clínica de Niños, el CDI y la Asociación de Amigos de APA.

En todos los casos, los objetivos estuvieron signados por al preocupación por la continuidad y el mejoramiento profesional.

Capítulo VI
Cómo se hizo para recuperar esta historia

Identidad, profesión y narrativa

La construcción de la identidad –profesional y de profesionales de la Psicología en este caso en la UBA puede ser abordada analizando los lugares ocupados por diferentes actores, las características de la institución formadora, de las personas involucradas, de acontecimientos y hechos específicos no siempre programados, de otros previstos en el marco regulatorio de la universidad, de la preexistencia de modelos, de la valoración social y de la trama de una memoria generacional.

De esta manera, lo programático como contenido y perspectiva político-institucional se articula con lo testimonial biográfico como reservorio (Arfuch; 2002) de las formas diversas en que se narran los acontecimientos, las participaciones individuales y las construcciones en la que el protagonista se presenta como garante en la articulación entre la versión de una historia "oficial" y la de los discursos que se constituyen en mitos. La narración, como género expresivo de lo verbal, pone en cuestión el tiempo del acontecimiento y el del relato, la experiencia y la normativa, el acontecimiento y el objeto que le dio origen. Entonces, ya no es sólo una forma de contar sino un modo de estructurar identidad.

Narrar constituye una matriz a partir de la que el mundo real adquiere un sentido y una lógica. Lo que se cuenta y el modo de contar influyen sobre el modo de vivir, manteniendo lo pasado y lo posible aceptablemente unidos (Bruner; 2003) a partir de un texto constituido mediante apropiación de otros textos recontextualizados desde el que el emisor expresa una suerte de texto pedagógico[548] (Larrosa; 2000). Para abordar la construcción de la identidad profesional de los psicólogos e instalar el comienzo de una cadena de transmisión, los testimonios –con las salvedades que caben– resultan esenciales, atendiendo a que se trata de formulaciones variadas y hasta contradictorias acerca de los acontecimientos, los personajes y los posteriores desarrollos.

Las instituciones funcionan como espacios privilegiados de construcción de identidad, de valores, de subjetividad. Las académicas, por su parte, suman particularidades, y en el caso de las encargadas en los años sesenta de formar profesionales de las ciencias sociales –la Psicología entre ellas– contaban con habitantes dispuestos a escuchar explicaciones sobre lo individual, con relación a lo social y a las posibilidades de actuación. Tenían la sensación de estar experimentando un proceso de cambio individual y social, con la presencia de intelectuales con prestigio académico, vocación de intervención y predicamento, en auditorios diversificados, en el tiempo en que se percibe la decadencia de una tradición científica y la incorporación de nuevos referentes.

Fueron lugares y momentos en los que se cuestionaron relaciones de poder y desigualdad, de cambio y continuidad, categorías conceptuales que establecieron fundamentos para nuevas corrientes de pensamiento (Argumedo; 2002). Se dibujaron líneas de enlaces y de

---

[548]   La referencia al carácter pedagógico de un texto está vinculada tanto al contenido –relatar algo considerado valioso– como a la forma en que ese texto fue configurado –recursos de interpelación no objetables–.

rupturas de corrientes y valores, nuevas formas de experiencia y de manifestaciones culturales de historicidad, matrices de pensamiento, cuyo reconocimiento permite entender la distribución y el ejercicio de poder entre grupos. Se planteó el debate por el rol, por la ocupación de lugares que se pretendieron, por la autonomía institucional y por las competencias de los educadores que trabajaban en ella, por la forma de mantenerse dentro del campo disciplinario e incluirse en el profesional, por las inseguridades que planteaba el trato con otros profesionales, por la confianza y la lealtad como rasgos deseables.

La enseñanza universitaria, más allá de consideraciones políticas, tenía por objetivo la autonomía de los estudiantes en la gestión de los aprendizajes, con la ambigüedad de saber que ser absolutamente autónomo puede resultar insoportable para sí y para los demás, y que es necesario no des-responsabilizar, sino reconocer las influencias que se reciben, las determinaciones que dejan huella, el lugar de los maestros (Meireu; 1998). Los conocedores de la disciplina, enseñantes instituidos formalmente, asumen la responsabilidad de legitimar saberes, actividades y a personas. Acreditan aptitudes en una tarea de vigilancia permanente (Foucault; 1993) habilitan actores. Transmiten –narran– invistiendo.

Herramientas para armar la historia que se quiso contar: las entrevistas

La consideración de testimonios como fuentes, resultado de entrevistas, pone en evidencia la tensión entre memoria e historia, entre las dimensiones de la primera y los hechos que componen la segunda. A los efectos de la investigación, la relación entre historia y memoria es una de las preocupaciones centrales en el campo de las ciencias sociales (Jelin; 2002) que deja al descubierto cómo el discurso sobre un hecho se construye como narrativa, se resignifica en sucesivos períodos, en diferentes escenarios, con la introducción de nuevos actores y se consolida en la medida en que queda materializado, transformando en "figuras" las experiencias relatadas.

Los testimonios resultan esenciales para conocer y comprender las ideas que sobre los hechos tienen quienes participaron de ellos. Las versiones sobre acontecimientos y personas que se recuperan, de no haber sido contadas y debidamente respaldadas, no habrían sido conocidas o se hubieran perdido con el paso del tiempo, anulando la posibilidad de la contrastación y la controversia ideológica y sobre los hechos.

Con estas hipótesis fue posible sostener el planteo de hacer una historia institucional desde relatos, vivencias y prácticas individuales y compartidas, que quedaron asociadas a las tradiciones de un grupo en el que los sujetos integran el registro que de ella han resguardado. Las formulaciones fueron diferentes según quien las construyó.

El valor de lo testimonial y el recurso de la entrevista se destacan, porque desde la recuperación de registros de múltiples memorias, es posible rescatar y recortar tramos de una historia reciente, y desde allí reconstruir información sobre la que no hay documentación suficiente ni interpretaciones que interpelen a los documentos. Se trata de construcciones narrativas que condensan diferentes versiones del pasado atravesadas por el tiempo y condicionadas por la posición que quienes relatan, protagonistas y testigos, ocuparon o les son atribuidas.

Los relatos surgidos de memorias posibilitan el diálogo entre fuentes y la ampliación de la comprensión de procesos complejos (Schwarzstein; 2001). Conforman una batería instrumental que permite penetrar en relaciones y tensiones a partir de un dato, relato de vida, un conjunto de prácticas y considerar sobre ellas representaciones diversas por las cuales los individuos y los grupos dan sentido a su mundo (Chartier; 1999).

Las narrativas no siguen una cronología ordenada, el tiempo biográfico se impone al histórico, por lo que los relatos que aparecen en las entrevistas no garantizan su correcta ubicación cronológica (Schwarzstein; 2001).

La interpretación de la información obtenida y el entrecruzamiento entre testimonios y documentos posibilita el descubrimiento o redescubrimiento de acontecimientos, hitos de debate desde las perspectivas de diversos actores, explicaciones que enriquezcan los conocimientos personales, institucionales y sociales, las tradiciones y mitos que dan sostén a su existencia, la posibilidad de transmisión y su transformación en "marcas" materiales. Recuperando información y memorias con precaución, es posible reponer tradición y dar legitimidad, en el sentido de otorgar contención y continuidad a las personas y a las obras que ellas generaron o que reconocen en otros, como resultado de un proceso psíquico que permite trabajar los restos de un recuerdo y construir un compromiso entre lo que representan en el pasado y la problemática actual respecto de ese pasado (Enriquez; 1991).

Con estas apreciaciones se planteó la realización de entrevistas a testigos y protagonistas considerados referentes respecto de los hechos que se intentaron analizar. Fue posible hacerlo con docentes que se desempeñaron en los primeros años de la Carrera de diversos orígenes profesionales y que manifestaron diferentes posiciones frente a la creación y al desarrollo posterior de la Carrera de Psicología en la Facultad de Filosofía y Letras de la UBA, así como con graduados de las primeras cohortes de egresados. También se tuvo acceso a la versión transcripta de un conjunto pequeño de entrevistas realizadas para el Archivo testimonial de la UBA.

La consideración de las narraciones

Las narraciones constituyen, para emisores y receptores, una representación de sí, de los demás y del lugar que ocupan en el mundo. Los textos de los relatos son un bien cultural, un testimonio material dotado de contenido y de valor, y como cualquier otro objeto calificado, es de importancia mitigar su deterioro, respaldarlos y preservarlos. Con ellos se reconstruyen escenas que posicionan a quien recuerda y a otros, en escenarios diversos y se reponen datos que completan informaciones.

Los relatos que refieren a una historia identitaria definen la pertenencia a un campo social relativamente autónomo y con lógica propia (Altamirano; 2002). El campo intelectual es a la vez un espacio de lucha por la definición de la cultura legítima, disputa que enfrenta a quienes se hallan situados en diferentes rangos –dominantes y aspirantes, establecidos o recién llegados– por establecer el reconocimiento al capital simbólico que marcará pertenencia (Altamirano; 2002).

Si se admite que la pluralidad de memorias es el corolario de una diversidad de mundos y de una multiplicidad de tiempos (Bourdieu; 1992), se acepta la existencia de memorias móviles y cambiantes en el intento de construir identidades en un escenario de figuras cristalizadas sobre las arenas movedizas de los relatos (Candau; 2001). Estos supuestos hacen viable la reconstrucción de eventos, que no serán comunicados en estado puro, y que para su transmisión se consolidaron de acuerdo a una estructura organizativa idiosincrática, a un cierto significado atribuido.

La actividad mental organiza los textos sobre los acontecimientos que han quedado en registro y les confiere significado. Luego serán seleccionados y recogidos por el discurso e integrados en una trama en la que el lenguaje ejecuta el trabajo de cristalizar imágenes que dan significado a la experiencia (Alberti; 1997). En este sentido, cada protagonista, cada grupo, cada generación, aporta y elimina algo, y, lo que sobrevive se traslada históricamente a otras generaciones y simultáneamente a otros grupos formando corrientes de opinión, invitando a tomas de posición, ya que la vivencia pensada y transmitida como unidad de sentido intencional es algo que se destaca del flujo de la comunicación corriente (Arfuch; 2002).

Lo vivido ha sido experimentado por alguien, que le atribuye significado y en consonancia lo transmite, desde la convicción que le otorga criterios de validez, articulando persona y discurso, autor e historia, registro y enunciación, extrañamiento y apropiación, identificación y valoración; ordena la vivencia y la narración (Bajtin; 1985). Es el valor biográfico otorgado a cada acontecimiento –entre lo cotidiano y la epopeya– el que asigna estilo a la vida, límites a la identidad y preserva el reservorio de lo que será narrado y por lo tanto lo que circulará y se perpetuará. Lo que se cuente ya no será aquello que se vivió sino lo que sobrevivió entre temporalidad, imaginario y registro, ya que no es posible suponer una experiencia no mediatizada por sistemas simbólicos y, entre ellos, los relatos (Ricoeur; 1999).

Los textos consolidados y respaldados desde recuerdos registrados en memorias aportan a la investigación el beneficio de la recuperación de información, de la permanencia y la posibilidad de circulación, con la salvedad de que se trata de un discurso social y cultural y por lo tanto ideológico, una representación, algo que materializa otra cosa, da sentido a cómo alguien piensa que es, y de acuerdo a cómo siente, se presenta a través de su historia y de cómo la relata. La identidad narrativa (Ricoeur; 1999) es entendida como la narración de una historia que una persona hace de sí misma, para sí misma y para los otros, es muchas historias.

Rescatar un dato incluye la intención de catalogarlo, de ubicarlo en una serie y asignarle una posición simbólica. Al ingresar un objeto/dato en una serie cronológica –que siempre es simbólica– se altera la totalidad preexistente y se modifica el propio objeto al ser contextuado en un conjunto, por efectos de la mediación entre lo temático y el soporte que actúa como garante.

Para prolongar la existencia de una información, que es lo que permite la reproducción, es necesario asumir maniobras de restitución –incorporación del dato a una serie–, restauración –devolver un estado conocido o supuesto–, con suma de materiales o "restos" originales y estabilización, manteniendo y minimizando el deterioro y la distorsión, respetando vestigios originarios, evidencias más allá de la información tratada como objeto.

Con estas precauciones es posible pensar en reconstruir a través de relatos los escenarios en los que se inicia la enseñanza universitaria hacia la profesionalización de la Psicología en la Facultad de Filosofía y Letras, desde una disciplina científica hacia la práctica que había sido hasta entonces patrimonio de graduados de otras unidades académicas.

Se trata del relato de una lucha hacia el interior, por preservar o ingresar a un sistema de relaciones objetivas entre posiciones académicas y profesionales, por la posibilidad de hablar y de actuar legítimamente, de manera autorizada y con autoridad desde un campo delimitado. Es romper con la imagen de la comunidad científica pacífica y recordar que el funcionamiento mismo del campo científico produce y supone formas específicas de interés (Bourdieu; 1999). También se pelea hacia afuera, hacia la validación y aceptación social, apoyándose en la consideración de que los veredictos universitarios están seguramente entre los más poderosos y en el reconocimiento de que quien otorga un título académico otorga una patente de inteligencia (Bourdieu; 1988) y por lo tanto habilita para un desempeño.

Es la batalla por la profesionalización y la pertenencia, en la que las relaciones de fuerza entre los participantes definirán la estructura del campo y sus reglas, y competirán por la posesión de un título que otorga el acceso al monopolio de los puestos ventajosos, y la Carrera universitaria constituye la puerta de ingreso a ese monopolio (Suarez; 1973).

El relato como encuentro

No todos lo involucrados en la historia que se cuenta coinciden en sus versiones, ni desde adentro ni desde afuera del espacio universitario. Lo político, lo académico, lo laboral, el reclutamiento y la preparación de aspirantes, la validación de saberes, los controles sobre las prácticas, el intercambio de nuevos conocimientos, el reconocimiento de grupos de referencia, la interpretación acerca de los caminos recorridos desde un proyecto intelectual hasta un proceso de profesionalización, generan desacuerdos en las versiones y en las valoraciones.

Las narrativas, aún cuando idiosincráticas, aluden a representaciones colectivas y remiten a prácticas y a experiencias compartidas. Lo que sobrevive en el recuerdo, sumado a lo nuevo del relato, se traslada a otras generaciones garantizando perdurabilidad, lo que le otorga un cierto poder al autor del relato y lo pone en el lugar de garante de una memoria compartida, de cohorte o de grupo. El riesgo del que hay que preservar a la transmisión es que la memoria se constituya en historia y, por lo tanto, por su condición de discurso cristalizado, en herramienta con potencia tal que llegada la circunstancia podría tergiversar la actualidad y el pasado, cambiando el relato. Se trata de aceptar que no hay ni una memoria única ni un único relato histórico, sino que hay una constante batalla librada por diversas memorias que intentan contar historias.

La recolección y preservación de materiales es una forma de generar memoria y conocimiento. Es una forma de definir –en un contexto determinado y según los objetivos que se propongan– qué será recordado, transmitido y desechado. Es reconocer y situar la existencia de una memoria colectiva como conjunto de recuerdos de una experiencia vivida, que forma parte de la identidad de una comunidad.

Los lugares son emplazamientos en los que han acontecido sucesos que cuentan historias y que, resignificados, institucionalizan relatos. Así se recorrieron, además de las aulas, espacios tales como bares, bibliotecas, consultorios, otras unidades universitarias, por las que transcurrió la vida académica, política y también social que conformaron ámbitos dentro de los cuales se establecieron las relaciones en la que se desarrollaron tareas de enseñar y de aprender, se conformaron culturas institucionales, se percibieron contradicciones, dificultades y esfuerzos. Son resultado de transformaciones, fueron ocupados por quienes en ellos trabajaron, los defendieron, cuidaron sus fronteras y señalaron las huellas de los antepasados (Augé; 1992). Constituyen una dimensión importante para entender los procesos sociales y educativos, ya que en ellos se produjeron conductas tanto esperables como intempestivas, dando cuenta de la existencia de una significativa relación entre actuación y entorno.

Los fenómenos sociales no pueden entenderse sin considerar los espacios en los que se originaron, lo escénico, lo actoral y lo discursivo de las experiencias que no serán comunicadas en estado puro sino intermediadas por sucesivas interpretaciones que realizan actores y escuchas, mediaciones numerosas y complejas entre textos y adjudicaciones de sentido de las que son objeto en diferentes situaciones históricas y por diferentes comunidades (Chartier; 1999).

¿Cómo se hizo para recuperar esta historia?

Para recuperar información que permitiera recorrer algunas versiones de la historia de la Carrera de Psicología en la UBA y de la profesión de psicólogo hubo que tomar varias decisiones. La primera, hacer una opción metodológica y fue la de trabajar con fuentes testimoniales en relación con documentos. Luego, ubicar y caracterizar a la institución en la que estos procesos se desarrollaron. Más adelante, identificar voceros. Y por último elegir los instrumentos para abordarlos y las maniobras que se harían a partir de la información recogida.

Se consideró el eje de una historia institucional y social mediada por relatos e interpretaciones que otorgaron sentidos y valores diversos a sujetos, objetos y situaciones.

Para el caso de la Carrera de Psicología como institución, en el marco de una más inclusora –la Facultad de Filosofía y Letras de la UBA–, exigió rastrear vestigios del contrato fundacional, simbólico y material que le dio origen, sus objetivos, las expectativas de sus miembros, la implicancia de las decisiones que fueron transformando el compromiso inicial, la cultura institucional que se fue gestando y actuando. Esta última refiere a un colectivo en el que confluyen personas, ideas, prácticas y tradiciones en estado activo. Moldea y es moldeada por aspectos visibles, estructurales y vinculares que incluyen relaciones y decisiones.

La historia que aquí se presentó da cuenta del capital cultural de la institución, de cómo se constituyó y de sus habitantes –primera generación y sucesivas– y cómo su legado se fue transmitiendo, cómo se establecieron identidades, ritos fundacionales y formas de transferencia.

Las instituciones son estructuras que agrupan personas, ideas, objetos, valores, según normas y propósitos, en consonancia con la sociedad en la que están insertas, actúan como reguladoras de las actividades de los individuos, establecen pautas y sanciones, encauzan las comunicaciones (Schlemenson; 1999). La institución universitaria es, además, un lugar de trabajo en el que los docentes comunican saberes y experiencias organizados y los estudiantes ensayan –bajo tutela de expertos o experimentados– conductas preestablecidas y desarrollan habilidades esenciales para su participación en ambientes laborales y socioculturales (Mc Laren; 1996). Constituye un sistema social y cultural de transmisión de ideologías, conocimientos y valores con el propósito de preservar y enriquecer a la comunidad y a quienes la componen, establecen a los garantes de su propio proyecto.

No es el caso del momento fundacional de la institución encargada social y académicamente de formar psicólogos. Y no lo es, en principio por dos motivos.

Porque en los inicios no ha habido aún oportunidad de poner a prueba, de legitimar el valor de lo elaborado, en este caso un profesional de la Psicología y porque sus formadores no son referentes precisos de la tarea para la que han formado sucesores.

Con estas salvedades, se trató de conformar una narrativa que diera cuenta de la estructuración identitaria profesional de los psicólogos en el marco de una institución formadora e intentar dar cuenta de este proceso.

Se partió de la consideración de que la identidad es un constructo resultante del juego entre contenidos e interacciones, una negociación productiva y protocolar en la que el manejo del poder tiene un lugar de importancia.

Además de autorizar el relato, habilita a los relatores. Valida una memoria subjetiva y generacional en la que no todos necesariamente coinciden. La valoración sobre lo político, lo académico, lo laboral, el reclutamiento y la preparación de aspirantes, la validación de saberes, los controles sobre las prácticas, el intercambio de nuevos conocimientos, el reconocimiento de grupos de referencia, la interpretación acerca de los caminos recorridos desde un proyecto académico hasta un proceso de profesionalización, generan encuentros y desacuerdos.

La recuperación a través de testimonios recogidos por entrevistas, en su conjunto tramaron una narrativa, una forma de contar y simultáneamente estructurar una identidad. Una posibilidad de rescate tanto para quien narra como para quien recoge.

Los testimonios compusieron textos organizados por la memoria que más allá de lo idiosincrático, reproducen representaciones colectivas. Su organización dio lugar a un espacio de producción, a un archivo poblado de imágenes-objeto, de textos orales y sus traducciones escritas. Permitió categorizarlos, darles uso y preservarlos para el futuro, en el convencimiento de que recoger, guardar y organizar es participar de una política de memoria y de conocimiento.

En el caso de la instancia fundacional de la institución Carrera de Psicología en la UBA, los aportes testimoniales permitieron aproximar a una comprensión sobre los modos en que se realizaron los entramados de vínculos entre actores institucionales –docentes, estudiantes y referentes externos– y sobre el escenario propició las actuaciones de quienes participaron. Colaboraron en dimensionar los alcances de las prácticas y en conformar una "imagen representación" de la institución a través de elementos manifiestos, que se impusieron a la mirada como los comportamientos, los personajes, los lugares y también de aquellos menos visibles como los estilos vinculares, los modos de tomar decisiones, las formas de las prácticas (Frigerio & Poggi; 1992).

Los relatores contactados cumplieron con la condición de ser portavoces de un cuerpo de percepciones fundantes y de un vocabulario específico, pero no de una memoria generacional. Ellos fueron quienes iniciaron el linaje. No estaba presente la experiencia de pertenecer a una sucesión de generaciones de la cual sentirse herederos y transmisores (Augé; 1992). Crearon la cadena de transmisión y la cargaron de sentido. Establecieron y relataron cómo se establecían los vínculos, cómo se resolvían los problemas académicos y de funcionamiento, cómo incidía el fuerzo voluntario, cómo jugaban las lealtades. Alternaron lazos con las ventajas espontáneas, propias de un grupo primario, y con relaciones más impersonales, racionales, contractuales y formales por sobre los intercambios orales. Lo reconocido como familiar en los vínculos no invalidó lo asimétrico en las relaciones entre profesores y alumnos ni allanó las condiciones de negociación que pusieron de manifiesto pluralidad de intereses y de aspiraciones.

Estas características le imprimieron a la cultura de la Carrera un estilo diferenciado de la institución mayor, la Facultad de Filosofía y Letras, y permitió la construcción de identidades colectivas y al mismo tiempo, a algunos reconocerse como los pioneros (Moreau & Salles; 2003) ocupando un lugar destacado en el establecimiento de tradiciones, contextuadas en un tiempo y un espacio dinámicos.

Identidad y proyecto fundacional tienen un mismo origen entramado por actores, prácticas y condiciones de desarrollo en las que están en juego aspectos manifiestos y otros más complejamente identificables como los vínculos, formas de negociar y de tomar decisiones, de estructurar las prácticas y las percepciones y valoraciones que los miembros de la organización y los testigos tienen de cada uno de estos componentes.

Con estos dispositivos y estas definiciones se buscó la información que, puesta en relación con otras fuentes, permitió contar una historia sobre la carrera, la profesión y las prácticas profesionales de la psicología en la UBA.

CONCLUSIONES

Si por una conclusión se entiende un juicio sobre algo que se ha tratado, un cierre, lo último, no es la mejor idea para ponerle fin a este trabajo. Al cabo del mismo lo que quedan son más preguntas, nuevos interrogantes, nuevas respuestas a viejas preguntas; otros trazados para recorrer algunos de los caminos ya andados, con más datos, con más reflexión, con más experiencia.

Es verdad que datos, reflexión y experiencia son una forma de concluir, que quisiera presentar como tal y como provisoria.

En el intento por narrar la historia de la delimitación simultánea de un campo profesional, disciplinario, académico y laboral para la psicología se interpelaron cuestiones institucionales, culturales, políticas y sociales, continuidades y disrupciones, acuerdos y desavenencias; diferentes escenarios, actores y orientaciones diversas.

La información y las explicaciones jugaron un papel determinante para analizar fenómenos, actuaciones, personajes y discursos que ubicaron la génesis de una profesión, la de las psicólogas y los psicólogos, con su origen institucional y formal en una carrera universitaria en la Facultad de Filosofía y Letras de la UBA. Una Facultad con antecedentes de larga data y calificación en la formación académica, pero no en la profesional.

Desde la propuesta curricular, expresión de los contenidos disciplinarios a ser enseñados hasta la puesta en práctica de los mismos, los protagonistas debieron sortear escollos de distinto tipo.

Los hubo también entre profesionales de disciplinas conceptualmente próximas que ocupaban el mismo campo laboral, y entre incumbencias, criterios de formación y control, entre planes de estudio y orientaciones, entre líneas teóricas y concepciones políticas, entre experiencias de identificación y diferenciación, entre proyectos académicos, perfiles laborales y criterios para su acreditación, entre instituciones preexistentes y nuevas.

La primera de las conclusiones, que es sólo una síntesis y no un hallazgo, es que se trató de un conjunto de procesos complejos, simultáneos, interactivos. De ellos participaron sujetos que fueron moldeando sus conductas de acuerdo a circunstancias, escenarios, vínculos establecidos, saberes, participación en procesos de comunicación, incorporación a tareas y a instituciones.

Todo esto sucedió mientras se intentaba la reposición de los principios de la Reforma Universitaria del '18, suspendidos durante el gobierno peronista, se producían cambios modernizadores al interior de la UBA que tocaban aspectos académicos y pedagógicos, sus relaciones con la sociedad y con el campo específico de la Salud Mental.

En la Introducción se presentaron un conjunto de interrogantes. Los mismos referían a los posibles móviles que confluyeron en la propuesta de enseñanza universitaria de la psicología con fines profesionales, a los intereses en juego a favor y/o en contra de habilitar no médicos para el ejercicio de la psicología, al lugar de los precursores de la creación de la nueva Carrera, a las dificultades que debieron sortear los aspirantes a psicólogos, a las maniobras para la legitimación de sus habilitaciones.

Para intentar respuestas a aquellos interrogantes y a otros que fueron surgiendo sobre la marcha, se prestó atención a fuentes documentales y testimonios recogidos en entrevistas en relación con temas institucionales, de contenidos de la enseñanza y sobre vínculos interpersonales y experiencias profesionales, políticas y culturales de las que participaron estudiantes y graduados de la Carrera de Psicología. Se recorrió con y a través de ellos el tiempo y ciertos acontecimientos ocurridos en la UBA entre la caída del primer gobierno peronista y los comienzos de la década del '70. Así se intentó explicar algunas de las condiciones que hicieron posible la creación y el desarrollo inicial de la Carrera de Psicología en la UBA.

En los años 1956 y 1957, caracterizados como de la modernización universitaria, confluyeron debates y cambios estructurales y de funcionamiento que adquirieron visibilidad –entre otras acciones– en la creación de nuevas carreras, una de ellas la de Psicología. Pero admitir una nueva carrera no significa lo propio con una nueva profesión.

Las condiciones de existencia de esta última requirieron, además de definiciones curriculares, otras que plantearon las relaciones entre teoría y práctica y con otras profesiones y profesionales, la aceptación y validación social de la misma y de sus posibilidades de despliegue académico y laboral.

Esto sucedía cuando desde las "nuevas ciencias sociales" se discutía el valor y los espacios reservados a los estudios del hombre, a sus relaciones con el medio y a la posibilidad de intervenciones que operaran sobre uno y otro.

En este marco, la creación de la Carrera de Psicología en la Facultad de Filosofía y Letras de la UBA debe entenderse más allá de un acto administrativo y pedagógico y deben considerarse variables académicas, políticas y culturales internas y externas. Entre ellas, el espacio que ocuparon los docentes que retornaban luego de haber estado exonerados, así como el ingreso de nuevos profesores.

También las expectativas estudiantiles que se iniciaron en una dirección académica y que cambiaron prontamente hacia expectativas profesionales. Esto tuvo lugar fundamentalmente a partir de la incorporación a los planteles de enseñantes de psicoanalistas.

Desde la perspectiva institucional, los estudiantes fueron actores que se autoasignaron protagonismo y responsabilidad sobre logros alcanzados y no sólo en los momentos fundacionales sino también en los tiempos que siguieron y en acciones que iban desde la convocatoria o expulsión de docentes hasta conseguir aulas para dar clase.

Entre los hechos que resultaron facilitadores, junto a la delimitación del campo *psi* deben mencionarse también las delimitaciones de campos académicos y profesionales que se plantearon con la creación de organismos inclusores de los psicólogos, tanto dentro como fuera de la Universidad. Entre los primeros, los servicios dependientes del Departamento de Extensión Universitaria. Entre los últimos, el Instituto Nacional de Salud Mental y los hospitales.

Analizadas las condiciones de factibilidad y desarrollo de la tarea propuesta, se siguieron las maniobras que permitieron legitimar los proyectos curriculares de la Carrera, que fueron varios en el corto tiempo. Las transformaciones que en ellos se produjeron respondieron a cambios en la conducción, al despliegue y retracción de escuelas teóricas dentro del concierto académico, a las expectativas y experiencias que se fueron acumulando y a los lugares que ocuparon estructuras institucionales –cátedras, departamentos, institutos– y los sujetos que las habitaron.

A la par de estos elementos, tuvieron incidencia un conjunto de instituciones del campo *psi* preexistentes a la creación de la Carrera. Se trató de un grupo de establecimientos de diferente carácter, variadas incumbencias y diversas condiciones de desarrollo que desde alguna perspectiva -considerada parcial- abordaban el contenido psicológico y/o formaban profesionales para el campo o desplegaban acciones en el mismo.

Fuera de la UBA y de Buenos Aires, entre otras, ocuparon un lugar destacado dos acciones desarrolladas en Rosario. Una fue la creación de la Carrera de Psicología en la Universidad del Litoral en 1956 -primer antecedente universitario en la especialidad- y otra, la experiencia que coordinó Enrique Pichon Rivière de la que participaron docentes y estudiantes tanto de una como de otra Carrera. Hasta que se estableció la Carrera en la UBA, generaron un tránsito permanente entre una y otra ciudad que quedó registrado en la cultura de época y en las anécdotas referidas al *tren de los viernes*, que salía de Retiro llevando alumnos y enseñantes. Dentro de la UBA, fue necesario referir a la contemporánea creación de las Carreras de Sociología y Ciencias de la Educación, con la que Psicología compartió docentes, estudiantes y avatares institucionales y políticos.

Las versiones vivenciales de éstos y otros acontecimientos que se fueron sucediendo quedaron plasmadas en testimonios que presentaron las imágenes de la cotidianeidad institucional tal como quedaron registradas en las memorias de algunos de sus protagonistas.

La controvertida figura de Marcos Victoria y su salida de la Dirección del Departamento de Psicología planteó uno de los primeros escenarios conflictivos difíciles de atravesar en los momentos fundacionales, a partir del protagonismo de una figura discutida pero con impacto, que alineó -con más rechazo que aprobación- a muchos de los participantes en discusiones académicas y políticas. Su partida de la conducción de la Carrera abrió una línea sucesoria no sólo de directores, sino también de líneas teóricas y sobre todo de consideraciones respecto de cómo debería ser el nuevo egresado que se estaba formando, cómo formarlo y cuál sería su futuro profesional, cuáles sus incumbencias laborales.

Cada director dejó marcado su paso con cambios en los planes de estudio, con llamados a concurso para ciertas cátedras, con nominaciones de jurados, con invitaciones a docentes para el dictado de materias. Con ellos se inició una genealogía compleja y extensa integrada por una cantidad de personajes, protagonistas o testigos que se adjudican el lugar de creadores, o lo ocupan por asignación de otros, lo cual imposibilita presentar un grupo fundador delimitado y único, y sí asumir, desde distintas perspectivas, la existencia de varios grupos, de acuerdo a quién los enuncia.

Establecido el espacio didáctico, aquel que propone qué y como debería enseñarse, la cuestión que se abre es la de la profesionalización de la Psicología: qué es un profesional, qué particularidades tiene el que se forma para operar en el campo de la Salud Mental y cómo sería su ejercicio.

En función de la preexistencia de otros profesionales instalados en el campo *psi*, se impuso la necesidad de discutir las condiciones de habilitación de los que iban llegando.

Se ubicaron en relatos y documentos los modos y las interpretaciones respecto de cómo se ocuparon posiciones, cómo se ascendió en ellas, cómo se jugaron las relaciones de autoridad, conducción y prestigio, cómo se validaron social y académicamente esas ocupaciones, las habilitaciones formales e informales y las acciones para convalidarlas y, sobre todo, la relación con el Psicoanálisis y los psicoanalistas.

En la medida en que esto se fue concretando, aparecieron necesidades por parte de los graduados, reivindicaciones y requerimientos de protección, tanto en su condición de docentes como de profesionales. Adquirió importancia APADIFyL en relación con la docencia y la fundación de la Asociación de Psicólogos de Buenos aires -APBA-, en coincidencia con la graduación de los primeros egresados, así como otras organizaciones que atendieron demandas de formación, pero que estaban en manos de no psicólogos.

La relación con el Psicoanálisis y los psicoanalistas fue complicada y cambiante. Además de lo vincular entre personas y profesiones, conllevó cuestiones de enseñanza y de aprendizaje hacia el ejercicio laboral. Los primeros psicólogos estaban siendo formados por especialistas de otras disciplinas y esto planteó problemas en relación con los procesos y modelos de identificación. Esta particularidad delimitó un nuevo punto de discusión para los jóvenes graduados entre sí y con sus maestros. Ya no sólo por la aproximación a su forma de actuar en el campo, sino también por la incidencia de las corrientes teóricas más valoradas, sobre todo la Psicología Clínica y las Psicoterapias.

Para algunos de los protagonistas de época, no fue sólo cuestión de pensar en las características del profesional psicólogo, sino de discriminarse o aproximarse a las del psicoanalista, en circunstancias en que las incumbencias y las limitaciones a la práctica clínica también eran tema de debate legal, social y político. Para todos, más allá de su adscripción al psicoanálisis, además de la cuestión del contenido, de la formación y de las aspiraciones ocupacionales, estaban en juego variables cronológicas -de establecimiento de una cadena de transmisión de saberes y de habilitaciones- y experienciales de trabajo en los campos de la asistencia y la docencia.

Estaban perfilando una generación, inventando un grupo de pertenencia sin memoria grupal, estableciendo tradiciones y modos de garantizar su pase, rituales de valor biográfico -individual y social- fundantes y diferenciadores de otras cohortes. Con estas particularidades, los primeros grupos de egresados condensaron idiosincráticamente y con originalidad, la impronta de sus maestros, las condiciones académicas y sociales de desarrollo y el impacto de las producciones culturales del momento.

Entre las condiciones determinantes del perfil de los nuevos profesionales, que tuvo fuerza en la estructuración interna y social de los primeros psicólogos, se destaca el hecho de que sus primeros formadores no fueron psicólogos y que tanto formadores como formados debieron batallar con esto, aunque desde lugares diferentes. El señalamiento implícito de la diferencia, de la falta y las limitaciones materiales explícitas, generó vínculos entre claroscuros, de aceptación y de rechazo, de convocatoria y de exclusión a campos y actividades compartidas.

Más allá o más acá de las ambigüedades, esos no psicólogos formando psicólogos dejaron marcas. Algunos de ellos, además, fueron y son reconocidos como maestros indiscutidos.

José Bleger se constituyó en una figura que magnetizó la atracción de los estudiantes que adherían al psicoanálisis, pero no sólo a esa corriente teórica sino también al marxismo. Esto se veía incrementado por la posición carismática que ocupaba como enseñante, por la combinación de sus características de personalidad, sus dotes didácticas y las líneas discursivas que desplegaba.

Su contracara teórica, no ideológica, la representó José A. Itzigsohn, alineado políticamente con Bleger, con quien compartió muchas opiniones sobre el escenario nacional e internacional, desde su posición próxima a la Reflexología y distante del Psicoanálisis.

Ambos –y otros– planteaban miradas diversas sobre el mismo objeto de estudio, la Psicología. Coincidían en la necesidad de transformarla en un instrumento de penetración de la realidad individual y social y en la posibilidad de operar cambios a partir de ello. La aceptación hacia ellos por parte del alumnado, el respeto manifiesto y perdurable, las diferencias de personalidad y de marco teórico, los instaló en el centro de polémicas que testigos de época registran como hechos de trascendencia.

Mientras todo esto sucedía, los primeros estudiantes avanzaban en su formación y se producían los primeros egresos.

También ocurrió una primera transformación de alto impacto al interior de la Carrera y fue la presencia de psicólogos y estudiantes como auxiliares docentes en las actividades de enseñanza, que empezaron a desplazar a los no psicólogos del lugar de formadores exclusivos.

Delimitado el espacio de la formación profesional, se abrió la indagación hacia los lugares donde se llevaron a la práctica los aprendizajes, también como espacios de transmisión de propósitos y contenidos estructurantes hacia el futuro, hacia sucesivas experiencias y próximos ejecutores. En esos lugares profesionales se planteó otra forma de relación entre pares, que en el caso de los psicólogos debió sortear la particularidad de tener como antecesores a no psicólogos, por lo menos en los primeros tiempos.

Así se inició la instalación en lugares de trabajo, tanto universitarios como no universitarios, públicos y privados. Entre los primeros, fue de relevancia la oferta que se generó a partir de la Dirección de Extensión Universitaria, en consonancia con los planteos de llevar fuera de la universidad los conocimientos que allí se gestaban y, sobre todo, usarlos para resolver problemas sociales.

Las acciones desarrolladas por el Departamento de Orientación Vocacional intentaron una conexión entre demandas sociales y la posibilidad de la Universidad de darles respuesta. Se delineó como un espacio de formación teórico y práctico y de afirmación para un perfil académico, con la intención de abordar un área de vacancia no sólo para la Universidad sino también para el sistema educativo en su conjunto, intentando revertir tendencias clásicas en la orientación de la matrícula y la difusión de nuevas opciones y orientaciones en Carreras no tradicionales, algunas de las cuales se crearon en esos tiempos.

La tarea socio-históricamente situada llevó a considerar mediciones, juicios valorativos y posturas integrativas y selectivas como bisagra entre lo psicológico y lo pedagógico, de lo que participaron estudiantes y graduados de todas las nuevas carreras que incumbían a las ciencias sociales. Profesionales y estudiantes colaboraron en la adaptación de tests, baremos nacionales y publicaciones con las sucesivas direcciones de Jaime Bernstein, Nicolás Tavella, Nuria Cortada de Kohan y la presencia de Irene Orlando.

Telma Reca, desde el Centro de Psicología y Psicopatología de la Edad Evolutiva, abrió una línea de desarrollo tanto desde la perspectiva teórica como desde la posición respecto de la Extensión Universitaria. En ella condensó su lectura e interpretación sobre las necesidades sociales de la infancia con el apoyo que obtuvo desde el Rectorado de la UBA durante la gestión de Rizieri Frondizi. Abordó a la infancia como una categoría de análisis con valor instrumental, mientras tomó recaudos para formar profesionales para el campo *psi* que la abordaran. La Psicoterapia desde la Psicofarmacología y la Pedagogía funcionaron como organizadores de contenidos, para decidir qué enseñar a los futuros psicólogos, planteado una alternativa a la Clínica de Niños con enfoque psicoanalítico. Su gestión como Directora de Departamento dejó marcas en el plan de estudios que se acuñó en ese período.

El golpe de estado de Onganía trajo consigo acusaciones políticas que terminan en su expulsión, dando lugar al cierre de sus acciones en el Servicio y a la intención de darle continuidad en el CEAM –Centro de Estudios y Asistencia Médico-Psicológica de la Niñez y Adolescencia–.

La experiencia de Isla Maciel se impuso en el convencimiento de profundizar las relaciones entre la Universidad y la sociedad. Fue uno de los eslabones que jalonaron el intento de aportar a las transformaciones sociales, sumando saberes académicos a la resolución de problemas individuales y compartidos por grupos necesitados. Las propuestas que surgieron desde la Dirección de Extensión Universitaria en la experiencia de Isla Maciel se constituyeron en una práctica cultural emergente y alternativa para poner en ejercicio lo que entonces se llamó la función social de la Universidad. El objetivo central fue –como en otras experiencias de la época– poner el conocimiento académico a disposición de los más necesitados.

Se trató de una organización compleja que integró equipos originarios de variados campos: educación, economía, sociología, arquitectura, salud, asistencia social, ingeniería y psicología y se propuso desarrollar prácticas que fueran más allá de la infancia y de la escuela, generar tecnologías sociales replicables, sobre todo en educación de adultos, un área de reconocida vacancia y un espacio privilegiado para intentar los vínculos entre la educación y el mundo del trabajo. El propósito de extender lo logrado en esa dirección se vio mutilado, como tantos otros, con el golpe de estado de Onganía y la intervención a la Universidad.

Por fuera de la estructura universitaria también hubo acciones amparadas ideológicamente bajo el postulado de la Extensión. Una de ellas fue la desplegada en el Hospital Aráoz Alfaro de Lanús, bajo la dirección de Mauricio Goldenberg. La intención de centralizar los servicios públicos de psiquiatría y de prevención se había plasmado en la creación –contemporánea a la Carrera– del Instituto Nacional de Salud Mental, que abrió expectativas a los jóvenes profesionales o avanzados estudiantes de Psicología en relación con su futuro laboral en el ámbito hospitalario.

Para que el servicio de Goldenberg tomara cuerpo necesitó, además de sus iniciativas, del compromiso de un conjunto de profesionales, identificados hacia dentro y hacia afuera con "la camiseta de Lanús" como símbolo de pertenencia y de referencia. Las propuestas de multi-profesionalidad que intentó establecer hicieron que esta experiencia quede registrada en el camino de los nuevos psicólogos hacia ubicarse laboralmente y en contacto con otros profesionales, no sólo médicos, sino también peda-gogos, antropólogos y sociólogos.

En ellas, más allá de las intenciones, los conflictos interprofesionales por la ocupación de lugares y por las adscripciones teóricas no estuvieron ausentes, pero las condiciones de desarrollo que se vivían en el Servicio fue-ron un motivo para convocar a Goldenberg a la Carrera, aunque su permanencia fue breve.

Otro de los espacios valorados por las primeras ge-neraciones de psicólogos y de candidatos a serlo fue el Hospital de Niños y, dentro de él, la Sala XVII a cargo de Florencio Escardó. Sus preocupaciones atendieron múl-tiples aspectos. Desde las condiciones de enseñanza, evaluación y aprendizaje en la formación de profesio-nales, hasta la deshumanización de las prácticas para la atención a los sujetos enfermos y la distancia entre la Universidad y la comunidad.

La experiencia de la Sala XVII del Hospital de Niños de seguimiento a los pacientes y de acompañamiento y capacitación a las madres internadas fue otro intento de acortar distancias sociales y de limitar la omnipotencia profesional de los médicos, a la que también sumó a otros trabajadores de la salud.

La divulgación de los conocimientos científicos casi no tuvo límites para Escardó. Por eso no dudó en abordar, en la medida de las posibilidades, todos los medios a su al-cance. Pero no todo fue sencillo ni falto de conflicto cuando trató de garantizar lugares para los nuevos profesionales, ya que la creación de espacios estuvo siempre acompañada por tensiones entre originarios de distintas formaciones universitarias en las que Escardó intervino no sólo con argumentos, sino también haciendo uso de su carisma.

Las condiciones políticas que se establecieron a partir del '66 cambiaron los escenarios y por supuesto, el académico entre ellos. La Noche de los Bastones Largos, la tensión entre las renuncias y el cuidado de los lugares ganados, los espacios disciplinarios y profesionales que tanto había costado consolidar con la ocupación de primeros puestos de trabajo y la defensa corporativa sobre los mismos se convirtieron en un espacio en quiebra.

Al mismo tiempo, las orientaciones laborales y teóricas se habían afianzado y no todos estaban dispuestos a perder lo que habían logrado con esfuerzo. El abandono de la Universidad, la Carrera, los lugares de formación y de trabajo no dejó satisfechos a todos. La idea del retorno y de las condiciones para el mismo sobrevoló los debates que concluyeron en la sustanciación de los concursos para cobertura de cargos docentes llamados desde la APBA con la anuencia de la intervención en el '67.

El Laboratorio de Relaciones Humanas constituyó otro espacio, pensado desde psicólogos para atender a sus propias dificultades como profesionales y docentes y a las de los futuros egresados. Fue el tiempo en que las primeras generaciones estaban ya insertas en la trama laboral y ocuparon posiciones que permitieron el relevamiento de los primeros datos cuantitativos sobre desarrollos y expectativas laborales, tal como lo indicó la encuesta encargada por la APBA a un grupo liderado por sociólogos.

Los avatares políticos no alejaron a los profesionales y a los próximos a serlo de la voluntad de profundizar su formación, sobre todo en relación con el psicoanálisis. La APA no los admitía, pero Los Amigos de la

APA, organización dependiente de la primera, los recibió. Desde allí muchos –no siempre citando el verdadero nombre de la organización–, pudieron acceder a la formación psicoanalítica, pero no al status de psicoanalistas.

La pelea por las habilitaciones profesionales, desde la formación como desde el enfrentamiento a trabas burocráticas y legales, fue un estímulo para encarar adversidades y encontrar otras formas de legitimar la aproximación al psicoanálisis. Entre ellas, la Escuela de Psicología Clínica de Niños, fundada por graduadas interesadas en profundizar su formación que se hace extensiva a otros profesionales médicos y de la educación.

Los tiempos se fueron dificultando y también las instituciones. Los psicólogos fueron tomado partido en sus instituciones y en sus temas, así como lo que acontecía en otras organizaciones que impactaron sobre ellos, como los movimientos generados a partir de Plataforma Argentina, Documento, el CDI y la FAP entre otros, derivados de los problemas internos de la APA.

Para el final quedaron algunas reflexiones sobre las descripciones y valoraciones de los vínculos entre actores institucionales, espacios físicos, representaciones, imaginarios y constructos generalmente compartidos, aunque con matices individuales que resultaron elementos decisorios en la constitución de un perfil identitario, en la interacción entre pares y entre oferentes y demandantes.

Las responsabilidades individuales y sociales, así como la dinámica de lo fundacional y las vicisitudes de su registro, quedaron plasmadas en normas y contratos simbólicos que estipularon funcionamiento, condiciones de continuidad y permanencia. Las negociaciones y el lugar de la autoridad fueron considerados en relación a los lugares ocupados, las características de la institución formadora, las personas involucradas, la preexistencia de modelos, la valoración social y la trama de una memoria generacional.

Con la recolección de información testimonial y su tratamiento, se pudo profundizar en el valor de los relatos como transmisión y como representaciones. Las crónicas sobre la conformación de la cultura identitaria fueron revisadas en su dimensión de producto cultural y social, con incidencia sobre nuevas operaciones constructivas y de interpretación. Las tensiones entre lo idiosincrático y las representaciones colectivas conformaron un *corpus* de material que situado en contexto hizo más valioso el aporte testimonial.

En síntesis, se trató del recorrido por tres itinerarios desde la psicología como contenido: hacia una Carrera, hacia una profesión y hacia una práctica.

Los tres estuvieron permanentemente atravesados por dos tensiones. Una, curricular, que debió sortear los obstáculos de consolidarse y luego atravesar el distanciamiento entre la propuesta académica y las expectativas programáticas y de los estudiantes. Otra, la de los procesos identificatorios, signados por el hecho de haber sido, los psicólogos, formados inicialmente por no psicólogos.

El encuentro entre itinerarios y tensiones ancló en la búsqueda de un perfil diferencial, no sólo respecto de médicos y psicoanalistas, sino en relación a su construcción autónoma y en relación con otros profesionales de las ciencias sociales.

Traté de presentar las maniobras que hicieron posible una profesión, desde una carrera hacia las prácticas. Encontré posibles inicios para cada camino y un conjunto de nuevas motivaciones que ahora, cual hilo de Ariadna, seguramente me guiarán para desandar tramos, avanzar en otros, revisar respuestas que ya son viejas, hacer preguntas que pongan en relación lo hecho con nuevas dimensiones, como las transformaciones en los proyectos de formación profesional, las relaciones con egresados de otras disciplinas dentro del campo de las ciencias sociales

y de otros campos, la incidencia de la variable de género
y de edad de los cursantes en los distintos momentos de
desarrollo de la carrera y de la profesión, el efecto de los
cambios políticos, económicos y culturales producidos
en el país, en las universidades y en la UBA en particular.

Lo que debió haber sido un cierre es una apertura.
Lo que pudo pensarse como un camino lineal recorrido
es una invitación a transitar otros escenarios, a encontrar
otros interlocutores, buscar nuevas explicaciones.

BIBLIOGRAFÍA

(1958); *Jornadas de extensión universitaria*; Universidad de Buenos Aires; Buenos Aires.

(1959); *Temas de Pedagogía Universitaria*; Facultad de Ciencias Jurídicas; Universidad Nacional del Litoral; Imprenta de la Universidad; Santa Fe.

(1959); *La reforma universitaria 1918-1958*; Federación Universitaria de Buenos Aires; Buenos Aires.

(1968); "Los estudiantes"; *Cuadernos de Marcha*; Nº 15; Montevideo.

(1969); "Otro mayo argentino"; *Cuadernos de Marcha*; Nº 27; Montevideo.

(1971); *Memorias del decanato, 1969-1971*; Universidad de Buenos Aires; Buenos Aires.

(2002); *60 años de psicoanálisis en Argentina. Pasado-presente-futuro;* Asociación Psicoanalítica Argentina; Grupo Editorial Lumen; Buenos Aires.

Achugar, H. (1999); "El lugar de la memoria. A propósito de los monumentos (Motivos y paréntesis)"; en Martín Barbero, J. y otros; *Cultura y globalización*; Edición Universidad Nacional de Colombia; Santa Fe de Bogotá.

Adamovsky, E. (2002); *Historia y sentido. Exploraciones en teoría historiográfica;* Ediciones El cielo por asalto; Buenos Aires.

Aisenson, D.; Kestelboim, E. y Slapak, S. (1970); "Laboratorio de relaciones humanas del curso de ingreso a la Carrera de Psicología, Facultad de Filosofía y Letras, UNBA, 1968"; en *Revista Argentina de Psicología*; Publicación de la Asociación de Psicólogos de Buenos Aires; Año 1; Nº 3; Editorial Galerna; Buenos Aires.

Albertoni, J y Zubieta, R. (2003); "La Facultad de Ingeniería entre 1955 y 1966"; en Rotunno, C. y Díaz de Guijarro, E.; *La construcción de lo posible. La Universidad de Buenos Aires de 1955 a 1966*; libros del Zorzal; Buenos Aires; 2003.

Aliberti, V. (1997); "Leyes y narración: una entrevista de historia de vida con un legista brasilero"; en *Palabras y silencios*; Boletín de la Asociación Internacional de Historia Oral; Vol. 1; Nº 1.

Altamirano, C. (2002); *Términos críticos de sociología de la cultura*; Editorial Paidós; Buenos Aires.

Anguita, E y Caparrós, M. (1997); *La voluntad. Tomo I. Una historia de la militancia revolucionaria en la Argentina. 1966-1973*; Norma Grupo Editor; Buenos Aires.

Arfuch, L. (2002); *El espacio biográfico. Dilemas de la subjetividad contemporánea*; Fondo de Cultura Económica; Buenos Aires.

Augé, M. (2001); *Ficciones de fin de siglo*; Gedisa Editorial; Barcelona.

Augé, M. (2001); *Los no lugares. Espacios de anonimato. Una antropología de la sobremodernidad*; Gedisa Editorial; Barcelona.

Averbuj, D. (1968); Intervención Mesa Redonda "El quehacer del Psicólogo en la Argentina de hoy"; en *Revista Argentina de Psicología*; Publicación de la Asociación de Psicólogos de Buenos Aires; Año 1; Nº 1; Editorial Galerna; Buenos Aires.

Azubel, A y Fischman, M. (1992); "Sobre las huellas de la enseñanza de Goldenberg"; en *Primeras*

Jornadas Encuentro del Servicio de Psicopatplogía del Policlínico de Lanús; Buenos Aires.

Bacchetta, V. (1993); *Las historias que cuentan. Testimonios para una reflexión inconclusa*; Instituto del Tercer Mundo Editorial; Montevideo.

Bajtin, M. (1985); *Estética de la creación verbal*; Siglo XXI; Madrid.

Balán, J. (1991); *Cuéntame tu vida. Una biografía colectiva del Psicoanálisis en la Argentina*; Editorial Planeta; Buenos Aires.

Bañales, C. y Jara, E. (1968); *La rebelión estudiantil*; Bolsilibros Arca; Montevideo.

Barenblit, V. y Korman, C. (1992); "Presentación"; en *Primeras Jornadas Encuentro del Servicio de Psicopatplogía del Policlínico de Lanús*; Buenos Aires.

Barenblit, V. y Galende, E. (comp.) (1997); *La interpretación*; Lugar Editorial; Buenos Aires.

Bergero, A. y Reati, F. (comp.) (1997); *Memoria colectiva y políticas de olvido. Argentina y Uruguay, 1970-1990*; Beatriz Viterbo Editora; Rosario.

Bermann, G. (1964); Palabras inaugurales; en Bermann, G; Las psicoterapias y el psicoterapeuta; Editorial Paidós; Buenos Aires.

Bermann, S.; Glocer, F.; Cervi, E. (1971); "La labor del psicólogo en los servicios psiquiátricos de los hospitales generales"; en *Actas del Segundo Congreso Argentino Psicología*; Facultad de Pedagogía y Psicología; Universidad Nacional de Cuyo.

Bernstein, J. (1964); "Los tests psicológicos en psicoterapia"; en Bermann, G; *Las Psicoterapias y el psicoterapeuta*; Editorial Paidós; Buenos Aires.

Bertaux, D. (1994); "La perspectiva biográfica. Validez metodológica y potencialidades"; en Marina, J.M. y Santamarina, C.; *La historia oral. Métodos y experiencias*; Editorial Debate, Madrid.

Bleger, J. (1961); "Enseñanza de la Psicología"; en *Revista de Psicología y Psicoterapia de Grupo*; Año I; Tomo I.

Bleger, J. (1962); "Clase inaugural de la cátedra de Psicoanálisis"; en *Acta Psiquiátrica y Psicológica Argentina*; Buenos Aires.

Bleger, J. (1966); *Psicohigiene y Psicología institucional*; Editorial Paidós, Buenos Aires.

Bleger, J. (1970); Clase dictada el 15 de octubre de 1965 en el curso "Problemas teóricos en Psicología"; en la Asociación de Psicólogos de Buenos Aires; publicada en la *Revista Argentina de Psicología*; Año 1; N°4; Buenos Aires.

Bleger, J. (1971); *Temas de psicología (Entrevista y grupos)*; Ediciones Nueva Visión; Buenos Aires.

Bloj, A. (2004); *Concepciones de infancia en la obra de Telma Reca*; Comunidad Russell; Premio Concurso de contenidos; Edición 2002-2004.

Bohoslavsky, R. (1970); "Mesa redonda sobre la formación del psicólogo en la década del '70"; en *Revista Argentina de Psicología*; Año II; N° 6.

Bonasso, M. (Ca. 1970); "El Doctor Insólito"; en *Extra*; con motivo de cumplir 40 años con la profesión; Buenos Aires.

Bourdieu, P. (1988); *Cosas dichas*; Editorial Gedisa; Barcelona.

Bourdieu, P. (1990); "Algunas propiedades de los campos"; en *Sociología y cultura*; Editorial Grijalbo; México.

Bourdieu, P. (1992); "L'espace des possibles"; en *Les règles de l'art: genèse et structure du champ littéraire*; Seuil; París.

Bourdieu, P. (1999); *Intelectuales, política y poder*; EUDEBA; Buenos Aires.

Bourdieu, P. (2000); *Los usos sociales de la ciencia*; Editorial Nueva Visión; Buenos Aires.

Bourdieu, P. y Passeron J.C. (2003); *Los herederos. Los estudiantes y la cultura*; Siglo XXI Editores; Buenos Aires.

Braslavsky, C. (comp.) (1991); *Currículo presente, ciencia ausente. Normas, teorías y críticas*; Miño y Dávila Editores; Buenos Aires.

Bruner, J. (2002); *La fábrica de historias. Derecho, Literatura, vida*; Fondo de Cultura Económica; Buenos Aires.

Brusilovsky, S. (1998); "Recuperando una experiencia de democratización institucional y social: la extensión universitaria en la Universidad de Buenos Aires (1955-1966)"; en *Revista de Investigaciones del Instituto de Ciencias de la Educación*; Facultad de Filosofía y Letras-UBA; Miño y Dávila Editores; Año VII; Nº 12.

Brusilovsky, S. (1999); "Educación Popular en la Universidad Reformista: el Departamento de Extensión Universitaria de la UBA (1956 - 1966)"; en *Anuario de la Sociedad Argentina de Historia de la Educación*; SAHE-Miño y Dávila Editores; Nº2.

Brusilovsky, S. (2000); *Extensión universitaria y educación popular. Experiencias realizadas. Debates pendientes*; EUDEBA; Buenos Aires.

Buchbinder, P. (1997); *Historia de la Facultad de Filosofía y Letras. Universidad de Buenos Aires*; EUDEBA; Buenos Aires.

Calderari, M.; Funes, P. (coord.) (1992); *Fragmentos de una memoria. UBA 1821-1991*; EUDEBA; Buenos Aires.

Calvo, I. (1969); Intervención Mesa Redonda "El quehacer del Psicólogo en la Argentina de hoy"; en *Revista Argentina de Psicología*; Publicación de la Asociación de Psicólogos de Buenos Aires; Año 1; Nº 1; Editorial Galerna; Buenos Aires.

Candau, J. (2001); *Memoria e identidad*; Ediciones del Sol; Buenos Aires.

Candau, J. (2002); *Antropología de la memoria*; Editorial Nueva Visión; Buenos Aires.

Caro Hollander, N. (2000); *El amor en los tiempos del odio. Psicología de la liberación en América Latina*; Homo Sapiens Ediciones; Rosario.

Carpintero,E. y Vainer, A. (1989); "Los cambios socioculturales en la década del '60 y el auge del Psicoanálisis en la Argentina"; Informe de investigación sobre Salud Mental en la Argentina 1957-1982; en *Topía-Psicoanálisis y Cultura*; Buenos Aires.

Carpintero,E. y Vainer, A. (2003); *Las huellas de la memoria. Psicoanálisis y Salud Mental en la Argentina de los '60 y los '70. Tomo I: 1957-1969*; Topía Editorial; Buenos Aires.

Castoriadis, C. (1991); *La institución imaginaria*; Volumen I; Editorial Tusquets; Barcelona.

Cereijido, M. (1990); *La nuca de Houssay. La ciencia argentina entre Billiken y el exilio*; Fondo de Cultura Económica; Buenos Aires.

Chartier, R. (1999); *El mundo como representación. Historia cultural: entre práctica y representación*; Gedisa Editorial; Barcelona.

Chartier, R. (2001); *Escribir las prácticas*; Ediciones Manantial; Buenos Aires.

Cheja, R. (junio de 2002); "El devenir de una praxis"; Hoja informativa; Facultad de Psicología; UBA; Año XII; N° 104.

Chervel, A. (1991); "Historia de las disciplinas escolares. Reflexiones sobre un campo de investigación"; en *Revista de Educación* N° 295.

Ciria, A. y Sanguinetti, H. (1983); *La Reforma Universitaria*; Tomo I y II; Centro Editor de América Latina; Buenos Aires.

Cole, M. (1996); *Cultural Psychology, a once and a future discipline*; Belknap Press of Harvard University; Harvard.

Conclusiones (1969); Mesa Redonda "El quehacer del Psicólogo en la Argentina de hoy"; en *Revista Argentina de Psicología*; Publicación de la Asociación de Psicólogos de Buenos Aires; Año 1; Nº 1; Editorial Galerna; Buenos Aires.

Cortada de Kohan, N. (enero/marzo de 1963); "Orientación Vocacional"; en *Revista de la Universidad de Buenos Aires*; Buenos Aires.

da Silva Catela, L. y Jelin, E. (2003); *Los archivos de la represión: documentos, memoria y verdad*; Siglo XXI de España Editores; Madrid.

Danis, J. (1969); "El psicólogo y el Psicoanálisis"; en *Revista Argentina de Psicología*; Publicación de la Asociación de Psicólogos de Buenos Aires; Año 1; Nº 1; Editorial Galerna; Buenos Aires.

Debrey, R. (1997); *Transmitir*; Editorial Manantial; Buenos Aires.

Delich, F. (1977); *Crítica y autocrítica de la razón extraviada*; El Cid editor; Caracas.

Denzin, N. (1997); *Interpretative Ethnography*; Sage Publication; London.

Derrida, J. (1992); *Mal de archivo, una impresión freudiana*; Editorial Trotta; Madrid.

Devries, O. (1969); Intervención Mesa Redonda "El quehacer del Psicólogo en la Argentina de hoy"; en *Revista Argentina de Psicología*; Publicación de la Asociación de Psicólogos de Buenos Aires; Año 1; Nº 1; Editorial Galerna; Buenos Aires.

Diamant, A. (1993); *Florencio Escardó. Maestro, Pediatra, Escritor, Humanista*; Edición Secretaría de Cultura y Bienestar Universitario, Facultad de Psicología, UBA; Buenos Aires.

Diamant, A. y col. (1996); *Mauricio Goldenberg. Maestro, Médico, Psiquiatra, Humanista*; Edición Secretaría de Cultura y Bienestar Universitario, Facultad de Psicología, UBA; Buenos Aires.

Diamant, A. (julio de 1999); *La creación de la Carrera de Psicología en la Universidad de Buenos Aires (1957). Algunos recuerdos atravesados por el tiempo y el espacio*; Universidad de Estambul.

Diamant, A. (2003); "El debate frente a otra oportunidad. Los concursos para cargos docentes de 1967 en la carrera de Psicología de la UBA"; en *IX Jornadas de Investigación de la Facultad de Psicología*; Universidad de Buenos Aires; Agosto de 2002

Diamant, A. (noviembre de 2003); "Y fueron psicólogos"; en *Encrucijadas. Revista de la Universidad de Buenos aires*; N° 23.

Diamant; A. (diciembre de 2003); "Florencio Escardó... ¿o Piolín de Macramé?"; en *Encrucijadas. Revista de la Universidad de Buenos Aires*; N° 25.

Diamant, A. (abril de 2005); "Mauricio Goldenberg. El maestro de Lanús"; en *Encrucijadas. Revista de la Universidad de Buenos Aires*; N° 31.

Diamant; A. (octubre de 2005); "Mauricio Goldenberg. La enseñanza de la psiquiatría humanizada"; en *Relacional-Advances in relational mental health. An International On line Journal*; Órgano oficial de expresión de la Fundación OMIE; www.bibliopsiquis.com.

Diamant, A. y Feld, J. (2003); "Evento, narración y después... El relato en la construcción de la identidad profesional de los psicólogos"; en *VI Encuentro Nacional de Historia Oral*; Museo Histórico de la Ciudad de Buenos Aires-Facultad de Filosofía y Letras-UBA; Buenos Aires.

Dreizik, P. (comp.) (2001); *La memoria de las cenizas*; Edición Dirección Nacional de Patrimonio, Museos y Artes; Buenos Aires.

Dussel, I. (2003); "La gramática escolar en la escuela argentina: un análisis desde la historia de los guardapolvos"; en *Anuario de la Sociedad Argentina de Historia de la Educación*; Nº4; Buenos Aires.

Escardó, F. (1929); *Siluetas descoloridas: palabras sin objetos*; Editorial Ateneo; Buenos Aires.

Escardó, F. (1956); *¿Qué es la pediatría?*; Ediciones Columba; Buenos Aires.

Escardó, F. (1957); Clase inaugural; Cátedra de Pediatría; Facultad de Medicina.

Escardó, F. (1958); *Memoria del Decano*; Facultad de Medicina; Imprenta de la Universidad; Buenos Aires.

Escardó, F. (1963); *La casa nueva*; Ediciones Tres Tiempos; Buenos Aires.

Escardó, F. (1965); "Una cátedra en utopía"; Apartado de Archivos de Pediatría del Uruguay; Montevideo.

Escardó, F. (1965); "La enseñanza de la Psicología"; en *Acta Psiquiátrica y Psicológica de América Latina*; Vol XI; Nº 3; Buenos Aires.

Escardó, F. (1970); *Clase de despedida*; Editorial Américalee; Buenos Aires.

Escardó, F. (1974); *Psicología del pediatra*; A. Peña Lillo Editor; Buenos Aires.

Escardó, F. (1982);*Didáctica para una curación del espíritu*; Centro de Estudios Latinoamericanos, Buenos Aires.

Escardó, F. (febrero de 1961); "La salud Mental en la primera infancia"; en *Revista de la Asociación Médica Argentina*; Vol. 75; Nº 2; Buenos Aires.

Equipo 23. Producción colectiva. (1995); *de Generaciones. De los 60 a los 90. Lo que nos une o nos separa no es sólo el tiempo*; Ediciones Nordan Comunidad; Montevideo.

Etkin, J. y Schvarstein, L. (1994); *La identidad de las organizaciones. Invariancia y cambio*; Paidós; Buenos Aires.

Falcone, R. (1997); "Historia de una Ley"; en Rossi, L. y col.; *La Psicología antes de la profesión. El desafío de ayer: instituir las prácticas*; EUDEBA; Buenos Aires.

Falcone, R. (2001); "La influencia del 'Grupo Rosario' en la creación de la Carrera de Psicología de la UBA"; en Rossi, L. y col.; *Psicología: su inscripción universitaria como profesión*; EUDEBA; Buenos Aires.

Feld, C. (2002); *Del estrado a la pantalla: las imágenes del juicio a los ex-comandantes en Argentina*; Siglo XXI Editores; Madrid.

Feld, J. (2003); "Una experiencia única: el laboratorio de relaciones humanas del curso de ingreso a la carrera de Psicología"; Facultad de Psicología; UNBA; 1968; en *Memorias X Jornadas de Investigación*; Facultad de Psicología; UBA; Buenos Aires.

Feld, J. (2004); "La fundación de la Asociación de Psicólogos de Buenos Aires. Sus vínculos con la Carrera de Psicología"; en *Memorias XI Jornadas de Investigación*; Facultad de Psicología; UBA; Buenos Aires.

Frigerio, G. y otros (1991); *Currículum presente ciencia ausente. Normas teorías y criticas*; Tomo I; Miño y Dávila Editores; Buenos Aires.

Frigerio, G. y Poggi, M. (1992); *Las instituciones educativas. Cara y Ceca*; Editorial Troquel, Buenos Aires.

Frondizi, R. (1971); *La Universidad en un mundo de tensiones*; Editorial Paidós; Buenos Aires.

Frondizi, R. (1986); *Ensayos filosóficos*; Fondo de Cultura Económica; México.

Frondizi, R. (2005); *La Universidad en un mundo de tensiones. Misión de las universidades en América Latina*; EUDEBA; Buenos Aires.

Galende, E. (1990); *Psicoanálisis y Salud Mental. Para una crítica de la razón psiquiátrica*; Editorial Paidós; Buenos Aires.

Galende, E. (1996); "Mauricio Goldenberg, por su estilo"; en Diamant, A. y col.; *Mauricio Goldenberg. Maestro, médico, psiquiatra, humanista*; Secretaría de Cultura y Bienestar Universtario; Facultad de Psicología; UBA; Buenos Aires.

García, M.J. (1983); "Veinticinco años de la Carrera de Psicología"; en *Revista Argentina de Psicología*; Año XIV; Nº 34; Buenos Aires.

Germani, A. (2004); *Gino Germani. Del antifascismo a la sociología*; Memorias y biografías; Editorial Taurus; Buenos Aires.

Germani, G. (1960); *La investigación social como auxiliar de la organización y el funcionamiento de la Universidad*; Mimeo; Buenos Aires.

Giberti, E.; Baretco, R.; Meler, I.; Zeigner, S. (1969); "Técnicas de abordaje psicológico en una sala de pediatría"; presentado en el Primer Congreso de Psicopatologia Infanto Juveniles; en *Jornada Médica*; Nº 148.

Giberti, E. y Rosencovich, S. (1969); "Integración de médicos y psicólogos"; presentado en el Primer Congreso de Psicopatologia Infanto Juveniles; en *Jornada Médica*; Nº 148.

Giberti, E. y Ehrembock, R. (1971); "Funcionamiento del Consultorio de Adolescentes"; en *Revista Argentina de Psiquiatría y Psicología de la infancia y la Adolescencia*; Año 2; Nº 2; ASSAPIA/Paidos; Buenos Aires.

Gilman, C. (2003); *Entre la pluma y el fusil. Debates y dilemas del escritor revolucionario en América Latina*; Siglo XXI Editores; Buenos Aires.

Giroux, H. (1990); "Pedagogía crítica, política cultural y discurso de la experiencia"; en *Los profesores como intelectuales. Hacia una pedagogía crítica del aprendizaje*; Temas de Educación; Paidós; Madrid.

Giudici, E. (1959); *Problemas en la Universidad*; Editorial Fundamentos; Buenos Aires.

Goldenberg, M. y col. (setiembre de 1958); "Nuestra Cátedra de Psiquiatría"; Editorial; en *Acta Neuropsiquiátrica Argentina*; Volumen IV; N° 3; Buenos Aires.

Goldenberg, M. y col. (Enero de 1966); "La Psiquiatría en el Hospital General. Historia y estructura actual del Servicio de Psicopatología y Neurología del Policlínico 'Profesor Dr. Aráoz Alfaro'"; en *Semana Médica*; Buenos Aires.

Gómez Campo, V.M. y Tenti Fanfani, E. (1989); *Universidad y profesiones. Crisis y alternativas*; Miño y Dávila Editores; Buenos Aires.

González Leandri, R. (1999); *Las profesiones entre la vocación y el interés corporativo. Fundamentos para un estudio histórico*; Editorial Catriel; Madrid.

Gonzalez, J. (1945); *La Universidad. Teoría y acción de la Reforma*; Editorial Claridad; Buenos Aires.

Goodson, I. (1991); "La construcción social del currículo. Reflexiones sobre un campo de investigación"; en *Revista de Educación*; N° 295.

Grego, B. y Kaufmann, I. (1970); "El lugar del psicólgo en el proceso de producción del Psicoanálisis en Buenos Aires"; en *Revista Argentina de Psicología*; Buenos Aires; Año 1; N°3.

Grele, R. (1991); "La historia y sus lenguajes en la entrevista de historia oral. Quién contesta a las preguntas de quién y por qué"; en *Historia y fuente oral*; Barcelona.

Halperín Donghi, T. (1962); *Historia de la Universidad de Buenos Aires*; EUDEBA; Buenos Aires.

Halperín Donghi, T. (2002); *Historia de la Universidad de Buenos Aires*; EUDEBA; Buenos Aires; 1962.

Hammer,D. y Wildavsky, A. (1990); "La entrevista semi-estructurada de final abierto. Aproximación a una guía operativa"; en *Historia y Fuente Oral*; Barcelona.

Harari, R. y Musso, E. (1970); "El psicólogo clínico en la Argentina"; en *Revista Argentina de Psicología*; Publicación de la Asociación de Psicólogos de Buenos Aires; Año 1; N° 4; Editorial Galerna; Buenos Aires.

Hassoun, J. (1996); *Los contrabandistas de la memoria*; Ediciones de la Flor; Buenos Aires.

Hilb, C. y Lutzky, D. (1984); *La nueva izquierda argentina 1960-1980*; Centro Editor de América Latina; Buenos Aires.

Hopenhaym, M. (1994); *Ni apocalípticos ni integrados. Aventuras de la modernidad en América Latina*; Editorial Fondo de Cultura Económica; México.

Jelin, E. (2002); "Gestión política, gestión administrativa y gestión histórica: ocultamientos y descubrimientos de los archivos de la represión"; en *Los archivos de la represión. Documentos, memoria y verdad*; Siglo XXI Editores; Madrid.

Jelin, E. (2002); *Los trabajos de la memoria*; Siglo XXI Editores; Madrid.

Jelin, E. (comp.) (2002); *Las conmemoraciones: las disputas en fechas "in-felices"*; Siglo XXI Editores; Madrid.

Jones, A. (1958); *Principios de orientación y asistencia personal al alumno*; Manuales; EUDEBA; Buenos Aires.

Joutard, P. (1999); *Esas voces que nos viene del pasado*; Fondo de Cultura Económica; Buenos Aires.

Kestelboim, E. y Aisenson, D. (1970); "Funciones del staff en la conducción del equipo profesional de un laboratorio de relaciones humanas (LRH) para la orientación de adolescentes"; en *Revista Argentina de Psicología*; Publicación de la Asociación de Psicólogos de Buenos Aires; Año 1; N° 3; Editorial Galerna; Buenos Aires.

Kleiner, B. (1957); *En defensa de la Universidad argentina*; Editorial Tribuna Estudiantil; Buenos Aires.

Kleiner, B. (1963); *20 años de movimiento estudiantil reformista. 1943-1963*; Editorial Platina; Buenos Aires.

Kleiner, B. (1973); *Revolución científico-técnica y liberación*; Ediciones Centro de Estudios; Buenos Aires.

Klimovsky, G. (2003); "La época más feliz de mi vida"; en Rotunno, C. y Díaz de Guijarro, E.; *La construcción de lo posible. La Universidad de Buenos Aires de 1955 a 1966*; libros del Zorzal; Buenos Aires.

Kohan, N. (comp.) (1999); *La Rosa Blindada. Una pasión de los sesenta*; Ediciones La Rosa Blindada; Buenos Aires.

Landinelli, J. (1988); *1968: la revuelta estudiantil*; Ediciones de la Banda Oriental; Montevideo.

Langer, M. (comp.) (1971); *Cuestionamos. Documentos de crítica a la ubicación actual del Psicoanálisis*; Granica Editor; Buenos Aires.

Langleib, M. (1983); "Crónica de la creación de la Carrera de Psicología"; en *Revista Argentina de Psicología*; Año XIV; N° 34; Buenos Aires.

Larrosa, J. (2000); *Pedagogía Profana. Estudios sobre lenguaje, subjetividad, formación*; Ediciones Novedades Educativas; Buenos Aires.

Litvinoff, N. (1970); "El psicólogo y su trabajo: estudio preliminar"; en *Revista Argentina de Psicología*; Publicación de la Asociación de Psicólogos de Buenos Aires; Año 1; N° 4; Editorial Galerna; Buenos Aires.

Loffreda, E. (1992); "'Lanús' quedaba en Lanús"; en *Primeras Jornadas Encuentro del Servicio de Psicopatología del Policlínico de Lanús*; Buenos Aires.

Lomnitz, C. (2002); "Identidad"; en Altamirano, C. (dir.); *Términos críticos de sociología de la cultura*; Editorial Paidós, Buenos Aires.

Maimone, M.C. y Edelstein, P. (2004); *Didáctica e identidades culturales. Acerca de la dignidad en el proceso educativo*; Editorial Stella y La Crujía Ediciones; Buenos Aires.

Malfé, R. (1969); Intervención Mesa Redonda "El quehacer del Psicólogo en la Argentina de hoy"; en *Revista Argentina de Psicología*; Publicación de la Asociación de Psicólogos de Buenos Aires; Año 1; Nº 1; Editorial Galerna; Buenos Aires.

Martín Barbero, J. (2002); "Reconfiguraciones comunicativas de la socialidad y reencantamiento de la comunicación-identidad"; en *Actas del coloquio franco mexicano*; Sociedad Francesa de Ciencias de la información y la comunicación; México.

Mc Laren, P. (1996); *La escuela como performance ritual*; Siglo XXI Editores; México.

Medina Echavarría, J. (1963); "La Universidad latinoamericana y el desarrollo económico"; en *RUBA*; Quinta época; Año VIII; Nº 3-4.

Meireu, P. (1998); *Frankestein educador*; Editorial Leartes Psicopedagogía; Barcelona.

Middleton, D. y Edwards, D. (1992); *Memoria compartida. La naturaleza social del recuerdo y el olvido*; Editorial Paidós; Buenos Aires.

Moore, K. (1997); "Perversión de la palabra: la función de las transcripciones en la historia oral"; en *Palabras y silencios*; Boletín de la Asociación Internacional de Historia Oral; Vol 1; Nº 1.

Moreau, L. (2002); *Centro de Docencia e Investigación (CDI), su contexto de creación*; inédito.

Moreau, L. y Salles, N. (2003); "La cultura institucional en los inicios de la Carrera de Psicología: entre lo familiar y la negociación"; en *VI Encuentro Nacional de Historia Oral: Historia oral, una mirada desde el Siglo XXI*; Instituto Histórico de la Ciudad de Buenos Aires -Facultad de Filosofía y Letras; UBA; Buenos Aires.

Moreau, L. (2005); "Psicología, Psicoanálisis y amigos de APA"; en Memorias; *XI Jornadas de Investigación de la Facultad de Psicología*; UBA. Buenos Aires.

Moreau, L. (2006); "Marcas del Psicoanálisis en la formación del campo profesional de los psicólogos durante la primera década de la carrera de Psicología -UBA (1957-1967); en Memorias; *XII Jornadas de Investigación*; Facultad de Psicología; UBA; Buenos Aires.

Musso, E.; de Musso, E.; Mauri, C.; Boz, S.;. Fundia, T.; Pichon Rivière, E. (1965); "Proceso de institucionalización del rol del psicólogo en la Argentina"; en *Revista Latinoamericana de Sociología*; Buenos Aires.

Noé, A. (2005); *Utopía y desencanto. Creación e institucionalización de la Carrera de Sociología en la Universidad de Buenos Aires: 1955-1966*; Miño y Dávila Editores; Buenos Aires.

Nora, P. (1997); *Les lieux de memoire*; Gallimard; París.

Olson, D; Torrance, N. (1995); *Cultura escrita y oralidad*; Editorial Gedisa; Barcelona.

Orlando, Tavella, N. y col. (1960/61); *Curso de ingreso y promoción de los estudiantes en las carreras universitarias*; Departamento de Orientación Vocacional; UBA.

Palacios, A. (1957); *La Universidad nueva desde la reforma universitaria hasta 1957*; Buenos Aires.

Paso, L. (1958); *Estructura y gobierno de la universidad*; Editorial Ateneo; Buenos Aires.

Pérez Gómez, A. (1998); *La escuela como encrucijada de culturas*; Morata; Madrid.

Plotkin, M. (2003); *Freud en Las Pampas*; Editorial Sudamericana; Buenos Aires.

Poch, S. (comp.) (1999); *Orígenes y trascendencia*; Editorial Granica; Buenos Aires.

Poggi, M. (1990); *Apuntes para la gestión curricular*; Editorial Kapelusz; Buenos Aires.

Poirier, J.; Clapier Valladon, S.; Raisant, P. (1989); *Les récit de vie. Théorie et practique*; PUF; París.

Pravas, S. y Troya, E. (1969); "Psicología institucional: algunos conceptos básicos"; en *Revista Argentina de Psicología*; Publicación de la Asociación de Psicólogos de Buenos Aires; Año 1; N° 2; Editorial Galerna; Buenos Aires.

Presentación (1969); en *Revista Argentina de Psicología*; Publicación de la Asociación de Psicólogos de Buenos Aires; Año 1; N° 1; Editorial Galerna; Buenos Aires.

Primeras Jornadas Encuentro del Servicio de Psicopatología del Policlínico de Lanús (agosto de 1992); Memorias; Buenos Aires.

Ranciere, J. (2002); *El maestro ignorante. Cinco lecciones sobre la emancipación intelectual*; Editorial Leartes; Barcelona.

Reca, T. (1937); *Personalidad y conducta del niño*; Editorial El Ateneo; Buenos Aires.

Reca, T. (1944); *La inadaptación del escolar*; Editorial El Ateneo; Buenos Aires.

Reca, T. (1951); *Psicoterapia en la infancia*; Editorial Paidós; Buenos Aires.

Reca, T. (1958); Ponencia en Simposio *La Universidad y los problemas educacionales de su contorno social*; Segundas Jornadas de Extensión Universitaria; UBA.

Reca, T. (1971); "Enseñanza de la psicoterapia. Establecimiento del plan psicoterapéutico"; en *Temas de Psicología y Psiquiatría de la Niñez y la Adolescencia*; Buenos Aires.

Reca, T. (1971); "Psicoterapia y farmacoterapia simultáneas en el tratamiento de trastornos psicopatológicos en la niñez y adolescencia"; en *Temas de Psicología y Psiquiatría de la niñez y adolescencia*; Ediciones CEAM; Buenos Aires.

Ricoeur, P. (1999); *La lectura del tiempo pasado*; Arrecife-Universidad Autónoma de Madrid; Madrid.

Rodrigué, E. (2000); *El libro de las separaciones*; Editorial Sudamericana; Buenos Aires.

Romero Brest, G. (1973); "Ten years of change at the University of Buenos Aires, 1955–1966. Innovations and the Recovery of Autonomy"; en *Universities facing the future*; Londres.

Roitman de Maldavsky, C. y Saragossi de Bofia, C. (1969); "El rol del psicólogo educacional en la institución escolar"; en *Revista Argentina de Psicología*; Publicación de la Asociación de Psicólogos de Buenos Aires; Año 1; N° 2; Editorial Galerna; Buenos Aires.

Rolla, E. (1970); "La comunicación en psicoterapia y/o en la labor del especialista: médico, psiquiatra, psicólgo; asistente social; terapista ocupacional; psicopedagogo, etc."; en *Revista Argentina de Psicología*; Publicación de la Asociación de Psicólogos de Buenos Aires; Año 2; N° 6; Editorial Galerna; Buenos Aires.

Rossi, L, y col. (1997); *La Psicología antes de la profesión*; EUDEBA; Buenos Aires.

Rossi, L., y col. (1997); "Mapas institucionales en Psicología preprofesional en Argentina"; en *Investigaciones en Psicología*; Año 2; N° 3; Facultad de Psicología.

Rossi, L., y col. (2001); *Psicología: su inscripción universitaria como profesión. Una historia de discursos y prácticas*; EUDEBA; Buenos Aires.

Rossi, P. (2003); *El pasado, la memoria y el olvido*; Editorial Nueva Visión; Buenos Aires.

Roth, R. (1981); *Los años de Onganía. Relato de un testigo*; Ediciones La Campana; Buenos Aires.

Rotunno, C. y Díaz de Guijardo, E. (comp.) (2003); *La construcción de lo posible. La Universidad de Buenos Aires de 1955 a 1966*; Libros del Zorzal; Buenos Aires.

Rubinich, L. (2003); "La modernización cultural y la irrupción de la sociología"; en James, D.; *Nueva historia Argentina. Violencia, proscripción y autoritarismo (1955 – 1976)*; Editorial Sudamericana; Buenos Aires.

Sadosky, M. (2003); "Queríamos tener una universidad de excelencia"; en Rotunno, C. y Díaz de Guijarro, E.; *La construcción de lo posible. La Universidad de Buenos Aires de 1955 a 1966*; Libros del Zorzal; Buenos Aires.

Santamarina, C. (1994); *La historia oral. Métodos y experiencias*; Editorial Debate; Madrid.

Sarlo, B. (2002); "Convenciones"; en Altamirano, C. (dir.); *Términos críticos de sociología de la cultura*; Editorial Paidós; Buenos Aires.

Sarthou, H.; Agostino, A.; Sans, M. (1995); *De Generaciones. Lo que nos separa o nos une no es sólo el tiempo*; Ed. Nordan-Comunidad; Montevideo.

Sastre, C. (1970); "La Psicología de la conducta"; en *Revista Argentina de Psicología*; Año 1; N° 4; Buenos Aires.

Sastre, C. (1970); Clase dictada el 15 de octubre de 1965 en el curso "Problemas Teóricos en Psicología", desarrollado en la Asociación de Psicólogos de Buenos Aires; publicado en *Revista Argentina de Psicología*; Año I; N° 4.

Schlemenson, A. y col. (1999); *Organizar y conducir la escuela. Reflexiones de cinco Directores y un asesor*; Editorial Paidós; Buenos Aires.

Schneider, R. (1984); "Breve historia testimonial de la Carrera de Psicología para los aspirantes a ingreso 1984"; Curso de Ingreso de la Carrera de Psicología; *Boletín de Orientación Nº 3*; Carrera de Psicología; UBA.

Schneider, R. (1992); "Memoria de Lanús I. La sala; en 35 años"; en *Primeras Jornadas encuentro del Servicio de Psicopatología del Policlínico de Lanús*; Buenos Aires.

Schneider, R. (2002); Panel "Ética y Psicología-Historia"; Ponencia al *X Congreso Metropolitano de Psicología*; Buenos Aires.

Schwarzstein, D. y Yankelevich, P. (1989); *Historia oral y fuentes escritas en la historia de una institución: la Universidad de Buenos Aires, 1955-1966*; Documentos CEDES; Buenos Aires

Schwarzstein, D. (comp.) (1991); *La historia oral*; Centro Editor de América Latina; Buenos Aires.

Schwarzstein, D. (2001); *Entre Franco y Perón. Memoria e identidad del exilio republicano español*; Editorial Crítica; Barcelona.

Sennett, R. (1983); *La autoridad*; Alianza Editorial; Madrid.

Sigal, S. (2002); *Intelectuales y poder en Argentina. La década del sesenta*; Siglo XXI Editores; Buenos Aires.

Siquier, M.L. (Pichona Ocampo) (1970); Intervención Mesa redonda sobre la formación del psicólogo en la década del '70; en *Revista Argentina de Psicología*; Año II; Nº 6.

Speier A.; Capano A.; Palombo M. (1971); "La tarea del psicólogo en un Servicio de Asistencia Infanto-Juvenil"; en *Actas del Segundo Congreso Argentino de*

Psicología; Facultad de Pedagogía y Psicología; San Luis.

Suarez, F. (1973); *Los economistas argentinos. El proceso de institucionalización de nuevas profesiones*; EUDEBA; Buenos Aires.

Suasnábar, C. (2004); *Universidad e intelectuales. Educación y política en la Argentina (1955-1976)*; FLACSO-Manantial; Buenos Aires.

Tarnopolsky, A. (1962); "Sexología de la familia. Un libro de Florencio Escardó"; en *La Nación*; Literarias; Buenos Aires.

Tavella, N. (1960); *La contribución pedagógica en el ámbito universitario*; Serie Textos y Documentos; Departamento de Pedagogía Universitaria; Universidad Nacional del Litoral; Santa Fe.

Tavella, N. (1962); *La Orientación Vocacional en la Escuela Secundaria*; EUDEBA; Buenos Aires.

Tavella, N. (1964); *Los tests en la Escuela* ; Biblioteca Cultural, Colección Cuadernos; EUDEBA; Buenos Aires.

Tavella, N. (1969); *Dificultades en la lectura y la escritura*; Colección Praxis; Editorial Biblioteca; Departamento de publicaciones de la Biblioteca Popular Constancio C. Vigil; Rosario.

Tavella, N. (1972); *Las pruebas de comprobación*; Colección Praxis; Editorial Biblioteca; Departamento de publicaciones de la Biblioteca Popular Constancio C. Vigil; Rosario.

Tello Díaz, P. (1998); *Historias del olvido*; Editorial Cal y Arena; México.

Tenti Fanfani, E. (1993); "Del intelectual orgánico al analista simbólico"; Mesa temática "Teoría, campo e historia de la Educación"; Conferencia dictada en el *Segundo Congreso Nacional de Investigación Educativa*; Guanajuato; México.

Terán, O. (1993); *Nuestros años sesentas. La formación de la nueva izquierda intelectual en la Argentina. 1956-1966*; Editorial El cielo por asalto, Buenos Aires.

Thompson, P. (1993); "Historias de vida y análisis del cambio social"; en Aceves Moyano, J. (comp.); *Historia Oral*; México.

Tobar García, C. (1958); Ponencia en Simposio *La Universidad y los problemas educacionales de su contorno social*; Segundas Jornadas de Extensión Universitaria; UBA; Buenos Aires.

Tyack, D. y Tobin, J. (1995); *Thinkering towrd utopia. A century of public school reform*; Cambridge MA; Hravard University Press.

Ulloa, F. (1995); *Novela clínica psicoanalítica. Historial de una práctica*; Psicología profunda; Editorial Paidós; Buenos Aires.

Uresti, M. (2002); "Generaciones"; en Altamirano, C. (dir.); *Términos críticos de sociología de la cultura*; Editorial Paidós; Buenos Aires.

Vansina, J. (1985); *Oral tradition as History*; Ed. Madison; Wisconsin.

Vezzetti, H. (1999); "Las promesas del Psicoanálisis en la cultura de masas"; en Devoto, F. y Madero, M. (comp.); *Historia de la vida privada en la Argentina*; Tomo 3; Editorial Taurus; Buenos Aires.

Vidal-Naquet, P. (1994); *Los asesinos de la memoria*; Siglo XXI Editores; México.

Viñar, M. y Viñar, M. (1995); *Fracturas de memoria. Crónicas para una memoria por venir*; Montevideo.

Visacovsky, S. (2002); *El Lanús. Memoria y política en la construcción de una tradición psiquiátrica y psicoanalítica argentina*; Alianza Editorial; Buenos Aires.

Reservorios testimoniales consultados
Testimonios recogidos en entrevistas propias

Aisenson, Diana; junio 2002.

Azcoaga, Juan; agosto 1999.

Barenblit, Valentín; mayo 1996; entrevista realizada en Barcelona.

Bertoni, Emilio; setiembre 1999.

Braslavsky, Berta; julio 2000.

Bronstein de Lapidus, Ruth; julio 1999.

Casullo, María Marina; agosto 1999.

Cortada de Kohan, Nuria; octubre 1999.

Cheja, Reina; junio 2000.

Cheja, Reina; octubre 2001.

Devries, Osvaldo; octubre 1999.

Duarte, Aníbal; diciembre 2000.

Etchegoyen, Horacio; setiembre 1996.

Franco, Jorge; mayo 2002.

Friedenthal, Irene; junio 2002.

Galli, Vicente; julio 1996.

García, María Julia; mayo 2002.

Gelblum Regen, Felunia; octubre 2001.

Giberti, Eva; julio 1993.

Glasserman, María Rosa; noviembre 2006.

Goldenberg, Mauricio; octubre 1995.

Goldenberg, Mauricio; noviembre 1995; Entrevista realizada con la participación de Dora Schwarzstein.

Goldenberg, Mauricio; octubre 1996.

Grego, Beatriz; diciembre 2001.

Itzigsohn, José; febrero 1999; entrevista realizada en Jerusalén.

Itzigsohn, José; agosto 2003.

Itzigsohn, José; agosto 2004.

Joselevich, Estrella; julio 1999.

Kaplan, Alba; junio 1999.

Leibovich de Duarte, Adela; octubre 1999.
Leibovich de Figueroa, Nora; setiembre 1999.
Malfé, Ricardo; octubre 1999.
Mazzuca, Roberto; mayo 2002.
Murmis, Miguel; abril 2005.
Noé, Alberto; julio 2001.
Quiroga, Susana; setiembre 1999.
Rossi, Lucía; febero 2002.
Schneider, Sally; junio 2002.
Schneider, Sally; noviembre 2006.
Siquier, María Luisa (Pichona Ocampo); julio 1999.
Slapak, Sara; noviembre 2001.
Slapak, Sara; noviembre 2006.
Töpf, José; setiembre 1999.
Töpf, José; junio 2002.
Ulloa, Fernando; noviembre 1991.
Ulloa, Fernando; octubre 1999.
Ulloa, Fernando; noviembre 2006.
Vezzetti, Hugo; junio 2002.
Vezzetti, Hugo; noviembre 2006.
Vommaro, Horacio; setiembre 1995.
Winograd, Bruno; noviembre 2006.

Testimonios respaldados en el Archivo Oral de la UBA

Azcoaga, Juan; octubre 1987.
Butelman, Enrique; junio 1988.
Calvo, M.T.; octubre 1987; Transcripción poco legible.
Duarte, Aníbal y Leibovich de Duarte, Adela; diciembre 1987; Entrevista conjunta.
Glasserman, María Rosa; noviembre 1987.
Langleib, Margarita; noviembre 1987.

Testimonios escritos inéditos

Barenblit, Valentín y Galli, Vicente; octubre 1996; producción conjunta.

Barenblit, Valentín y Korman, V.; agosto 1992; producción conjunta con motivo de realizarse las *Primeras Jornadas Encuentro del Servicio de Psicopatología del Policlínico de Lanús*; Buenos Aires.

Loffreda, E.; agosto 1992; con motivo de realizarse las *Primeras Jornadas Encuentro del Servicio de Psicopatología del Policlínico de Lanús*; Buenos Aires.

Moguillansky, Rodolfo; agosto 1992; con motivo de realizarse las *Primeras Jornadas Encuentro del Servicio de Psicopatología del Policlínico de Lanús*; Buenos Aires.

Schneider, Sally; abril 1984; con motivo de realizarse el *Curso orientación para el ingreso a la Carrera de Psicología*; UBA; Buenos Aires.

Documentos testimoniales

Babini, J.; Intervención en la sesión del Consejo Superior de la UBA; Acta correspondiente a la sesión de l 12 de marzo de 1957; transcripción de versión taquigráfica; fojas 107 a 112.

Bleger, J.; Intervención en la mesa redonda sobre Ideología y psicología concreta; organizada por el Movimiento Argentino de Psicología en la Facultad de Filosofía y Letras de la UBA en 1965; participaron además Antonio Caparrós, Enrique Pichon Rivière, León Rozitchner; Coordinador Dr. Guillermo Ferschtut.

Carballo de Fuchs, V.; Intervención en el homenaje con motivo del cumpleaños N° 80 de Mauricio Goldenberg; Integrante de ASPA; hija de una de sus presidentas; Hotel Claridge; agosto 1996; Buenos Aires.

Escardó, F.; "35 años de médico"; Palabras pronunciadas en el aula del pabellón de residentes del Hospital de Niños; el 20 de junio de 1964; en ocasión de cumplir 35 años de médico.

Leibovich de Duarte, A.; Intervención en la mesa redonda sobre Instituciones públicas y Salud Mental; realizada en la Facultad de Psicología de la UBA en noviembre de 1995; participaron, además, Mauricio Goldenberg, Alicia Stolkiner y Vicente Galli; coordinadora Ana Diamant.

Wolf, L.; Discurso pronunciado en el homenaje al Profesor Doctor Mauricio Goldenberg en el Centre Hospitalier Specialisé; Servicio del Dr. Roland Broca; Prémontré, Departamento de l'Aisne; Picardie; Francia; febrero 1988. Lucy Wolf se matriculó para cursar la Carrera de Psicología en la primera cohorte, 1957.

Reservorios documentales consultados

Actas del Consejo Directivo de la Facultad de Filosofía y Letras de la UBA.

Actas del Consejo Superior de la UBA.

Archivo de la Facultad de Filosofía y Letras, UBA.

Archivo de la Facultad de Psicología, UBA.

Archivo de la Universidad de Buenos Aires.

Archivo Oral de la Universidad de Buenos Aires.

Archivo temático "Los primeros maestros" de la Facultad de Psicología, UBA.

Archivo "Testimonios para la experiencia de enseñar" de la Facultad de Psicología, UBA.

Informes Centro Juvenil Isla Maciel; Departamento de Extensión Universitaria; UBA; 1963 y 1964.

Informes Planta Piloto de Isla Maciel; Departamento de Extensión Universitaria; UBA; s/datar.

Investigación sobre el trabajo del Departamento de Extensión Universitaria de Villa Maciel-Avellaneda; Parte D; Etapa de penetración; s/datar. Ca 1963.

Memoria; Planta Piloto de Educación para el Desarrollo Social de Isla Maciel; Dirección de Extensión Universitaria; UBA; 1963.

Planes de estudio vigentes para la Carrera de Psicología de la UBA durante el período estudiado.

Programas de las materias dictadas en la Carrera de Psicología de la UBA durante el período estudiado.

Publicaciones periódicas consultadas

Cuadernos de Cultura.

Cuadernos de la SAPPIA.

Cuadernos de Psicología Concreta.

Historia y Fuente Oral, Revista de la Universidad de Barcelona.

Los puentes de la memoria, Publicación del Centro de estudios por la Memoria; Comisión Provincial de la Memoria; Provincia. de Buenos Aires.

Palabras y silencios, Boletín de la Asociación Internacional de Historia Oral.

Revista Argentina de Psicología.

Revista Contorno.

Revista de la Asociación Psicoanalítica Argentina.

Revista de la Asociación Psicoanalítica de Buenos Aires.

Revista de la Universidad de Buenos Aires.

Voces recobradas, Revista de historia oral; Instituto Histórico de la Ciudad de Buenos Aires.